2011~2012

ANALYSIS AND FORECAST
ECONOMY OF HEBEI

河北经济形势

——分析与展望

郭 洪 波 主编

河北人民出版社

《2011～2012河北经济形势分析与展望》
编委会与编辑部

前　言

统计是各级党委、政府和社会各界认识、分析和评价经济社会发展状况的重要工具和手段，是认识国情国力的主要窗口。为充分利用、深度挖掘统计部门掌握的丰富数据信息资源，发挥统计在宏观经济分析研究方面的优势，更好地服务党委、政府科学决策，满足社会各界的统计需求，2009 年，我们首次编辑出版了《2009 年河北经济形势分析与展望》，到今年是第三本了，已经成为省统计局重要的公开出版物之一。

为做好《2011～2012 河北经济形势分析与展望》编辑工作，体现品质、提升层次、突出质量，我们在总结以往编辑经验做法的基础上，做了全新设计改版，在一些方面进行了探索和创新，力求内在和外在相统一、内容和形式相协调，努力奉献给党政领导和社会各界一本好用、易用、实用的统计精品书刊。今年这本书有以下几个特点。一是“实”。紧贴河北经济发展实际，紧扣领导决策和社会各界关注的重点方面，精心谋篇布局，既突出反映全省整体经济和分专业经济运行特点，又有存在问题及成因分析，同时还有展望预测，篇章观点力求鲜明、有新意，反映情况力求全面、准确、客观、翔实。二是“全”。丰富充实了入编内容，新增了包括全省民营经济、交通运输业、房地产市场和基本单位状况等专业分析在内的多方面内容，首次把 11 个设区市经济形势分析与展望纳入进来，以反映区域经济发展总体格局和运行特点，全书内容更加厚实。三是“精”。在整体风格上体现简洁、精美、大方的设计原则，书籍装帧设计更加美观，全书部分文字和全部图表使用了彩色印刷，力求增强可读性。四是“特”。突出统计特点特色，充分发挥量化优势，做到了实证分析与理论分析相结合，定量分析与定性分析相结合。全书增加了大量统计图表，做到了图文表并茂，增强了文章的深度。

《2011～2012 河北经济形势分析与展望》从宏观经济、农业、工业、建筑业、服务业、交通运输业、固定资产投资、房地产市场、消费品市场、对外经贸、节能降耗、就业、民营经济、基本单位、市场价格、居民收入和各设区市经济等十九个方面，对 2011 年河北省经济运行特点、存在问题及原因进行分析，并对 2012 年经济走势做了展望，提出了对策建议。

国家统计局河北调查总队和各设区市统计局对本书编辑给予了大力支持，在此一并表示感谢！

希望本书能为各级党委、政府宏观调控和科学决策提供参考依据，为社会公众了解河北经济发展有所帮助。由于时间仓促，书中难免有疏漏和不足之处，请广大读者批评指正。

郭 洪 波

2012 年 1 月

目录

国民经济开局良好　抢抓机遇加快发展
——2011 年河北经济形势与 2012 年展望 …………………… (1)
2011 年河北农业形势与 2012 年展望 ………………………… (18)
2011 年河北工业形势与 2012 年展望 ………………………… (28)
2011 年河北建筑业形势与 2012 年展望 ……………………… (38)
2011 年河北服务业形势与 2012 年展望 ……………………… (46)
2011 年河北交通运输业形势与 2012 年展望 ………………… (58)
2011 年河北固定资产投资形势与 2012 年展望 ……………… (68)
2011 年河北房地产市场形势与 2012 年展望 ………………… (76)
2011 年河北消费品市场形势与 2012 年展望 ………………… (85)
2011 年河北对外经贸形势与 2012 年展望 …………………… (91)
2011 年河北节能降耗形势与 2012 年展望 ………………… (103)
2011 年河北就业形势与 2012 年展望 ……………………… (113)
2011 年河北民营经济形势与 2012 年展望 ………………… (120)
2011 年河北基本单位状况与 2012 年展望 ………………… (131)

2011 年河北居民消费价格形势与 2012 年展望 ………………（138）
2011 年河北工业生产者价格形势与 2012 年展望 ………………（146）
2011 年河北城镇居民收支形势与 2012 年展望 ………………（154）
2011 年河北农村居民收支形势与 2012 年展望 ………………（161）
2011 年石家庄市经济形势与 2012 年展望 ………………（173）
2011 年承德市经济形势与 2012 年展望 ………………（188）
2011 年张家口市经济形势与 2012 年展望 ………………（201）
2011 年秦皇岛市经济形势与 2012 年展望 ………………（215）
2011 年唐山市经济形势与 2012 年展望 ………………（229）
2011 年廊坊市经济形势与 2012 年展望 ………………（241）
2011 年保定市经济形势与 2012 年展望 ………………（252）
2011 年沧州市经济形势与 2012 年展望 ………………（262）
2011 年衡水市经济形势与 2012 年展望 ………………（273）
2011 年邢台市经济形势与 2012 年展望 ………………（285）
2011 年邯郸市经济形势与 2012 年展望 ………………（296）

国民经济开局良好　抢抓机遇加快发展

——2011 年河北经济形势与 2012 年展望

2011 年，在省委、省政府的正确领导下，各地各部门深入贯彻落实科学发展观，坚持科学发展主题和加快转变经济发展方式主线，着力“稳增长、调结构、控物价、惠民生”，积极有效应对国内外错综复杂的形势，国民经济平稳较快发展，总体运行态势良好，实现了“十二五”良好开局。2012 年，河北踏上建设经济强省和谐河北的新征程。展望经济发展面临的形势，机遇与挑战并存，尽管发展环境仍然十分严峻，经济增长存在下行压力，但经济发展的内在动力仍然较强，只要认真贯彻省第八次党代会、经济工作会精神，落实好省委、省政府各项决策部署，紧紧把握稳中求进工作总基调，全省经济将继续保持平稳较快发展势头。

一、2011 年国民经济实现“十二五”良好开局

（一）经济平稳较快增长，控制物价取得明显成效，正在由政策刺激向自主增长有序转变

在欧债危机进一步蔓延，世界经济复苏进程减缓，我国经济存在下行风险的复杂环境下，河北经济实现平稳较快增长。前三季度，全省生产总值 17821.9 亿元，增长 11.3%，增速比上半年加快 0.2 个百分点，同比回落 1.8 个百分点，高于全国 1.9 个百分点。其中，第一产业增加值 2391.3 亿元，增长 4.0%；第二产业增加值 9875.1 亿元，增长 13.7%；第三产业增加值 5555.5 亿元，增长 10.4%。从季度观察，上半年全省经济增速有所回落，下半年回升趋稳，一季度增长 11.2%，上半年增长 11.1%，前三季度增长 11.3%；从近年来观察，受国际金融危机影响，2008 年、

2009 年全省经济分别增长 10.1%和 10.0%，2010 年在国家宏观调控政策作用下，增速回升到 12.2%，这也是在上年低基数基础上的恢复性增长，2011 年，河北认真落实国家积极的财政政策和稳健的货币政策，加强宏观调控，经济保持了 11%以上的平稳较快增长，接近十年来 11.5%的年均增长速度，基本恢复到国际金融危机以前正常水平。发电量、货运量等先行指标也呈现较快增长势头。前 11 个月，全社会用电量和发电量分别增长 11.1%和 11.4%，前三季度货运量、货物周转量分别增长 21.4%和 18.9%，港口货物吞吐量增长 17.2%，经济平稳较快增长具有较强的支撑，表明经济发展正在由政策刺激向自主增长有序转变。这一方面是省委、省政府正确领导的结果，另一方面也体现了贯彻落实国家宏观调控政策措施取得的成效，成绩来之不易。

图 1　2007 年以来 GDP 季度累计增长率（%）

在经济平稳较快发展的同时，物价过快上涨势头得到有效遏制。2011 年前 7 个月，居民消费价格各月同比涨幅总体呈走高态势，7 月份同比上涨 7.4%，为 2008 年 7 月份以来最高点，为遏制物价过快上涨的严峻形势，河北认真落实国家调控政策，采取多项控物价的措施，随着各项宏观调控政策措施的落实和翘尾因素减弱，物价涨幅回落，11 月份，全省居民消费价格同比上涨 4.7%，比上月回落 1.4 个百分点，为近 10 个月以来最低涨幅。其中食品类价格同比上涨7.8%，回落3.6个百分点。工业生产者出厂价格和购进价格同比分别上涨1.6%和4.7%，比上月分别回落4.1和5.0个百分点。表明控制物价取得明显成效。

图2 2010年以来居民消费价格涨幅（%）

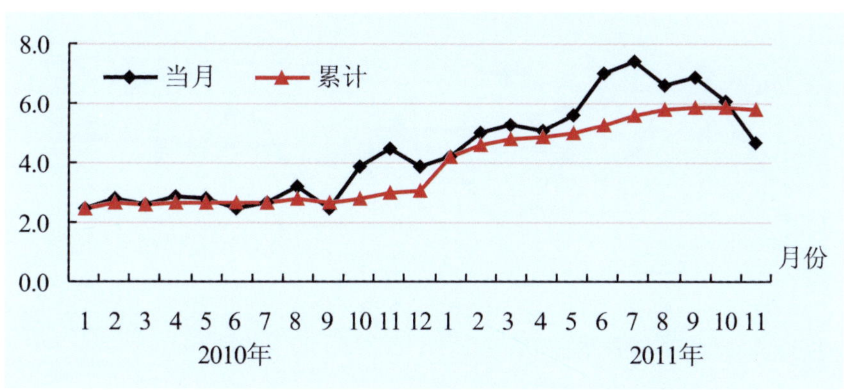

（二）粮食生产再获丰收，工业和服务业较快增长，实体经济支撑较强

加快粮食生产核心区、蔬菜产业示范县建设，积极应对异常气候影响，提前发放粮食直补及惠农资金，开展万名科技人员下田间活动，抗旱促春管应对措施及时、有力、有效，粮食生产迈上600亿斤新台阶，实现连续八年丰收，全年粮食总产量3172.6万吨（634.5亿斤），增长6.6%。蔬菜生产加速发展，前三季度全省蔬菜总产量5050.1万吨，增长4.8%。畜牧业产品价格持续上涨，促进了畜牧业生产的恢复增长。前三季度，全省生猪存栏1714.4万头，增长4.2%；牛奶产量335.1万吨，增长2.2%。畜牧、蔬菜、果品三大优势产业产值占农林牧渔业总产值的比重为66.1%，同比提高0.7个百分点，其中畜牧业产值恢复到30%以上。农业生产的良好态势，对经济平稳较快发展和控制物价过快上涨起到了重要作用。

工业生产平稳较快增长。规模以上工业增加值一季度增长15.3%，上半年增长15.1%，前三季度增长15.9%。前11个月，完成增加值 9494.4 亿元，同比增长 16.2%，增速分别比上半年和前三季度加快 1.1 和 0.3 个百分点，为年初以来最高增速。

图 3　2010 年以来规模以上工业增加值增长率（%）

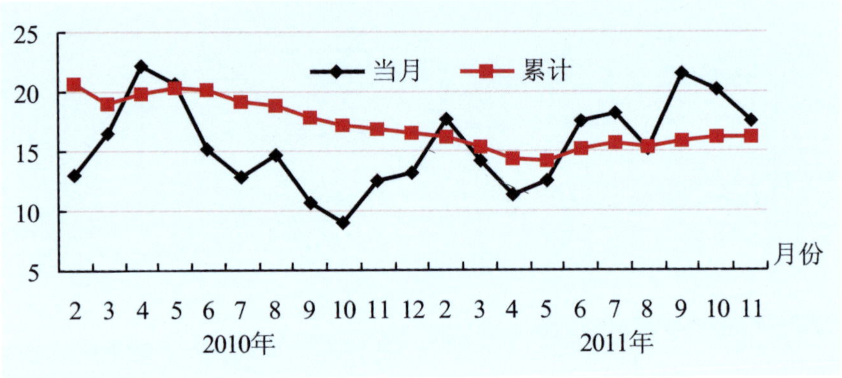

从行业观察，在统计的 38 个行业大类中，有 18 个行业增加值增速比前三季度加快，占 47.4%。七个主要行业中，装备制造、建材分别增长 25.2%和 24.0%，高于全省工业 9.0 和 7.8 个百分点。工业品产销衔接较好。工业产品产销率为 97.7%，同比提高 0.2 个百分点。

表 1　2011 年前 11 个月工业主要行业增加值

行业名称	增加值（亿元）	同比增长（%）	增速比全省工业（±百分点）
钢铁工业	3224.5	13.9	－2.3
装备制造业	1692.5	25.2	9.0
石化工业	1245.9	12.8	－3.4
医药工业	139.9	11.7	－4.5
建材工业	465.5	24.0	7.8
食品工业	616.0	16.0	－0.2
纺织服装业	583.2	15.2	－1.0

服务业平稳发展。前三季度，交通运输、仓储和邮政业增加值1033.4 亿元，增长 13.8%，增速快于服务业 3.4 个百分点；批发和零售业增加值 1403.6 亿元，增长 10.4%，占服务业增加值的25.3%，同比提高 3.3 个百分点；金融业增加值 393.6 亿元，增长5.0%，增速同比加快 1.0 个百分点。物流业实现较快增长，全省物流业增加值 1297.0 亿元，增长 14.4%，占服务业增加值的比重为 23.3%。文化服务业健康发展。限额以上文化服务业法人单位977 家，实现收入 139.2 亿元，增长 16.3%。旅游业平稳较快增长，前 11 个月共接待海内外游客 1.8 亿人次，旅游总收入 1105.6亿元，同比分别增长 25.3%和 32.5%。

（三）内需平稳较快增长，对外贸易规模扩大，三大需求对经济增长拉动的协调性不断改善

消费需求对经济增长贡献稳步提高。前三季度，全省消费需求对经济增长的贡献率为 50.7%，比上半年提高 0.1 个百分点；投资需求仍是主要拉动力量，对经济增长的贡献率为 52.7%；外需拉力逐步趋稳。

固定资产投资平稳较快增长。前 11 个月，全省固定资产投资完成 14729.4 亿元，增长 24.8%，增速同比加快 2.4 个百分点，高于全国平均水平 0.3 个百分点。支撑投资较快增长的主要因素：一是工业投资增速加快，完成投资 6809.4 亿元，增长 29.8%，增速分别比上半年和前三季度加快 3.2 和 2.4 个百分点。在 39 个行业大类中有 34 个行业投资增长。二是高新技术产业投资快速增长，高新技术产业投资增长 30.7%，比前三季度加快 5.8 个百分点。三是民间投资较快增长。民间投资完成 11330.5 亿元，增长33.4%，占全省投资的 76.9%，同比提高 4.9 个百分点。四是在建项目增加。在建项目 23440 个，增长 13.6%。其中亿元以上在建项目 4319 个，增长 19.0%；完成投资 7103.0 亿元，增长7.1%，比前三季度加快 5.8 个百分点。

图 4　2010 年以来固定资产投资各月累计增长率（%）

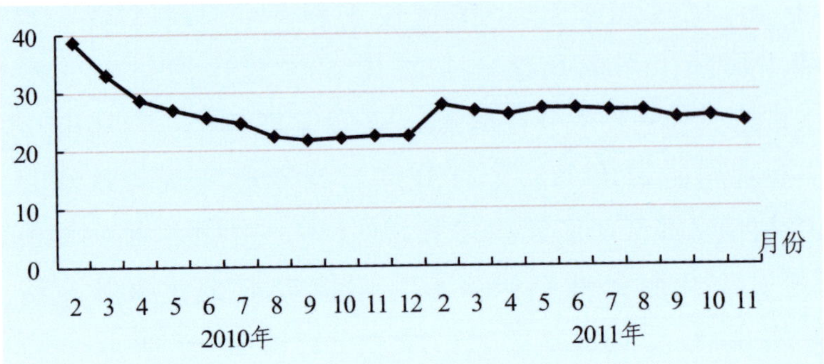

消费品市场增速加快。随着全省城镇面貌的改善、商业结构的调整优化以及“万村千乡”市场建设工程的推动，城乡居民的消费环境不断改善，消费市场繁荣活跃。社会消费品零售总额一季度增长16.4%，上半年增长17.0%，前三季度，社会消费品零售总额实现5533.4亿元，同比增长17.5%，比一季度、上半年分别加快1.1和0.5个百分点，高于全国平均水平0.5个百分点，呈逐季加快运行态势。城镇市场快于乡村。乡村零售额1309.1亿元，增长16.0%；城镇零售额4224.3亿元，增长18.0%，快于乡村2.0个百分点。主要商品零售额呈现较快增长。限额以上批发零售贸易业中，粮油食品饮料烟酒类增长29.2%，服装鞋帽针纺织品类增长25.6%，金银珠宝类增长46.9%，家用电器和音像器材类增长34.3%，家具类增长35.9%，石油及制品类增长35.8%，汽车类增长19.9%。

图 5　2010 年以来社会消费品零售总额季度累计增长率（%）

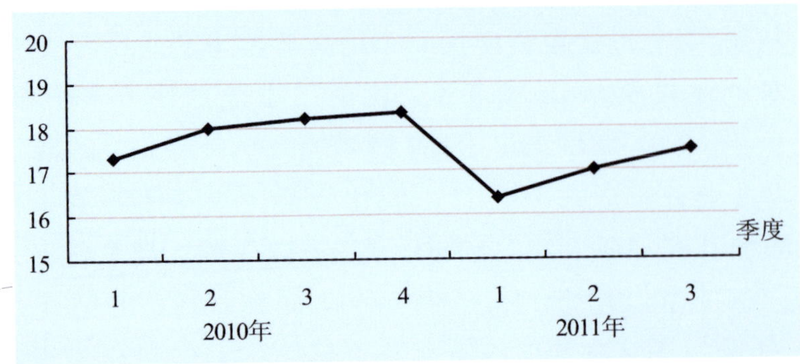

进出口较快增长。前 11 个月，全省进出口总值 490.8 亿美元，增长 30.0%，增速比前 10 个月加快 0.2 个百分点，快于全国 6.4 个百分点。其中出口总值 260.9 亿美元，增长 28.0%，回落 0.3 个百分点；进口总值 229.9 亿美元，增长 32.3%，加快 0.7 个百分点。主要出口商品较快增长。机电产品出口 90.9 亿美元，增长 21.3%；高新技术产品出口 35.3 亿美元，增长 10.9%；钢材出口 46.8 亿美元，增长 46.2%；服装及衣着附件出口 31.7 亿美元，增长 24.7%。

图 6　2010 年以来出口总值各月累计增长率（%）

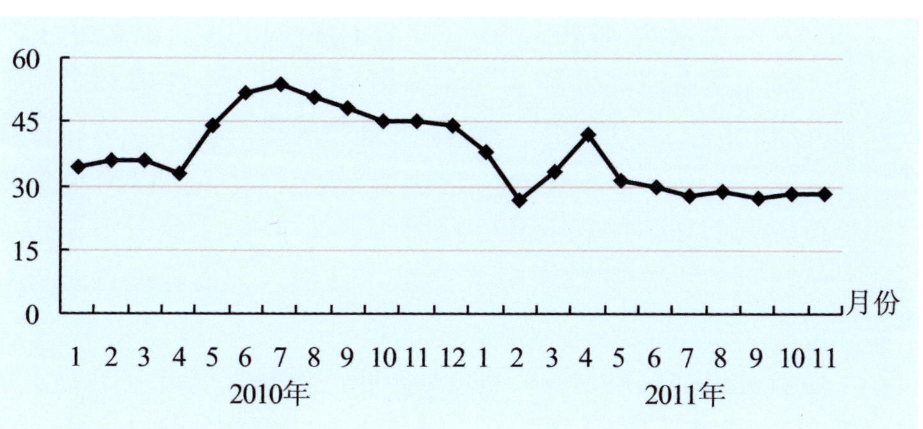

（四）调结构转方式扎实推进，节能降耗取得积极成效，运行质量继续提高

结构继续调整改善。装备制造业和高新技术产业发展步伐加快。前 11 个月，装备制造业增加值 1692.5 亿元，增长 25.2%，比上半年、前三季度分别提高 1.3 和 0.6 个百分点，增幅居七个主要行业之首，高于全省规模以上工业 9.0 个百分点，对全省工业生产增长的贡献率为 26.6%；占规模以上工业的 17.8%，同比提高 1.0 个百分点。前三季度，高新技术产业增加值 768.5 亿元，增长 20.1%，增速高于规模以上工业 4.2

个百分点；占规模以上工业的比重达到10.2％，同比提高0.8个百分点。高耗能行业比重明显回落。前11个月六大高耗能行业增加值4528.4亿元，同比增长12.4％，增速低于全省规模以上工业3.8个百分点；占规模以上工业的比重为47.7％，同比回落2个百分点。钢铁重组力度加大，产业集中度提高。部分高附加值产品产量快速增长，单晶硅产量增长59.5％，太阳能电池增长36.5％。工业技术改造投资得到加强，工业技改投资完成3902.8亿元，增长43％，占工业投资的57.3％，同比提高5.3个百分点。

节能降耗取得积极成效。深入落实省政府节能减排“八项措施”，全省单位GDP能耗一季度同比下降2.86％，上半年下降3.26％，前三季度同比下降3.39％，降幅分别比一季度和上半年扩大0.53和0.13个百分点。前11个月，规模以上工业能耗同比增长8.9％，比前三季度回落1.5个百分点，为年初以来最低增速；单位工业增加值能耗同比下降6.26％，降幅比前三季度扩大1.47个百分点，为年初以来最大降幅，其中六大高耗能行业增加值能耗下降3.15％，扩大1.4个百分点。

工业效益保持较快增长。前11个月，全省规模以上工业实现利润1955.2亿元，增长32.6％，增速比前三季度加快3.8个百分点。在统计的38个行业大类中，有34个行业的利润总额同比增长，占89.5％。其中利润总额超过100亿元的行业有6个，利润合计占全省的55.0％，分别是黑色金属矿采选业、黑色金属冶炼及压延加工业、非金属矿物制品业、交通运输设备制造业、通用设备制造业和化学原料及化学制品制造业。

财政收入增长较快。前11个月，全部财政收入完成2775.5亿元，增长26.0％，其中地方一般预算收入完成1582.4亿元，增长30.8％，增速同比分别加快6.3和5.6个百分点。地方一般预算支出完成3057.5亿元，增长28.6％。其中教育支出增长19.7％，社会保障和就业支出增长21.2％。

图 7　2010 年以来全部财政收入增长率（%）

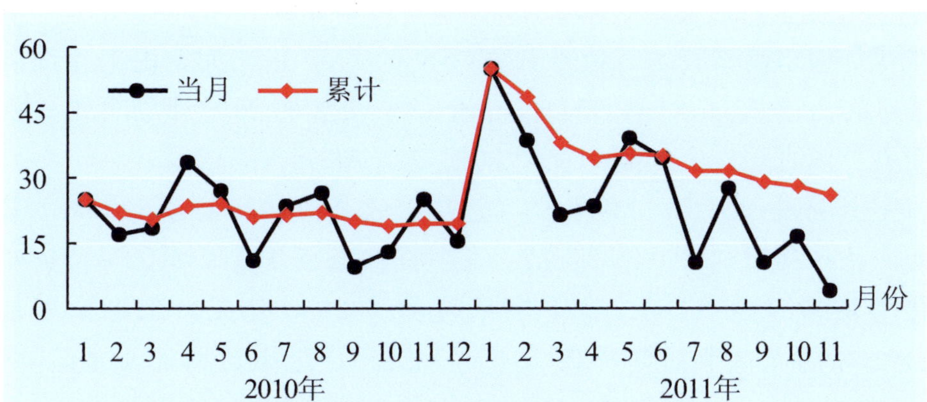

（五）民营经济和利用外资增长加快，金融运行平稳，经济活力进一步增强

民营经济发展壮大。前三季度，全省民营经济实现增加值 10938.3 亿元，增长 12.7%，增速比上半年加快 0.7 个百分点，占全省生产总值的比重为 61.4%，同比提高 0.7 个百分点。民营经济实缴税金 1536.1 亿元，增长 28.7%，占全部财政收入的比重为 64.7%。民营经济出口总额 175.2 亿美元，增长 27.9%，占全省出口总额的 83.4%，同比提高 0.6 个百分点。三季度末，民营经济吸纳从业人员 1823.4 万人，增长 7.8%，占全社会二三产业从业人员的比重达 70%以上。

利用外资快速增长。前 11 个月，全省实际利用外资 46.5 亿美元，增长 25.6%，增速同比加快 15.3 个百分点。其中外商直接投资 40.9 亿美元，增长 28.6%。外商直接投资呈现三个亮点：一是发达国家外资流入加速。来源于欧洲的外商直接投资 2.8 亿美元，增长 69.2%，增速同比加快 69.1 个百分点；来源于北美洲 2.3 亿美元，由上年同期下降转为增长 23.6%。二是第二产业是支撑外资增长的主要动力。第二产业到位外资 30.7 亿美元，增长 33.2%，增速高于全省外商直接投资 4.6 个百分点。其中装备制造业9.5亿美元，增长63.0%；食品工业2.9亿美元，增长47.3%；建材工业2.5亿美元，增长82.0%。三是高新技术产业吸引外资步伐加快。高新技术产业外商直接投资10.5亿美元，由上年同期下降转为增长55.1%，增幅高于全省平均水平26.5个百分点；占全省外商直接投资的25.6%，同比提高4.3个百分点。

金融运行平稳。11月末，全省金融机构存款余额29279.4亿元，比年初增加3204.5亿元。各项贷款余额17979.5亿元，比年初增加2258.6亿元。其中短期贷款6928.0亿元，比年初增加1163.3亿元；中长期贷款10489.5亿元，比年初增加1110.8亿元。

（六）城乡居民收入较快增长，就业再就业取得成效，民生进一步改善

城镇居民收入增速逐季加快。前三季度，城镇居民人均可支配收入13586.5元，增长12.3%，增速比一季度、上半年分别加快3.6和1.0个百分点，同比加快2.2个百分点。其中工资性收入8710.8元，增长10.4%；转移性收入4207.2元，增长5.2%，该两项收入对可支配收入增长的贡献率为69.2%，是拉动居民家庭收入增长的主要动力。

农民收入增速快于城镇居民。前三季度，农民人均现金收入6385元，增长21.5%，增速比一季度、上半年分别加快2.9和1.6个百分点，同比加快8.1个百分点，快于城镇居民人均可支配收入9.2个百分点。其中工资性收入增长28.0%，比上半年加快0.8个百分点，对农民人均现金收入增长的贡献率为49.4%。

就业形势保持稳定。9月末，全省城镇登记失业率为3.79%，同比回落0.09个百分点，控制在年度调控目标之内。截至11月底，全省城镇新增就业70.5万人，下岗失业人员再就业24.6万人，就业困难对象再就业9.7万人，分别完成全年目标任务的104%、112%和121%，均提前超额完成全年目标任务。

图8　2010年以来城乡居民收入季度累计增长率（%）

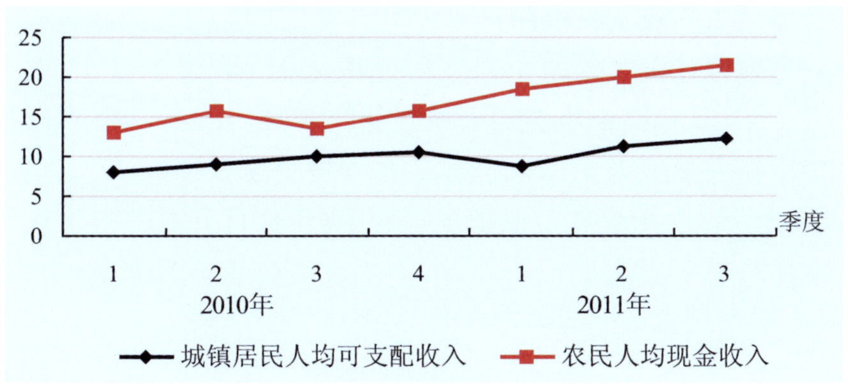

注：农民人均现金收入全年为农民人均纯收入。

二、制约经济发展的突出矛盾和问题

2011年，经济运行中出现了一些新情况和新问题，同时，面临的深层次矛盾依然突出，需要采取有效措施加以解决。

（一）部分工业企业生产经营困难

受原材料价格上涨、成本上升、节能减排力度加大和国际市场需求减弱等因素影响，部分工业企业生产经营困难。从生产观察，一是部分传统产业面临的压力较大。前11个月，黑色金属及压延加工业，石油加工、炼焦及核燃料加工业，医药制造业，纺织业等4个行业增加值分别增长10.4%、13.1%、11.7%和14.4%，分别低于全省工业5.8、3.1、4.5和1.8个百分点，这四个行业增加值占全省的33.6%，对工业生产影响较大。二是大中型企业支撑力度不足。大中型企业各月生产增速低于全省工业平均水平，前11个月完成增加值5781.1亿元，增长11.3%，增速低于全省工业4.9个百分点。

从效益观察，企业亏损增加较多。前11个月，全省规模以上工业亏损企业亏损额为214.1亿元，同比增亏66.2%，比前10个月扩大5.7个百分点，在统计的38个行业中，有29个行业亏损企业亏损额同比增长，对全省影响大的主要是黑色金属冶炼及压延加工、石油加工炼焦及核燃料加工、电力蒸汽热水的生产和供应三个行业，亏损合计占全省的60.9%。亏损企业主要集中在小型企业，在全省1211家亏损企业中，小型企业913家，占75.4%。亏损额主要集中在大中型工业，大中型工业亏损企业亏损额174.4亿元，增亏80.7%，高于全省工业增亏幅度14.5个百分点，占工业亏损企业亏损额的81.4%。

（二）物价涨幅仍然较高

前11个月，全省居民消费价格同比上涨5.8%，超出调控目标1.8个百分点。八大类商品及服务价格由上年同期的“五升三降”扩大为“全面上涨”。主要影响因素：一是食品类价格高位运行。食品类价格同比上涨12.6%，拉动全省居民消费价格总指数升高3.7个百分点，影响度为64.0%，是拉动CPI上扬的首要因素。二是成本上涨推动。原油、农业用工费用、农资等价格的普遍上涨，导致农产品价格全面攀升。各地工资标准不断上升，劳动密集型产品和服务项目价格持续走高。国际市场大宗商品价格持续高涨，进口原材料成本增加，推动消费领域价格上涨。三是政策性调价推动。国家提高小麦、稻谷、汽油、柴油等价格，相应提升市场价格上涨预期。四是翘尾因素影响。在全省居民消费价格5.8%的涨幅中，上年翘尾影响3.15个百分点，占54.3%，是价格上涨的主要动因。

（三）对外经贸受欧洲债务危机影响进一步加深

对欧盟出口增速持续回落。全省对欧盟出口增速从5月份开始连续7个月回落，前11个月增长18.6%，比前4个月回落28.5个百分点。对欧盟出口比重持续下降，占全省出口的23.5%，比前2个月降低4.9个百分点。由于对欧盟出口下滑影响全省出口增速7.2个百分点，比前三季度扩大1.5个百分点。

来自欧美的合同外资持续下降。从9月份开始，来自欧美的合同外资已连续3个月下降。前11个月，来自欧洲的合同外资1.4亿美元，下降6.3％，其中欧盟1.2亿美元，下降14％；来自北美洲的合同外资1.1亿美元，下降24.3％，其中美国0.7亿美元，下降40.6％。欧美合同外资持续下降将对2012年全省利用外资产生不利影响。

同时，一些深层次矛盾日益凸显。产业结构层次低，服务业、装备制造业和高新技术产业发展不快，比重偏低，优化升级的任务艰巨；能耗水平依然偏高，单位生产总值能耗高于全国平均水平，节能降耗压力较大；自主创新能力不足，R&D经费支出占GDP比重和有研发机构的企业比重低于全国，科技对调结构转方式支撑不强。这些问题和矛盾，根源在于结构制约，河北产业发展外延粗放，在扩大规模的同时为集约发展带来压力；产业体系属于资源加工混合型，要素配置资源依赖偏重，在发挥资源优势的同时也成为产业转型的桎梏；需求拉动属于投资主导型，增长动力投资驱动，在推进工业化的同时也为产业转型升级带来困难。上述矛盾和问题既影响经济增长速度，又制约发展方式转变进程，需要采取有针对性地措施加以破解。

三、2012年经济走势展望

从国内外环境分析，国际环境仍十分严峻复杂，世界经济不稳定、不确定性因素上升。欧洲主权债务危机深层问题仍未解决，美国失业率居高不下，多数经济体经济增长放缓，部分发展中国家经济增速回落，世界贸易缓慢运行，国际大宗商品价格高位波动。据联合国经济与社会事务部2011年12月1日发布的《2012年世界经济形势与展望》报告显示，主要发达经济体再次陷入衰退的风险正在加大，并将拖累其他国家的经济增长，预测世界经济2012年将增长2.6％，低于2011年的2.8％，更低于2010年的4％。全球经济增长乏力，将对我国经济增长产生影响。11月份，中国制造业 PMI 为 49.0%，比上月下降 1.4 个百分点，自 2009 年 3 月以来首次降至 50%以下的临界点。在国内外市场需求持续放缓的情况下，未来制造业经济发展趋势仍有待进一步观察。同时，我国经济发展中不平衡、不协调、不可持续的矛盾和问题仍很突出，经济增长存在下行压力。但我国仍处于经济社会发展的重要战略机遇期，工业化、信息化、城镇化、市场化、国际化深入发展，将推进居民消费结构、产业结构升级，新的经济增长点将不断涌现。随着经济由政策刺激向自主增长有序转变，通胀压力的初步缓解，房地产调控初显成效，在政策取向上，中央继续实施积极的财政政策和稳健的货币政策，强调把稳中求进作为工作总基调，在工作重心上，保增长在整个宏观经济政策框架中的重要性日益突出。这些都将为经济发展创造相对宽松的环境，有利于经济平稳较快发展。

从全省发展分析：河北正处在大有作为的战略机遇期，区位优势进一步凸显，京津冀区域经济一体化、首都经济圈纳入国家“十二五”规划，河北沿海地区发展规划已经上升为国家战略，冀中南地区被列为国家层面的重点开发区域，百家央企走进河北签署一批投资合作协议，将为全省经济发展注入强大动力。农业方面，全省强农惠农政策落实较好，粮食生产实现丰收，为稳定经济增长奠定了基础。工业方面，装备制造业保持强劲增长态势，成为拉动工业增长的主要动力，食品和纺织工业出现回暖，新建投产企业达产增效，这些都将对全省工业生产起到拉动作用；但外部市场复杂多变，企业资金紧张、成本上升等矛盾突出，结构调整加力带来的震痛有可能逐步加大。服务业方面，宏观政策更加有利，随着居民收入的提高，消费结构不断优化升级，消费性服务业发展空间广阔；但市场环境不佳、城镇化水平偏低、人才缺乏和技术水平落后等制约服务业的健康发展。投资方面，有利因素是各级政府加大抓项目、促投资的力度，将对投资增长起到重要支撑。国务院出台了关于鼓励和引导民间投资健康发展的若干意见，将进一步促进民间投资的大发展。不利因素是建设项目用地依然比较紧张，供需矛盾比较突出，土地仍是制约项目建设的主要影响因素。消费方面，城乡居民收入继续较快增长，通胀预期减弱，增加了居民即期消费需求；各项保障政策不断完善，有助于减轻居民消费的后顾之忧，提高居民的边际消费倾向。出口方面，受国际市场需求减弱、欧洲债务危机加剧、人民币升值预期加大等因素影响，2012 年出口形势将趋于严峻。

综合分析，尽管经济环境仍然复杂，还存在一些不确定、不稳定因素，但有利于经济发展的因素较多，经济增长的内在动力较强，2012 年经济可望继续保持平稳较快增长。

四、加快发展的对策建议

2012 年是贯彻省第八次党代会精神的第一年，也是实施“十二五”规划承上启下的重要一年，应认真贯彻落实中央和省经济工作会议精神，以科学发展为主题，以加快转变经济发展方式为主线，以建设经济强省、和谐河北为目标，大力实施“一产抓特色、二产抓提升、三产抓拓展”的经济发展战略，努力实现更好更快更大发展。

（一）扩大投资、消费需求，保持经济平稳较快发展

落实国家扩大内需政策措施，鼓励和引导民间投资健康发展，保持合理投资规模。优化投资结构，加大重点项目谋划和建设力度，积极谋划一批辐射带动作用大、产业链条长、科技含量高的大项目，培育新的增长点。挖掘潜在消费需求，提升居民消费能力，优化城市商业环境和服务，完善消费信贷环境，培育新的消费热点，促进城市消费市场较快发展，增强消费需求对经济增长的拉动作用。

（二）优化调整产业结构，构筑区域经济发展新格局

加快产业结构优化升级，提高产业核心竞争力。大力提升工业

发展水平，加快工业结构优化升级步伐和工业聚集区建设，加大传统产业改造提升力度，促进钢铁工业转型升级，大力发展装备制造业，培育壮大新能源、新材料、电子信息、生物医药等战略性新兴产业。大力拓展服务业，加强服务业基础设施建设，优化发展环境，放宽领域市场准入条件，加快现代物流、文化、金融保险和信息服务等现代服务业发展，提高服务业在国民经济中的比重。推动区域经济协调发展，发挥环京津、沿渤海区位优势，加快环首都绿色经济圈、沿海经济隆起带、冀中南经济区建设，打造曹妃甸新区和渤海新区新的增长极。

（三）促进农业增产农民增收，推进社会主义新农村建设

围绕一产抓特色，继续认真贯彻落实各项强农惠农政策，稳定粮食种植面积，提高服务保障，确保生产资料和物资及时供应，提高农业综合生产能力。大力发展畜牧、蔬菜、果品三大优势产业，加快发展特色农业和设施农业，提高农业现代化和产业化水平。加快城镇化进程，拓宽农村剩余劳动力转移渠道，千方百计增加农民收入。加强农村公路、饮水等基础设施建设，加大村容村貌整治力度，优化农村发展环境。

（四）深化改革开放，提升自主创新能力

抓住沿海地区发展上升为国家战略机遇，扩大宣传力度，搭建对外开放平台。加强与世界500强企业和央企战略合作，发挥环京津、环渤海区位优势和聚集效应，精心谋划一批重点项目，引导外资投向高端服务业、高新技术产业、环保节能产业等领域。加快出口结构转型升级，实施“走出去”战略，提高对外开放水平。加大对非公有制经济发展支持力度，建立市场主导、政府引导的技术创新机制，实施品牌战略，培育和发展一批大企业、大集团，提升竞争力。

（五）加强节能减排工作，转变经济发展方式

严把“两高”项目审批，防止盲目扩张和重复建设，控制能耗增量。加大淘汰落后产能力度，调整优化能耗存量。强化节能目标责任考核，抓好“双三十”等重点区域、重点行业和重点企业节能降耗。加强节能减排技术研发、产业化示范和推广，鼓励支持企业采取改造落后工艺、增加节能设备等措施，减少能源消耗。大力发展低耗能、高效益产业和循环经济，提高资源、能源利用率。

（六）加强保障体系建设，着力改善民生

组织好重要商品的产销衔接和调运储备，确保物价稳定。完善社会保障体系，扩大养老、医疗等社会保障覆盖面，加大保障性住房建设力度，解决低收入群体困难。坚持市场需求和政策引导相结合，开展就业政策落实情况专项督查，做好农村劳动力转移就业工作，解决好高校毕业生、就业困难群体的就业问题。推进收入分配制度改革，提高居民收入在国民收入分配中的比重，建立居民收入与经济增长联动机制。规范收入分配秩序，缩小城乡、行业、区域收入差距。

（七）推进文化强省建设，构建和谐社会

把文化产业发展作为转变经济发展方式、构建现代产业体系的重要抓手，加快由文化资源大省向文化强省迈进步伐。创新体制机制，优化发展环境，打造文艺精品，增强文化产业创新能力。加大公益性文化事业投入，构建公共文化服务体系，建设一批国家级和省级文化产业园区。加快城乡文化一体化发展，实现信息资源共享，支持有地域特色、风俗的农村文化活动。加快发展教育、卫生、体育等社会事业，促进经济社会和谐发展。

（撰稿：河北省统计局综合处　张志强　靳占恒）

2011 年河北农业形势与 2012 年展望

2011 年是“十二五”规划的起步之年。一年来，在省委、省政府的正确领导下，全省上下以科学发展观统领工作全局，全面推进新农村建设，加快现代农业发展步伐，认真贯彻落实粮食稳定增产行动，切实加强蔬菜产业又好又快发展，积极防控农产品价格大幅波动，全省农业经济实现了平稳增长，农民持续增收，农村社会事业全面进步。

一、2011 年农业经济发展特点

（一）农业经济总量扩大、增速提升、结构优化

2011 年前三季度，全省完成农林牧渔业总产值 4001.3 亿元，比 2010 年同期增加 548.6 亿元，按可比价格计算增长 3.7%；实现农林牧渔业增加值 2391.3 亿元，比 2010 年同期增加 326.2 亿元，按可比价格计算增长 4.0%，增速同比提高 0.3 个百分点。

农林牧渔业产值结构继续优化。前三季度，全省农林牧渔业产值结构总体呈现“一升两降两平”态势，与 2010 年同期相比，畜牧业产值比重上升，农业、服务业产值比重下降，林业、渔业产值比重持平。其中，畜牧业产值比重为 30.2%，比 2010 年同期提高 0.5 个百分点；农业产值比重为 63.1%，下降 0.3 个百分点；服务业产值比重为 4.2%，下降 0.2 个百分点；林业产值比重为 0.6%，渔业产值比重为 1.9%，均与 2010 年同期持平。畜牧、蔬菜、果品三大优势产业产值比重达到 66.1%，比 2010 年同期提高 0.7 个百分点。

（二）粮食生产再获丰收，棉花生产恢复上升

粮食总产跨越 3000 万吨大关，连续八年丰收。各地高度重视

粮食生产，认真落实惠农强农政策，对小麦、玉米、水稻和棉花良种补贴实行全覆盖，各项惠农补贴资金全部到位，全省共发放农民粮食直补 7.8 亿元、农资综合补贴资金 51.1 亿元，结合春季干旱、农机深松作业等，安排了各项专项补贴。农业科技措施和奖励力度加大，极大调动了各级政府重农抓粮、科技兴粮、农民种粮的积极性。2011 年，全省粮食生产再获丰收，粮食总产量达到 3172.6 万吨，比 2010 年增长 6.6%，实现连续八年增产。

夏粮喜获丰收，总产及单产创历史最好水平。自 2010 年 10 月以来，全国小麦主产区遭遇了严重的干旱。河北省作为小麦四大主产省之一，平均降水比历史同期减少明显。旱情发生后，中央及省市县乡各级政府紧急行动。省委、省政府先后三次召开由省、市、县、乡四级干部参加的麦田管理工作电视电话会议，要求各级政府积极开展技术指导、水源协调、机泵检修、物资筹备、电力保障等各项服务，全力投入到以抗旱浇麦为主的麦田管理攻坚战中。一是全省加大资金补贴力度，提前向农民发放粮食直补及惠农资金，分浇水、打井、物化三批补贴资金对抗旱促春管工作进行帮扶，三批资金共计达 8 亿多元。二是积极开展万名科技人员下田间活动，动员组织万名农业科技人员进村、入户、到田间，开展面对面技术服务，把抗旱措施落实到田间、落实到地块。三是强化督导检查，向小麦主产区 54 个县分别派出一支省抗旱促春管督导组，对各地落实国务院和省委、省政府的政策措施、加强抗旱促春管等情况进行督促检查。在全省上下认真落实省委、省政府切实加强麦田抗旱促春管工作指示精神，加大督导力度，落实分包责任，抗旱促春管应对措施及时、有力、有效，加上春季两场雪的及时降临，有效缓解了小麦旱情。小麦苗情转化升级好，成穗多，千粒重高，是历史上苗情最好的一年。2011 年，全省夏粮播种面积为 3647.4 万亩，总产量为 1290.1 万吨，比 2010 年增加 46.4 万吨，增长 3.7%，实现连续八年增产；夏粮亩产达到 353.7 公斤，比 2010 年增加 15.99 公斤，增长 4.7%。其中，冬小麦播种面积为 3588.6 万亩，总产量为 1274.2 万吨，比 2010 年增加 45.4 万吨，增长3.7%；冬小麦亩产355.07公斤，比2010年增加15.98公斤，增长4.7%。夏粮生产丰收为农业生产平稳增长提供了重要的基础性保障。

秋粮种植基础好于往年，秋粮生产实现大幅度增产。全省上下高度重视秋粮生产，积极抢种并抓好田间管理，充分发挥专家和农业科技人员的重要作用，组织专家进行巡回指导，在玉米生长的关键时期，积极开展“查苗情、查墒情、查病虫情”活动，确保技术落实到人到田。2011年，全省秋粮播种墒情好、播期集中，高产优良品种推广面积大。在播种期间，气候条件对玉米等主要秋粮作物生产十分有利，降水较多、分布均匀、光照充足、温度适宜，各类自然灾害发生危害程度也偏轻于往年，秋粮作物长势良好，实现大幅增产，确保了全年粮食实现连续八年丰收。2011年，全省秋粮播种面积为5781.7万亩，比2010年增加41.2万亩，增长0.7%；秋粮总产量为1882.5万吨，增加150.3万吨，增长8.7%，实现连续八年增产；秋粮亩产达到325.6公斤，增加23.85公斤，增长7.9%。其中，玉米播种面积为4553.7万亩，比2010年增加40.8万亩，增长0.9%；玉米总产量为1639.6万吨，比2010年增加130.9万吨，增长8.7%；玉米亩产360.07公斤，比2010年增加25.76公斤，增长7.7%。

棉花生产呈现恢复上升态势，油料播种面积下降。受棉花价格上涨拉动影响，棉花生产由2010年下降转为增长，播种面积和总产量均超2009年、2010年水平，呈现恢复性上升态势。2011年，全省棉花播种面积为948.8万亩，比2010年增加76.47万亩，比2009年增加18.81万亩，比2010年增长8.8%；棉花产量达到65.34万吨，比2010年增加8.39万吨，比2009年增加5.08万吨，比2010年增长14.7%。受粮食、棉花播种面积增加影响，全年油料播种面积延续2010年下降态势。

（三）蔬菜生产加快发展，食用菌生产势头强劲

省委、省政府高度重视蔬菜产业发展，不断加大财政投入，狠抓生产基地建设，着力推广先进技术，努力开拓国内外市场，按照“扩规模上设施、壮龙头活机制、创品牌拓市场、提质量增效益、抓示范强带动”的要求，不断加快推进蔬菜产业发展方式转变，在政策支持和市场带动的双重作用下，蔬菜生产加快发展，播种面积和总产量实现双增长。前三季度，全省蔬菜播种面积916千公顷，总产量5050.1万吨，同比分别增长2%和4.8%。食用菌生产势头强劲，总产量68.6万吨，同比增长12.7%。如四季度无异常天气发生，再加上传统节日春节拉动，全年蔬菜生产仍将保持较快增长态势。

（四）畜牧业生产恢复性增长，畜牧业产品价格上涨

前三季度，畜牧业产品价格继续上涨，整体价格比2010年同期上升17.8%。在价格上涨带动下，全省畜牧业产值占农林牧渔业总产值比重恢复至30%以上，达到30.2%，比2010年同期提高0.5个百分点。预计受传统节日春节拉动，全年畜牧业将保持恢复性增长态势。

生猪存栏恢复性增长，出栏下降，生猪价格攀升。前三季度，全省生猪存栏达到1714.4万头，比2010年同期增长4.2%，生猪出栏2238.4万头，下降0.3%。生猪价格一路攀升，活猪平均每公斤达到16.68元，比上半年平均每公斤上升0.8元，比2010年同期上涨30.9%。猪粮比价接近8∶1，生猪养殖收益获利提高。生猪价格上涨的主要原因：一是养殖成本上涨。受全国物价普遍走高影响，劳动力、运输、防疫、水电、饲料价格均提高，仔猪价格涨幅同样增大，致使生猪养殖投入成本提高。二是生产规模压缩调整。2009年9月开始，生猪市场价格低迷，导致生猪存栏大量下降；2010年下半年，生猪价格呈现恢复性增长，但因2010年底及

2011 春低温天气及动物疫病影响，母猪产仔率下降，导致生猪存栏和能繁母猪存栏难以有效提升，仔猪销售呈现紧俏，价格涨幅较大；猪肉市场供应偏紧，生猪价格淡季不淡。三是突发事件影响。2011 年年初的低温冻雨、3 月份的“瘦肉精事件”以及 5 月份部分省干旱灾害对生猪生产和运输造成一定影响，影响局部地区的猪肉供应，对价格上涨起到了一定的推动作用。

家禽生产基本平稳，肉禽及禽蛋价格上涨。在正大、大成、三融、华都等大的龙头禽类生产加工企业带动下，家禽生产平稳发展。前三季度，全省家禽存栏为 3.3 亿只，比 2010 年同期增长 0.8%；肉禽出栏为 2.9 亿只，下降 1.3%。肉鸡和禽蛋价格均比 2010 年同期上扬，平均价格分别增长 5.6%和 12.7%，家禽养殖效益在获利区间。

牛奶产量继续增长，奶价上升。加大奶牛养殖小区管理力度，牛奶生产继续保持增长。前三季度，全省牛奶产量为 335.1 万吨，比 2010 年同期增长 2.2%；生牛奶价格平均每公斤为 3.39 元，同比增长 5.7%。

（五）林业生产形势较好，渔业生产平稳增长

林业生产在扩大内需政策带动下，投资力度加大，全省年度计划造林 420 万亩。前三季度，已完成造林面积 305.6 万亩，占全年任务的 72.8%。果品业以果树调整为重点，加快发展红枣、板栗等名特优果，调整苹果、鸭梨等大路品种，确保了果品生产保持稳步发展的势头。

前三季度，全省水产品产量为 47.1 万吨，比 2010 年增长 1.6%。其中，淡水产品产量呈现较快发展，达到 28.7 万吨，比 2010 年增长 5.8%，全年渔业生产仍将保持平稳发展势头。

（六）农业产业化水平稳步提高，有力带动了农民增收

结合当地自然资源条件，全省各地把发展农业产业化经营作为

农业和农村经济发展的重要着力点和主要抓手之一，通过不断强化政策扶持，积极推进产业发展，促进龙头企业成长，农产品基地建设得到稳步推进，参与农户逐渐增多，经营收入不断提高，农业产业化发展规模和水平不断提升，有力带动了农户增收，全省农户从产业化经营中取得收入实现了较快增长。

二、面临的困难和问题

（一）农业生产要素支撑不足

尽管近几年来全省不断加大财政支农和惠农力度，但支农资金仍显不足，农田水利设施亟待完善，农业物质装备偏低，农业基础依然薄弱。农业生产抗御自然灾害能力不强，县、乡两级的财政投入与农业的高需求、大投入相比还远远不够。全球气候变化，极端气象事件频发重发，不利天气过程发生机率增加，对农业生产造成一定损失。由于农业生产主要以家庭承包、粗放经营为主，乡村从业人员素质不高，受传统经营习惯的影响，村民普遍存在重务工、轻农耕的思想，老、少、妇且文化程度低的“386199”部队成为农业生产的主力军，个别村的个别户甚至存在土地撂荒现象。

（二）农产品价格干扰因素较多

农户分散经营的现状难以适应市场的千变万化。受一家一户生产经营方式的制约，龙头经营组织与农户利益联结机构不够紧密，低成本的规模经营方式难以有效展开，全省农民专业合作组织带动辐射农户覆盖率仅为 50%左右，组织化程度有待提高；在农产品生产信息获取方面，依然广泛存在着手段落后、渠道不畅、虚假信息泛滥等严重的信息不对称问题。由于沟通不够及时，使得农民应对市场风险机制不能够做到灵活机动。2011 年，受国外和国内生产与市场影响，全省农产品价格持续上行，部分农产品价格波动幅度较大，干扰了正常的市场和农民的正常种植计划。

（三）农业科技标准水平较低

全省基层农技推广体系还不够完善，农业科技普及推广不足，新技术、新品种使用滞后。农业的总体规模化、标准化、集约化水平相对较低，农业科技进步贡献率难以有效提升，农业综合竞争力有待进一步提高。

（四）产业化经营水平偏低

尽管结构优化和发展方式转变不断加快，但是面对日趋加快的市场化、国际化的挑战，农业依然缺乏市场竞争力，品牌化程度低、质量低、加工程度低等制约因素凸现。由于缺乏大型农业产业化龙头企业、特色农业带动，使农产品深度开发较慢，市场竞争力弱，产品优势不明显，农产品附加值低，直接影响了农业产业化经营水平的提升。同时，受体制制约，部分相关部门对农产品加工企业还存在“卡”、“拿”、“要”等违规现象，使农业发展环境总体欠优，阻碍了农产品加工业的快速发展。

（五）农产品质量安全监管和重大动物疫病防控任务艰巨

省市县三级监管体系尚不完善，重大动物疫情不断发生，防控形势仍很严峻。受市场供求、生产周期和产品质量、疫病影响，畜牧业产业发展波动性较大。2011 年前三季度，全省生猪、牛、羊、家禽出栏依然不足并呈现全部回落，畜牧业生产面临挑战。

三、2012 年农村经济走势预测和建议

（一）走势预测

有利因素：一是宏观经济环境有利。“十二五”时期是全面建设小康社会的关键时期，是深化改革开放、加快转变经济发展方式的攻坚时期。针对农业和农村经济发展，省第八次党代会议提出了

“一产抓特色”的经济发展战略和“十二五”末县域经济总量倍增的目标，宏观经济政策的持续性和稳定性，为农业和农村经济发展指明了方向，明确了目标任务，对巩固农业农村经济发展和农民增收营造了良好的环境。为今后加快社会主义新农村建设，稳固农业基础地位，继续推进农业现代化，统筹城乡发展，拓宽农民增收渠道，完善农村发展体制机制奠定了重要基础。二是政策调控手段有效。河北省作为全国 13 个粮食主产省之一，在全国粮食生产中占有重要地位。省委、省政府高度重视粮食生产，不断加大财政投入，狠抓农田基础设施建设，加快推进先进适用技术，着力抓好 4000 万亩粮食生产核心区建设，提出力争至 2015 年末实现 3 个吨粮市和 50 个吨粮县，为实现全省粮食生产能力达到 700 亿斤的目标提供支撑。在确立了宏伟目标的同时，认真落实粮食直补、农资综合直补、良种补贴和农机具购置补贴等各项惠农政策，改进补贴方式，严格补贴程序，加强资金管理，按照国家统一安排部署，落实粮食最低保护价收购政策，保护种粮农民利益，充分发挥了惠农政策的放大效应。2011 年省政府制定了奖励政策，对夏粮亩产达到 1000 斤的县、10 个总产增幅较大的县和 10 个单产增幅较大的县分别给予 100 万—300 万元的奖励，有力调动了农民种粮和地方政府抓粮积极性。同时，先进适用技术的大面积推广应用，粮食生产先进技术通过各种媒介渠道传播到千家万户，为粮食丰产提供有力技术支撑，为农业发展奠定重要基础。三是市场调控有力。在综合考虑农产品价格变动、农民增收的基础上，省政府合理安排农资综合补贴资金；启动政府冻肉储备的收储措施，有效抑制了猪价过快上涨的势头。针对蔬菜生产和供应工作，强力推进蔬菜产业示范县建设，加快转变蔬菜发展方式，不断提高蔬菜综合生产能力。国内粮食、蔬菜、水果、肉蛋奶等主要农产品价格上升，农业生产效益开始向好的方向转化。

不利因素：一是农业生产风险因素增多。农业生产的市场化风险加剧，主要农产品生产价格波动依然明显，畜牧业生产疫情、质量安全问题依然突出，自然环境变化产生的极端气象现象以及农业生产的自然风险难以控制。二是现代农业服务体系建设滞后，基层农技推广、农机服务、质量监测控制、疫病防治防疫、信息分析预测预警等体系建设亟待加强。三是农业产业化发展水平低。受资金和土地瓶颈制约及个别地方重视不够影响，农业产业化龙头组织的规模小、实力弱，内部扩张投资能力不足，寻求合作伙伴缺乏足够的吸引力，龙头带动不明显，制约农业产业化发展水平的提升。

综合考虑有利因素和不利因素，预计 2012 年全省农业经济平稳发展的格局不会改变，农业农村经济将继续保持平稳发展势头。

（二）对策建议

一是认真贯彻落实中央“一号”文件精神，强化细化好各项强农惠农政策。坚持把基础设施建设和社会事业发展的重点转向农村，大幅度增加对农业和农村投入，切实向“三农”倾斜。继续保持对农业支持力度，完善各项农业补贴，加大农机具购置补贴、良种补贴和畜牧业补贴支持力度。搞好农田管理工作，为粮食丰收打好基础。

二是密切关注农产品市场供应和价格变化情况，防范农产品价格异常波动并做好应急预案。强化源头治理，狠抓市场整顿，充分运用市场标杆，确保农产品市场稳定；抓好农资供应，大力发展农资连锁配送经营，切实抓好农资“放心店”建设，降低生产成本；做好收购预案，稳定农产品生产预期；支持骨干农产品批发市场的升级改造，培育大型农产品流通企业，规范和加快农产品流通，合理降低流通成本，确保农产品价格稳定。

三是集中精力抓好重点项目建设，积极支持农产品加工企业改扩建项目和农产品种养基地项目。以重点建设项目为主，加快推进农业产业化经营转型升级，加快建设农业产业化示范区，帮助龙头企业克服资金及土地制约的影响，鼓励龙头企业通过吸纳股份、转身加盟等形式，带动企业自筹和其他融资，扩大经营规模，提升发展实力，加强与农产品生产基地的联系，带动更多农民增收致富。

四是加大农产品质量安全监管和重大动物疫病防控力度，统筹抓好气象灾害和生物灾害的防控工作。全面实施畜禽场（区）动物疫病科学防控与依法监管工程，组织好集中免疫，确保不发生重大动物疫情。建立健全疫病防控责任体系，狠抓综合防控措施落实。集中开展农资打假专项行动，加大农产品质量安全监督抽查力度，防止重大质量安全事故发生。及时完善气象灾害应急防控预案，加强气象信息员队伍和综合服务站建设，强化气象监测预警能力，突出抓好连阴雨、干旱、冻害、大风等灾害防御。及早针对病虫草害情况，推进专业化统防统治工作，提高防治效果和效率。

（撰稿：河北省统计局农村处　郭敏英）

2011 年河北工业形势与 2012 年展望

2011 年，全省各地各部门加大了工业经济运行调节力度，加强对工业企业的分类指导，积极采取有效措施应对资金趋紧、经营成本上升等不利因素影响，工业运行呈现出生产增长较快、效益同步改善、结构调整稳步推进的良好态势，预计全年规模以上工业增加值超万亿，为整体经济实现“十二五”良好开局奠定了坚实基础。但亏损企业亏损额增幅较大、大中型企业支撑乏力、部分传统优势产业上行压力加大等问题较为突出。为此，应认真落实省第八次党代会和经济工作会议精神，毫不松懈地抓好经济运行调节，保持工业平稳较快发展。

一、运行特点

（一）生产增速稳中有快

前 11 个月，全省规模以上工业完成增加值 9494.4 亿元，同比增长 16.2%，2－11 月份累计增速稳定在 14.1%－16.2%之间，工业运行在经历 2009 年国际金融危机期间增长下滑、2010 年快速恢复后，2011 年基本回归到了 2008 年 9 月前的正常状态。从当月运行轨迹看，增速呈现小幅波动，5 月份基本扭转了 3、4 月份放缓态势，6、7 月份持续走高，8 月又稍有回落，9、10 月份保持 20%以上的较快增长，11 月份完成工业增加值 964.8 亿元，同比增长 17.5%。分季度看，一季度增长 15.3%，上半年增长 15.1%，下半年由于去年基数较低，工业生产增速稳中趋快，前三季度增长 15.9%，预计全年规模以上工业增加值超 1 万亿，比上年增长 16%左右。从全国情况看，下半年全国规模以上工业增速呈现逐步回落趋势，河北快于全国，前 11 个月增速比全国快 2.2

个百分点。

第一，七个主要工业行业增速呈现“两稳两落三加快”的态势。前11个月，装备制造和钢铁行业生产增速与去年同期相比基本保持平稳，完成增加值1692.5亿元和3224.5亿元，同比分别增长25.2%和13.9%；纺织服装和医药两个行业增速有所回落，完成增加值583.2亿元和139.9亿元，分别增长15.2%和11.7%，增速同比分别回落6.2和7个百分点；建材、食品、石化三个行业增速加快，完成增加值465.5亿元、616.0亿元和1245.9亿元，分别增长24%、16%和12.8%，增速同比分别加快8、2.1和2.9个百分点。

装备制造业内部行业发展出现新变化，通用设备制造业、金属制品业、专用设备制造业继续保持强劲增长势头，增速均在20%以上，分别增长38.5%、27.9%和24.9%；电气机械及器材制造、仪器仪表及文化办公用机械制造业平稳增长，分别增长15%和18.5%；受汽车行业下滑的影响，交通运输设备制造业增速明显减缓，完成增加值增长18.8%，增速同比回落16.7个百分点。2011年，受国家取消汽车消费的优惠政策，汽车燃油价格上涨等因素影响，汽车市场需求减弱，企业订单减少。汽车产量自4月份开始大幅减产，由3月份的78441辆减少到4月份的68089辆、5月份的59066辆，6月有所回升，7、8月份又降到38139辆和44339辆，11月份仅恢复到64840辆；前11个月汽车产量为65.4万辆，同比仅增长4.2%。

第二，工业品内、外需市场均保持较快增长。前11个月，全省规模以上工业内销产值3.4万亿元，同比增长32.3%；完成出口交货值1279.4亿元，同比增长24.9%，增速比前10个月加快1.5个百分点。出口交货值总量大、增速快的行业主要集中在装备制造业，其中，交通运输设备制造业出口交货值为123.6亿元，总量在38个行业中居第3位，增长43.8%；通用设备制造业出口交货值为120.7亿元，总量居第4位，增长55.9%；金属制品业出口交货值为 92.9 亿元，总量居第 5 位，增长 97.4%。

第三，工业品产销衔接较好，产销率有所提高。前 11 个月，全省工业产品产销率为 97.7%，比前 10 个月提高 0.2 个百分点。在统计的 38 个行业大类中，有 24 行业比前 10 个月提高，17 个行业高于全省平均水平。其中，黑色金属冶炼及压延加工、农副食品加工、石油加工炼焦及核燃料加工、交通运输设备制造业产销率分别为 98.2%、98.4%、98.3%和 98.1%。

（二）结构调整稳步推进

第一，装备制造业保持快速增长势头。年初以来全省装备制造业一直保持快速增长势头，当月增速均快于全省平均水平。前 11 个月完成增加值增长 25.2%，增速居七个主要工业行业之首，高出全省工业 9 个百分点，对全省工业增长的贡献率达 26.6%；占规模以上工业的 17.8%，比上年提高 1.0 个百分点。

图 1　2011 年全省规模以上工业及装备制造业生产当月增速（%）

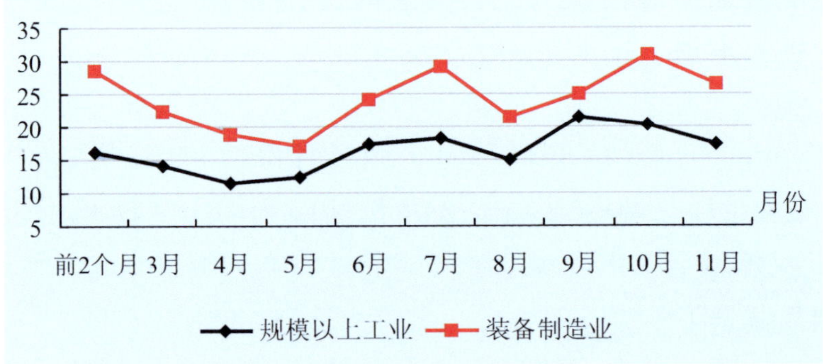

第二，高耗能行业比重明显回落。全省各地采取有效措施，下大力巩固 2010 年下半年节能降耗的积极成果，六大高耗能行业月度累计增速始终控制在 13%以下，均低于全省规模以上工业，前 11 个月完成增加值 4528.4 亿元，同比增长 12.4%，增速低于全省规模以上工业 3.8 个百分点；占规模以上工业的比重为 47.7%，同比回落 2 个百分点。

图2　2011年全省规模以上工业及高耗能行业生产当月增速（%）

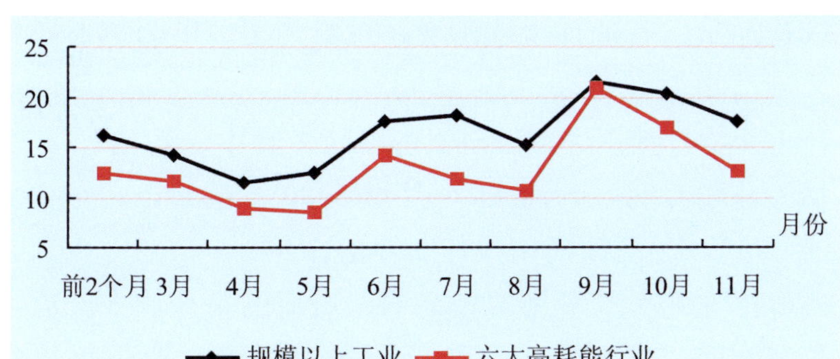

（三）效益保持较高水平

年初以来，全省规模以上工业实现利润始终保持25%以上的增速。前11个月，规模以上工业主营业务收入完成36586.6亿元，比上年同期增长34.4%；实现利润1955.2亿元，增长32.6%；税金总额为1232.5亿元，增长30.4%。

在规模以上工业统计的38个行业大类中，有34个行业的利润总额比上年同期增长，占89.5%。其中，6个行业实现利润总额超过百亿元，分别为：黑色金属矿采选业实现利润387.4亿元，同比增长77.8%；黑色金属冶炼及压延加工业实现利润258.0亿元，增长57.9%；非金属矿物制品业实现利润110.9亿元，增长23.7%；交通运输设备制造业实现利润110.8亿元，增长34.8%；通用设备制造业实现利润107.6亿元，增长50.0%；化学原料及化学制品制造业实现利润101.5亿元，增长11.5%。

二、主要问题

（一）部分行业企业生产经营困难，亏损企业亏损额增幅较大

前11个月，全省规模以上工业亏损企业亏损总额为214.1亿元，由去年同期减亏转为增亏66.2%，增亏幅度比前三季度提高7.3个百分点。在统计的38个行业中，有29个行业亏损企业亏损

额同比增长，占76.3%。全省工业企业亏损主要集中在黑色金属冶炼及压延加工、石油加工炼焦及核燃料加工、电力热力的生产和供应业，亏损企业亏损额分别为58.7亿元、45.1亿元和26.7亿元，合计占全省工业亏损总额的60.9%。其中，石油加工炼焦及核燃料加工业增亏明显，前11个月增亏33.2亿元，占全省工业增亏总量的39%，亏损额同比增长2.8倍。

造成亏损企业亏损额增幅较高的主要原因是企业生产成本明显上升，盈利空间明显缩小。前11个月规模以上工业主营业务成本同比增长35.2%，比一季度提高0.8个百分点，超出主营业务收入增幅0.8个百分点。影响因素：一是部分原材料价格居高不下、产品“进出价格”倒挂明显。前11个月，全省工业品出厂价格同比上涨8.4%，比原材料购进价格低3.3个百分点。二是银根紧缩，企业融资成本上升。2011年，央行多次上调存款准备金率和存贷款基准利率，企业获取银行贷款难度加大，融资成本不断上升，加剧了企业的资金困难。前11个月，全省规模以上工业利息支出376.4亿元，比上年同期增长37.0%，增速同比提高18.0个百分点，比一季度、上半年分别提高4.1和3.2个百分点。三是随着居民消费价格的不断上涨，企业劳动力成本持续提高。据部分地区对多家企业调查反映，2011年工资普遍上涨20%左右。

（二）大中型企业增速持续低于全省平均水平，支撑力度不足

大中型企业实现增加值总量占全省规模以上工业的比重基本保持在70%左右，是支撑全省工业经济较快增长的中坚力量，但2011年大中型企业生产增速一直低于全省增速，效益大幅下滑。从生产来看，4、5、8月三个月份完成增加值出现个位数增长，9月份有所回升，10、11月份增速又呈现回落态势，各月增速均低于全省平均水平，11月份完成增加值511亿元，增长11.3%，低于规模以上工业6.2个百分点；前11个月完成增加值5781.1亿元，同比增长11.3%，增速低于全省增速4.9个百分点。从企业

效益看，前 11 个月大中型企业实现利润仅增长 12.2%，低于全省工业利润增速 20.4 个百分点，亏损企业亏损额增长 80.7%，其中国有及国有控股大中型企业利润同比下降 12.1%，亏损企业亏损额增长 86.4%。

图 3　2011 年全省规模以上工业及大中型企业生产当月增速（%）

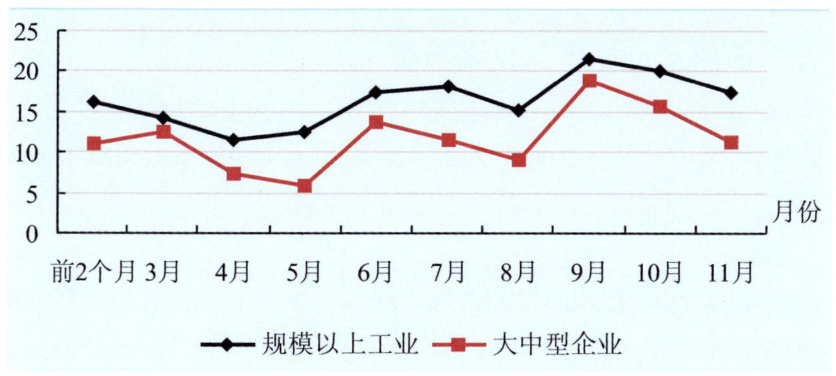

（三）部分传统产业增势较弱，增加了全省工业增速上行的压力

一是黑色金属及压延加工业形势严峻。前 11 个月完成增加值 2259.5 亿元，同比增长 10.4%，增速低于全省工业 5.8 个百分点。主要原因：①钢材价格震荡回落，特别是 9 月中旬以来，钢材价格大幅回落。11 月中旬，普方坯价格为 3900 元/吨左右、热卷 4200 元/吨左右、窄带 4100 元/吨左右、中厚板 4200 元/吨左右，每吨均比年初下降 400 元左右，11 月份黑色金属冶炼及压延加工业生产者出厂价格指数仅为 97.4%，已经低于上年同期水平。②盈利空间缩小。2011 年上游原材料价格上涨幅度相对较大，价格一直处于倒挂状况，前 11 个月铁矿采选业价格同比上涨 15.8%，而黑色金属冶炼及压延加工业上涨 11.8%，企业仅维持正常生产，大部分企业处于微利或亏损状况。全省 441 家黑压延企业有 91 家亏损，亏损面为 20.6%。③为确保完成节能减排目标，钢铁企业作为节能减排重点，进行了限产限电，企业的产能不能充分发挥。④受房地产调控政策影响，国内市场需求减弱，同时，外需市场也在缩小，出口交货值 165 亿

元，由去年同期增长1.7倍减少为增长21.4%。

二是石油加工、炼焦及核燃料加工和医药两个行业生产增长乏力，效益下滑趋势明显。从生产来看，前11个月石油加工、炼焦及核燃料加工业完成增加值同比增长13.1%，医药行业完成增加值增长11.7%，分别低于全省工业增速3.1和4.5个百分点。从效益来看，受原油价格高企、国内成品油价格受限因素影响，前11个月石油加工、炼焦及核燃料加工业全行业净亏损18.4亿元；受原材料价格大幅上涨、维生素C等主导原料药产品价格下滑、出口低迷、国内市场竞争激烈等因素影响，医药行业实现利润同比下降17.7%，亏损企业亏损额增长74.1%。

三、2012年走势预测及调控建议

展望2012年，保持工业持续平稳较快增长既具备不少有利条件，也面临许多困难和问题，同时不确定因素也较多。

从有利因素看：一是部分主要行业可望保持较强的支撑力。2012年是实施“十二五”工业转型升级规划关键而又重要的一年，国家大力发展高端装备制造业、新能源产业，加快高速铁路建设，装备工业发展具有较大的市场空间和持续的动力，预计装备制造业有望保持20%以上的增长；随着城镇建设的深入推进，对钢铁、建材等行业的需求仍然较大；食品业有望继续呈现2011年下半年以来的回暖趋势；随着石家庄高新技术开发区几个医药产业大项目的建成投产，医药行业有望出现回升态势。二是工业生产的先行指标增势强劲。2011年，全省加大了抓项目的力度，工业投资呈现较快增长态势，前11个月工业完成投资同比增长29.8%，其中装备制造业完成投资增长43.7%，2012年有望形成更多新的增长点。三是随着2011年新建投产企业，如正元管业有限公司、友发钢管有限公司、邯郸美的制冷设备有限公司、中滦煤化工有限公司等达产增效，将对全省工业生产起到拉动作用。四是2012年国家实行积极的财政政策，通过结构性减税，来减轻企业负担，企业成本压力有望有所缓解。

从不利因素看：一是全球经济复苏势头弱化，下行风险增加。国际金融危机爆发已历时三年，但深层次影响还在不断暴露，主权债务危机持续恶化，国际资本大规模无序流动风险增长，大宗商品市场频繁大幅波动等，世界经济复苏动力明显减弱，对我国经济的不利影响正逐步加深。受其影响，目前广东、上海等东部沿海省份工业已出现生产增势减弱、效益下滑的趋势，河北经济与沿海相比有明显相对滞后性，其后续传导效应应予关注。二是制造业国内外市场需求呈现趋缓态势。2011 年，中国制造业采购经理指数（PMI）总体呈现回落趋势，11 月份为 49%，降至临界点 50%以下，表明制造业国内外市场需求趋缓，企业生产动力不足；三季度河北省工业企业景气指数和企业家信心指数同比分别下降 2.7 和 5.3 个点。三是粮食、棉花、铁矿石、原油等原材料价格居高不下，将会对农副食品加工、纺织、钢铁、石化等重点行业产生不利影响；按照国家发改委要求，从 12 月 1 日开始提高销售电价，每千瓦时平均提高 3 分多钱，对高耗能企业是较大考验。四是 2012 年物价水平有可能还处于高位，国家实施稳健的货币政策不可能有大的松动，企业资金面趋紧的格局不会有大的改观。五是 2012 年节能降耗、淘汰落后产能的力度还将继续加大，钢铁产业总量规模受到控制，结构调整带来的震痛将在一段时间内持续影响工业增长。

综合上述分析，预计 2012 年全省工业生产总体仍将保持平稳较快增长态势，不会出现大的起落，但增速有可能略有放缓。

2012 年是“十二五”规划的关键一年，应全面贯彻落实省委、省政府决策部署，把握发展优势和机遇，加大结构调整力度，加快发展方式转变，在提升工业竞争力上下大功夫、求大突破。

（一）毫不松懈地抓好运行调节，力促工业平稳较快增长

2012 年国内外经济运行环境依然错综复杂，要密切关注宏观调控政策调整变化，分析和评价能源、资源、粮食等大宗商品价格

波动对产业上下游传导和影响，加强对经济运行热点难点问题的监测分析，帮助企业准确把握商机、规避经营风险，加强市场研究，优化产品结构，积极开拓市场，增强企业活力。特别要加大对重点大中型企业的调度和分类指导，重点做好困难行业企业的帮扶，有针对性地做好“一企一策”，促其提速增效，发挥对全省工业的骨干支撑作用。

（二）毫不松懈地抓好结构调整，提升工业整体竞争力

切实加大企业技术研发投入和改造力度，提升传统行业的科技含量和效益水平；加大节能减排工作力度，为工业结构优化升级提供更大的要素空间；继续抓好对标行动，推进工业化和信息化融合。推进钢铁强省建设，严控总量规模，优化产品结构，拉长产业链，提高产业集中度和产品的加工深度。努力保持装备制造业强劲增长势头，壮大现有优质存量、培育新的优质增量，做大工业结构优化的主体。大力培育新能源、新材料、生物医药、节能环保等新兴产业，培育一批技术优势明显、创新能力突出的新兴产业龙头企业，打造一批产业特色鲜明、上下游配套完善的新兴产业集群。

（三）毫不松懈地抓好企业增效，提高工业效益和运行质量

当前企业生产经营中遇到的困难和问题，既有外部环境变化的因素，也有企业自身素质不高、管理水平不强的问题。为此，应创新企业组织模式和管理模式，注重高新技术在生产中的运用，加大技术改造和新产品开发力度，提高产品附加值。鼓励引导企业推行企业标准化生产，控制生产成本，加强资金管理和调配，降低损耗，增加产出，最大限度减少各种不利因素对企业的影响，努力增收节支提效。

（四）毫不松懈地地抓好项目建设，大力拓展新工业增长点

工业投资是工业生产的先行指标，同时，河北工业增长呈现明

显的投资拉动型，两者密切相关。为此，应围绕传统产业改造升级和发展战略性新兴产业，以工业聚集区为平台，尽快谋划和实施一批规模大、科技含量高、带动能力强、符合国家产业政策、具有引领作用的重点优质工业项目。抓住东部沿海产业转移的机遇，吸引有发展潜力和拓展空间的产业到河北落户，从而带动整体产业结构优化升级，以及形成更多新增长点。

（撰稿：河北省统计局工业处　周国华　高娓　王光　杜恒立）

2011年河北建筑业形势与2012年展望

建筑业是国民经济的基础和先导产业，是国家各项工程建设、城市基础设施和城乡住宅建设的具体实施者，是推动国民经济持续快速发展、促进社会进步和人民生活条件改善的重要产业。今年是“十二五”规划的开局之年，省委、省政府着力推进城镇建设三年上水平，加快城镇建设、民生工程、基础设施和生态环境建设，有力促进了建筑业的发展。

一、总体运行情况及主要特点

（一）建筑业总产值保持平稳增长

前三季度，全省资质以内总承包和专业承包建筑业企业（下同）2257个，其中有工作量的企业2097个，从业人员135.6万人，完成建筑业总产值2563.5亿元，比上年同期增长27.4%，超过全国平均增长速度1.6个百分点。从构成看，建筑工程产值2259.7亿元，增长31.5%；安装工程产值213.2亿元，增长22.7%，建筑工程产值占建筑业总产值的比重为88.1%。建筑企业生产呈现平稳发展的态势。

图1 2010—2011年各季度建筑业总产值及增速

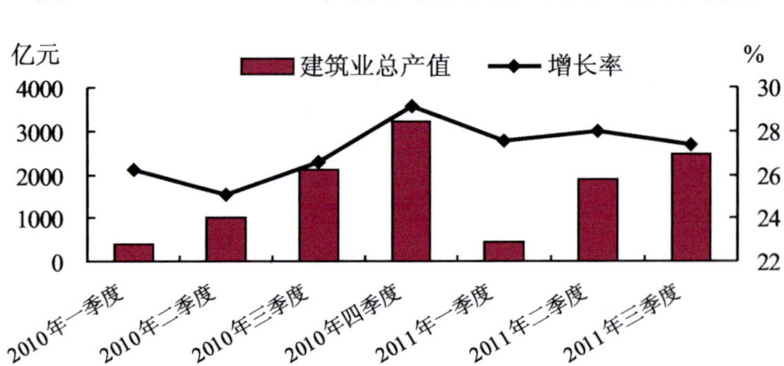

（二）签订合同额快速增长，企业发展后劲较足

前三季度，全省建筑业企业签订合同额5436.6亿元，比上年同期增加1311.5亿元，增长31.8%。其中上年结转合同额2444.7亿元，本年新签合同额2991.9亿元，分别增长35%和29.3%。签订合同额的快速增长，为全省建筑业后续发展奠定了良好的基础。从企业情况看，有77家企业签订合同额超过10亿元，比去年同期增加21家，其中有6家企业签订合同额突破百亿元。

表1　2011年各季度全省建筑业企业签订合同情况

指标名称	一季度	增速（%）	上半年	增速（%）	前三季度	增速（%）
建筑业签订的合同额（亿元）	3111.9	51.9	4348.4	38.4	5436.6	31.79
1. 上年结转合同额	2356.6	51.1	2450.1	42.6	2444.7	34.97
2. 本年新签合同额	755.4	54.7	1898.3	33.4	2991.9	29.31

（三）房屋建筑施工面积快速增长，招投标面积进一步扩大

建筑企业通过各种途径和措施不断做大做强，促进企业规模持续扩大。前三季度，全省建筑业企业房屋建筑施工面积达到23949.3万平方米，比上年同期增加6099.1万平方米，增长34.2%。其中，本年新开工面积为10954.3万平方米，比上年同期增加1630.8万平方米，增长17.5%。新开工面积占房屋施工总面积45.7%。全省实行招投标承包面积20922.5万平方米，增长31.2%，同比提高1.6个百分点。招投标面积占全部施工面积87.4%。

表2　全省房屋建筑施工情况

指标名称	一季度	增速（%）	上半年	增速（%）	前三季度	增速（%）
房屋建筑施工面积（万平方米）	12702.2	51.9	19177.6	39.6	23949.3	34.2
其中：本年新开工面积	2502.4	39.9	6981.7	22.1	10954.3	17.5
其中：实行投标承包面积	10999.8	46.4	167874	37.7	20922.5	31.2
其中：本年新开工	2061.5	48.0	5855.6	16.7	9691.7	16.7

（四）结构日趋合理，施工队伍得到优化

全省建筑业企业通过兼并、重组、改制等一系列改革，形成了以总承包企业为龙头，专业承包企业为主体，劳务分包企业为依托的合理结构。前三季度，全省建筑业总承包企业1521家，专业承包企业736家。按企业等级划分，其中特级企业7家，占总数的0.3%；一级企业119家，占总数的6.1%；二级企业515家，占总数的26.4%。

（五）企业开拓能力逐渐增强，在外省完成产值的比重不断提高

全省建筑业继续大力实行“走出去”的方针，不断培育省外建筑市场，对外开拓市场能力进一步增强。前三季度，已拓展到全国30个省（市、自治区），在外省完成的产值705.5亿元，增长14%。从国内建筑市场的地区分布情况来看，建筑企业在省外施工产值超过20亿元的地区有北京、山西、天津、内蒙古、山东五个省（市），施工产值分别达到102.6、73.5、72、56.9和33.6亿元，共完成产值338.3亿元，占河北在外省施工产值的48%。

图2　2011年前三季度河北省建筑业企业在外省完成总产值比重

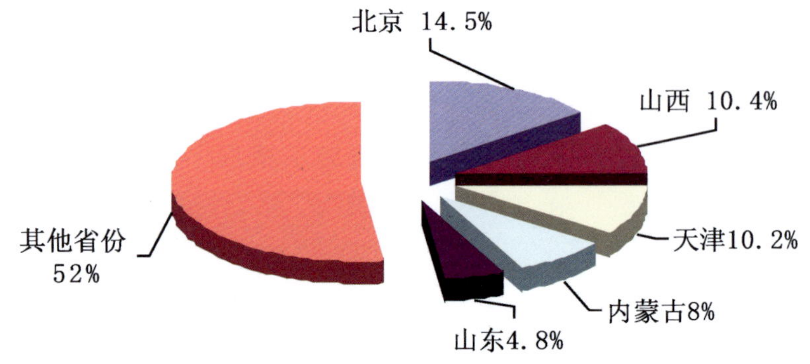

（六）建筑业企业改制逐步推进，民营企业保持平稳增长态势

前三季度，全省建筑企业 2257 个，其中，国有及国有控股企业仅有 225 个，占全部建筑企业的 10%，比上年减少 23 个，下降 9.3%。完成建筑业总产值占全省建筑业企业的 37.1%，比上年同期减少 3 个百分点；期末从业人员占全省建筑业企业的 17.7%，与上年基本持平。而民营企业 2032 个，占全部建筑企业的 90%，同比提高 0.8 个百分点；完成建筑业总产值占全省建筑企业的 62.9%，同比提高 3 个百分点；期末从业人员占全省建筑业企业的 17.7%，与上年基本持平。民营经济已成为促进经济发展的重要推动力量。

（七）大型建筑业企业带动作用明显

前三季度，全省完成建筑业总产值超过 5 亿元的建筑企业有 76 家，比上年同期增加 21 家；完成建筑业总产值 1391.3 亿元，占全省建筑业总产值比重为 54.3%，提高 5.5 个百分点；签订合同额 3420.8 亿元，占 62.9%，提高 5 个百分点；实现利润总额 27.9 亿元，占 41.1%，提高 8.9 个百分点；完成房屋建筑施工面积 11301.9 万平方米，占 47.2%，提高 13.9 个百分点。大型建筑业企业生产规模、市场份额增长，表明其竞争优势得到加强，对建筑业市场资源的优化配置、提高企业管理水平、推动建筑行业技术革新，起到引领作用。

（八）经济效益明显提高

前三季度，全省建筑业企业工程结算收入 2197.6 亿元，比上年同期增长 33.3%。企业利润快速增长。全省建筑业利润总额 68.5 亿元，增长 20.4%，比上半年加快 1.2 个百分点。实现利税总额 114.43 亿元，同比增长 21.7%。产值利税率为 5.7%，比上半年加快 0.1 个百分点。建筑业企业劳动生产率为 188641 元/人，

高于全国平均劳动生产率 17629 元/人。

二、存在的主要问题

（一）经济效益水平低下，影响企业自身发展

建筑业一直是国民经济中的“微利行业”，建筑业的发展仍主要依靠廉价劳动力的堆积，现代化程度还处于一个较低的水平，并没有脱离低收益产业的行列，这种情况的长期存在严重制约着建筑业的进一步发展。前三季度，河北建筑业总产值为 2563.5 亿元，实现利润总额为 68.5 亿元，建筑业产值利润率仅为 2.7%，与全国平均水平基本持平，如此低水平的利润使企业难以在资金、技术以及培育企业的核心竞争力等方面有所更多的投入，将直接影响到企业竞争力的提升和自身的发展。

（二）企业综合竞争实力不强，对外开拓市场能力偏弱

市场占有份额来看，前三季度，在外省完成产值 705.5 亿元，占建筑业总产值的 27.5%，省内实际完成建筑产值 1858 亿元，占建筑业总产值的 72.5%。这充分说明，全省建筑业在省外市场占有份额偏低，仅占四分之一。从大型实力强劲的企业占领建筑业市场方面的情况看，大多是在巩固本土建筑市场的基础上，大力开拓对外市场，并且逐步进军国际市场。而河北建筑业企业尚缺乏一批资金、管理、技术密集，具有行业整合能力和国际竞争力的大型企业集团。

（三）工程结算成本居高不下，费用支出增加

前三季度，全省建筑业企业工程结算成本为 1969 亿元，同比增长 33.5%，占工程结算收入的 89.6%。管理费用为 68.7 亿元，增长 37.4%，同比提高 25.5 个百分点。建材价格上涨导致建筑工程成本上升，工程结算成本和管理费用的过快增长，压缩了盈利空

间，影响了企业经济效益。

（四）建设领域拖欠工程款现象严重

前三季度，建筑施工企业应收工程款 572.5 亿元，占工程结算收入的 26.1%。其中应收竣工工程款 269.1 亿元，分别占应收工程款和工程结算收入的 47%和 12.2%，同比分别提高 3.1 和 1.4 个百分点。建筑企业被拖欠工程款问题比较严重，在很大程度上制约了建筑企业的生产和经济效益的提高，也不利于建筑业企业的健康持续发展。

三、2012 年走势预测

2012 年，全省建筑业市场仍将面临有利因素和不利因素的共同影响，从有利因素看：

第一，全国工业化、信息化、城镇化、市场化、国际化深入发展，经济增长的有利条件、内在优势和长期向好趋势没有改变，各地竞相加速转型升级、抢占发展先机，市场需求潜力巨大，体制活力显著增强，为建筑业加快发展提供了广阔空间。河北京津冀区域经济一体化、首都经济圈纳入国家“十二五”规划，沿海地区发展规划上升为国家战略，冀中南地区被列为国家层面的重点开发区域，首都新机场将在北京和廊坊交界处兴建，投资在今后一段时期内仍将保持合理的规模，全省建筑业面临新的重大历史机遇。

第二，“十二五”规划明确提出，着力推进城镇建设三年上水平。坚持不懈地把城镇面貌三年大变样引向深入，力争完成城市基础设施投资 1890 亿元、增长 18%，大力开展园林绿化、道路交通、污水垃圾处理、便民设施、容貌环境和公共服务等专项提升行动，推动城市建设上水平、出特色。全省城镇建设的发展，城市化进程带来的投资增长，将带动工程建设需求的不断增长，为加快建筑业发展提供了更好的机遇。

从不利因素看：

第一，国际经济形势错综复杂，国际金融危机影响深远，竞争更加激烈。从国内形势看，也面临着一些困难和挑战，主要是结构调整压力较大，节能减排约束强化，区域竞争更加激烈，民生改善任务繁重，经济社会生活中的一些突出矛盾和问题亟待解决，发展环境有待进一步改善。

第二，在今后一段时期内，国家将加大对固定资产投资和房地产市场的宏观调控力度。2012 年房地产调控政策不会放松，坚持实施遏制住房价格过快上涨的政策措施，将会影响整个房地产市场，也会影响到建筑企业的工程建设量。

综合以上分析，2012 年在固定资产投资保持合理规模情况下，全省建筑业生产和效益将呈现平稳增长的态势。

四、对策建议

建筑业作为国民经济的支柱产业，必须紧紧围绕全省经济社会发展重点，为更好贯彻省八次党代会精神，建设经济强省和谐河北的奋斗目标，要加快转变经济发展方式，调整优化经济结构，抢抓行业发展机遇，不断增强创新创优意识，促进全省建筑业又好又快健康发展。

第一、进一步规范建筑市场，为建筑业发展创造良好环境。各级政府应在政策和建筑市场管理等方面，主动为建筑业的发展创造公平、公正、有效竞争的良好市场环境。一方面要规范建设方市场，另一方面要规范承建方市场。对于建设方市场，要做到建设项目基础工作准备充分，招投标公平、公正、公开，不允许恶意拖欠工程款。规范建设方市场是建筑业良性发展的基础。对于建筑市场来说，企业应从项目的招投标开始到项目建设结束，应以诚信为本，不竞相滥价，保质保量。政府部门要为企业排忧解难，特别是遏制拖欠工程款问题，加大清欠力度，帮助企业解决应收工程款的回收，不断壮大企业发展后劲，为建筑企业发展创造良好的外部环境。总之，规范建筑市场，保证建设双方的合法利益不受损害，才能在建筑领域形成良性地竞争发展环境。

第二，提高技术水平，加快创新能力。要重视建筑技术方面的开发和引进，加大科技进步的力度。在施工及设计工作中加大应用新技术、新材料、新工艺、新设备的力度，将现有科研技术成果迅速转化为生产力，不断提高企业的科技实力和建筑产品的科技含量，使其成为市场竞争中不可替代的、独有的竞争优势。突出自身特色，充分发挥建筑产业价值链的作用，优化各个环节，促进长远发展。

第三，提升建筑业企业竞争力，下决心打造一批有竞争力的大型建筑业企业。把加快做大做强做优全省建筑业支柱产业作为重要的发展战略，加强企业科技进步和技术创新能力，实行跨专业、跨地区重组，形成一批资金雄厚、人才密集，具有科研、设计、采购、施工管理和融资等能力的大型建筑企业（集团），实现建筑业由数量型向质量型、劳动密集型向科技型、速度型向效益型、粗放型向集约型的转变，促进大型建筑业企业成为建筑业行业的核心竞争力。

第四，提高建筑业企业科学管理水平。目前全省大部分建筑业企业的管理方式还比较粗放式，管理手段落后。在市场经济条件下，企业的生存发展要靠竞争取胜。建筑企业要不断的提高经营管理水平，实现最佳的市场占有率，引进国内外成功企业的管理理念，学习先进的管理模式。实践证明，“等、靠、要”只会使企业走入绝境。建筑企业只有不断的更新观念，科学管理，提高工程质量，降低工程成本，提升劳动生产率，才能不断促进企业生产和效益水平的提高。

（撰稿：河北省统计局投资处　刘彩云　周云）

2011 年河北服务业形势与 2012 年展望

2011 年，全省服务业呈现平稳较快发展态势，规模持续扩大，效益稳步提高，结构调整迈出新步伐。但从总体上看，服务业发展滞后的局面仍没有根本改变，服务业总量偏小、比重偏低、发展不协调，对整体经济增长的贡献率偏弱等问题依然存在。2012 年，应认真贯彻省第八次党代会和经济工作会议精神，积极落实发展服务业的政策措施，围绕“三产抓拓展”，下大力拓展服务业新领域，努力营造有利于服务业发展的优良环境，促进全省服务业的大发展，为加快转变经济发展方式，调整产业结构做出更大贡献。

一、2011 年服务业发展状况

（一）整体规模不断扩大

2011 年前三季度，全省限额以上服务业法人单位达 3.6 万个，其中企业法人单位 1.0 万个，行政事业单位 2.6 万个；从业人员 254.0 万人，比上年同期增长 1.8%，其中企业法人单位从业人员 118.6 万人，行政事业单位从业人员 135.4 万人；固定资产总量达到 4913.3 亿元，增长 9.6%，其中，交通运输、仓储和邮政业，信息传输、计算机服务和软件业所占比重最高，固定资产原值分别为 1278.8 亿元和 1150.9 亿元，占全省限额以上服务业的比重达 26.0%和 23.4%。

（二）企业效益稳步提高

全省服务企业经济效益保持持续向好态势，营业利润、缴纳税金较快增长，综合经济效益稳步提高。2011 年前三季度，全省限额以上服务业企业实现营业利润 496.2 亿元，比上年同期增长

9.3%；主营业务税金及附加95.2亿元，增长16.3%。

（三）固定资产投资平稳增长

2011年1—11月，全省服务业完成固定资产投资7441.0亿元，比上年同期增长21.0%。其中信息传输、计算机服务和软件业，科学研究、技术服务和地质勘查业，文化、体育和娱乐业投资额增长最快，分别增长98.5%、65.9%和42.4%。

（四）利用外资结构优化

积极稳妥地扩大服务业对外开放，引导外资投向附加值高的金融、物流、信息、商务及文化服务等现代服务业，各行业实现均衡发展，利用外资结构不断优化。2011年1—11月，全省服务业外商直接投资9.6亿美元，同比增长18.2%。其中，金融业外商投资额实现零的突破，达1.3亿美元，占服务业外商投资额的14.0%；交通运输、仓储和邮政业，信息传输、计算机服务和软件业，租赁和商务服务业，文化体育娱乐业外商投资额实现较快增长，资趋于平稳，实现2.8亿美元，比上年同期减少1.9亿美元。

表1　2011年前11个月全省服务业外商直接投资情况

指　　标	外商直接投资（万美元）	同比增长（%）
服务业合计	95559	18.2
其中：交通运输、仓储和邮政业	11124	96.8
信息传输、计算机服务和软件业	1989	13.4倍
租赁和商务服务业	7659	3.1倍
文化、体育和娱乐业	8102	2.0倍
金融业	13384	—
房地产业	28012	－41.0

（五）吸纳就业能力进一步增强

随着政府的大力扶持与培育，全省服务业获得广阔的就业空间和潜力，更有效地促进就业。2011 年前三季度，服务业共吸纳城镇就业人员 666.6 万人，比上年同期增长 4.4%，增幅同比提高 0.7 个百分点；占全省城镇就业人员的比重为 61.8%，比第二产业高 24.7 个百分点，比上年同期提高 0.3 个百分点。从内部行业看，批发零售业、教育业吸纳就业能力较强，分别吸纳就业人员 142.3 万人和 103.0 万人，比上年同期增加 7.2 万人和 2.6 万人。

图 1　前三季度全省服务业重点行业城镇就业人员情况

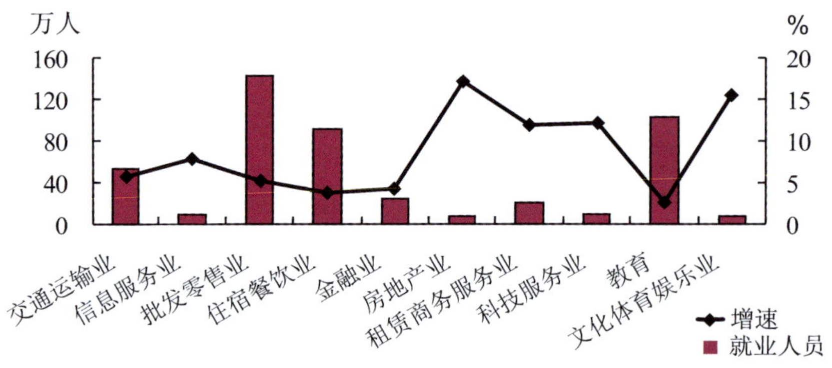

二、2011 年服务业运行亮点

（一）两大领域突出发展

——现代服务业[①]发展步伐加快。现代服务业是运用现代技术和管理手段、适应经济发展方式转变和居民消费结构升级而发展起来的，具有高附加值、高技术含量、高成长性的特点，它既包括新兴服务业态，也包括传统服务业的现代化。居民生活水平的提高，

① 现代服务业主要包括：交通运输、仓储和邮政业，信息传输、计算机服务和软件业，金融业，商务服务业，研究与试验发展，专业技术服务业，科技交流和推广服务业，环境管理业，公共设施管理业，居民服务业，社会保障业，文化、体育和娱乐业。

金融创新能力和服务水平逐步提升，科技信息服务不断更新，为现代服务业发展提供了多层次的市场需求，对服务业整体拉动作用日益明显。2011 年前三季度，全省限额以上现代服务业法人单位实现收入 2957.5 亿元，比上年同期增长 13.5%，拉动全省服务业收入增长 10.3 个百分点；实现营业利润 503.7 亿元，增长 11.9%。

表 2　前三季度全省限额以上现代服务业实现收入及增长

指　　标	实现收入（亿元）	增　长（%）
现代服务业	2957.5	13.5
其中：1. 交通运输仓储和邮政业	802.2	13.2
2. 信息传输计算机服务和软件业	335.9	10.7
3. 金融业	1449.4	15.8
4. 商务服务业	114.1	4.6
5. 科技服务业	139.1	7.4
6. 环境和公共设施管理业	42.2	16.3
7. 居民服务业	23.4	7.3
8. 文化娱乐业	51.2	16.4

——生产性服务业稳定发展，效益提高。生产性服务业总量规模不断扩大，服务能力逐步提高，取得了较好的经济效益和社会效益。2011 年前三季度，全省限额以上生产性服务业法人单位 2.65 万个，实现收入 3389.6 亿元，比上年同期增长 13.0%。其中，生产性服务业企业 5639 个，实现营业收入 2851.9 亿元，增长 12.6%；实现营业利润 494.0 亿元，增长 9.4%；主营业务税金及附加 92.1 亿元，增长 16.9%。事业单位 2.1 万个，收入合计 537.7 亿元，增长 14.7%。其中，交通运输、仓储和邮政业，金融业在生产性服务业中所占比重最高，分别为 23.7%和 42.8%。

图 2　前三季度全省生产性服务业分行业实现收入及比重

单位：亿元

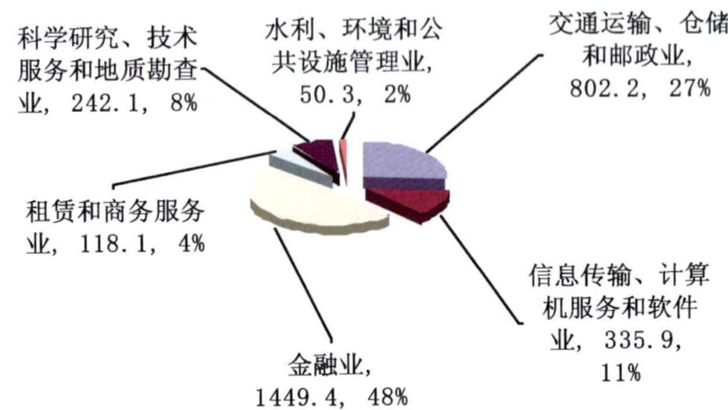

（二）四大产业各具特色

——现代物流业平稳较快增长。现代物流有别于传统物流，是利用先进信息技术和物流设备，整合传统运输、仓储、装卸、搬运、包装、流通加工、配送、信息处理等物流环节，实现物流运作一体化、信息化、高效化经营的先进组织方式和管理技术。2011年前三季度，随着全省经济平稳较快发展，物流需求规模持续扩大，物流总费用高位运行，物流业运行总体保持平稳较快增长态势。

1. 社会物流总额较快增长，物流需求显著增加。前三季度，全省社会物流总额达35331.8亿元，比上年同期增长15.1%，比上半年加快2.7个百分点。其中，工业品物流总额30866亿元，增长14.6%，占社会物流总额的87.4%，拉动全社会物流总额增长12.8个百分点，是社会物流总额较快增长的重要因素。随着全省对外经贸加快发展，进口货物物流总额快速增长，进口货物物流总额为1197.6亿元，增长30.9%，占社会物流总额的3.4%。在政策扶持、科技推动和气候的共同作用下，全省粮食生产喜获丰收，农产品物流总额为3221亿元，增长19.8%，占社会物流总额的9.1%。

2. 物流业增加值较快增长，对经济发展的贡献增强。前三季度，全省物流业增加值为 1297 亿元，比上年同期增长 14.4%，比上半年加快 3.4 个百分点，比 GDP 和服务业增加值增速分别高 3.1 和 4 个百分点，物流业增加值占 GDP 的比重为 7.3%，占服务业增加值的比重为 23.3%，表明物流业对经济增长的贡献有所增强。

表 3　2011 年前三季度全省物流业主要指标

指　　标	计量单位	绝对值	增　长（%）
1. 物流业增加值	亿元	1297	14.4
2. 社会货物物流总额	亿元	35331.8	15.1
3. 社会物流总费用	亿元	3416.6	21.9
4. 全社会货运量	亿吨	14.1	21.4
5. 全社会货运周转量	亿吨公里	6988.0	18.9
6. 港口货物吞吐量	亿吨	5.2	17.2
7. 物流运行效果			
社会物流总费用与 GDP 的比率	%	19.2	—
物流业增加值占 GDP 的比重	%	7.3	—
物流业增加值占服务业增加值的比重	%	23.3	—

——文化服务业健康发展。随着文化产业在国民经济中的地位逐渐加强，文化科技不断创新，文化消费日益扩大，文化产品和服务也将广泛地进入人们生活的各个领域，全省文化服务业实现健康发展。2011 年前三季度，全省限额以上文化服务业法人单位 977 家，实现收入 139.2 亿元，比上年同期增长 16.3%。其中，企业单位 675 家，实现营业收入 102.1 亿元，增长 13.6%；非企业单位 302 家，收入合计 37.1 亿元，增长 20.2%。其中，图书及报刊、杂志出版业，广播及电影电视业发展最为突出，增长较快，分别实现收入 13.7 亿元和 15.1 亿元，增长 15.2%和 11.9%。

——信息服务业平稳运行。全省鼓励发展各种信息增值服务，逐步拓宽服务领域，推进信息技术在社会经济各个领域广泛运用，产业规模得到进一步扩张。2011 年前三季度，全省限额以上信息传输、计算机服务和软件业法人单位实现收入335.9亿元，比上年同期增长10.7%；固定资产达1150.8亿元，增长8.7%；从业人员6.3万人，增长2.7%。

——科技服务业规模扩大。科技服务业是现代服务业的重要组成部分，以知识、技术、信息等要素为经济社会服务，伴随科技服务网络化的逐步形成，科技服务业的范围不断拓宽延伸，规模继续扩大。2011年前三季度，全省限额以上科技服务业法人单位实现收入242.2亿元，比上年同期增长9.2%。

三、存在的主要问题

（一）服务业总量偏小，比重偏低

2011年前三季度，全省服务业实现增加值5555.5亿元，比上年同期增长10.4%，增速低于全省生产总值0.9个百分点，比第二产业增加值低3.3个百分点，比2010年前三季度下降2.0个百分点。服务业增加值占全省生产总值的比重为31.2%，比第二产业低24.2个百分点，比上年同期下降0.4个百分点。从服务业内部行业结构看，科技服务、商务服务、水利环境和文化娱乐等现代服务业仍然没有形成集聚发展的态势，占全省服务业增加值的比重较低，服务业整体实力较弱。

（二）服务业投资力度偏弱

主要表现：一是服务业固定资产投资增速趋缓。2011年1—11月，全省固定资产投资比上年同期增长24.8%，其中服务业投资增长21.0%，增幅同比下降18.2个百分点，比第二产业低8.6个百分点，低于全省投资3.8个百分点。二是服务业投资比重下降。在全省固定资产投资中，服务业投资占50.5%，比上年同期降低3.3个百分点。三是服务业投资结构不合理。房地产业，交通运输、仓储和邮政业投资分别占服务业投资的51.7%和17.5%，其他服务业行业仅占 30.8%，其中，租赁和商务服务业，水利环境和公共设施管理业等几个行业投资额均有不同程度下降。

图 3　2011 年全省服务业固定资产投资各月累计增速（%）

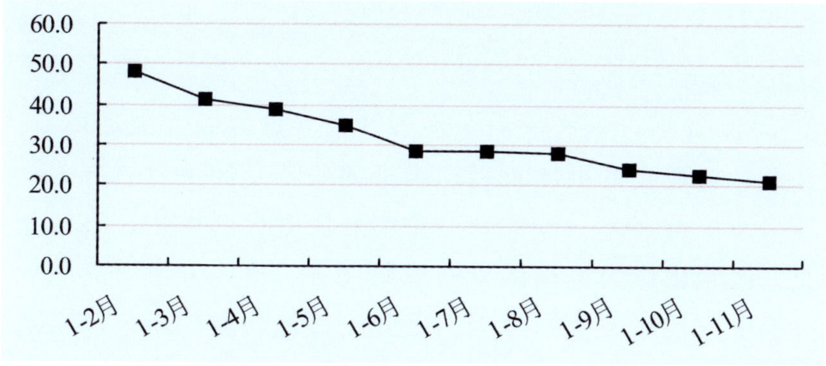

（三）区域发展不平衡

受整体经济发展总体水平的制约，服务业区域发展差距较大，参差不齐。石家庄市位于京津冀都市圈第三极，拥有省会政治、经济、文化中心的优势，交通运输业、金融保险业、信息服务业发展都较为成熟，服务业规模居全省前位，2011 年前三季度，限额以上法人单位实现收入 674.3 亿元，比上年增长 14.9%，户均收入达 1280.8 万元；唐山市、秦皇岛市作为东北、华北交通枢纽和港口城市，依托秦皇岛港、京唐港、曹妃甸港等深水大港的优势资源，服务业发展较快，整体水平显著提高，全年限额以上法人单位分别实现收入 587.6 亿元和 239.0 亿元，增长 19.1%和 14.0%，户均收入达 1597.7 万元和 1480.8 万元。全省 11 个设区市户均收入高低相差 1165.9 万元，存在较大差距。地区间服务业发展不平衡，阻碍了全省服务业整体水平提高。

（四）行业发展不协调

受经济发展水平和市场供求矛盾的制约，全省服务业各行业发展差异较大。在限额以上服务业法人单位中，金融业、房地产业、批发零售业规模偏大，资产总量、营业收入、营业利润等项指标均占服务业较大比重，而商务服务业、科技服务业、居民服务业和文化体育娱乐业规模偏小、比重较低、竞争力弱。

四、2012 年发展趋势展望

展望 2012 年，全省服务业发展面临着良好的发展环境。

首先，宏观政策更加有利。国家加快转变经济发展方式，服务业的战略地位得到进一步提升，省第八次党代会提出，坚持把拓展服务业发展领域作为结构调整的战略任务，优先发展金融保险、现代物流等生产性服务业，做大、做强、做精旅游休闲、商贸流通等生活性服务业，大力发展研发设计、服务外包、总部经济等高端服务业，构建规模大、领域宽、水平高的现代服务业体系，河北省出台的《河北省加快构建现代产业体系指导意见》进一步明确了服务业重点发展的政策措施，这些都将促进全省服务业加快发展，增强服务业供给能力，拉动服务性消费，释放服务业发展潜力。

其次，产品需求更加强劲。随着居民收入的提高，人们的消费结构发生变化，新的消费群体陆续产生，推动消费结构不断优化升级，科技含量高，休闲娱乐性强，方便、便捷的消费性服务成为新的需求热点，并且需求日益迫切，为消费性服务业发展创造广阔空间，带动服务业相关行业迅速发展。

第三，环京津区位优势更加突出。凭借独特的区位优势、便利的交通条件，与京津及周边省份加速形成交通圈、经济圈和生活圈，将进一步发挥京津冀同城效应，推动服务资源有效配置，激活和扩大全省服务供给和消费，推动全省服务业发展再上新台阶。

同时，一些制约因素的存在仍将阻碍全省服务业的健康发展：

一是市场环境不佳造成服务业发展动力不足。由于政企合一、政府垄断经营等体制的长期存在，市场准入门槛高、管制过多、投资主体单一等问题导致市场化程度低，市场竞争的不规范，极大地抑制和削弱了服务业发展的内在动力。在发展生产性服务业方面的政策和法规不够健全，缺乏配套的行业规范，一些行业的政策执行缺少透明度，造成服务业处于无序发展状态。

二是城市化水平低造成服务业无法形成有效聚集。绝大多数服务产品的生产与再生产过程受到需求的制约，必须以空间和时间上的密集需求为前提。服务业发展的规模和结构，取决于城镇化水平和城市规模结构。2010 年，全省城镇化率为 44.5%，比全国低 5.45 个百分点，城镇化水平低、产业聚集能力不强，制约着全省服务业的快速发展。

三是人才缺乏和技术水平落后造成服务业低水平供给。服务业尤其是知识密集型产业的发展，需要有发达的信息技术和高素质人才作为支撑，创新的技术和优秀的人力资源是服务业存在的基础和发展的动力。技术创新能力不足、服务技术设备和手段落后、专业服务技能差、专业人才缺乏致使服务业企业生存能力薄弱，只能在低端服务上盲目发展，而不能为其他产业提供结构优化、技术升级的高品质服务。随着经济的快速发展和经济结构的迅速转换，尤其对现代服务业的需求急剧增加，目前技术落后和人才匮乏使高水平服务供给成为空谈。

根据上述分析，预计 2012 年全省服务业仍将保持平稳较快发展态势，在经济发展中的地位得到进一步增强。

五、对策建议

省第八次党代会把拓展服务业发展领域作为结构调整的战略任务，优先发展生产性服务业，做大做强做精生活性服务业，大力发展高端服务业，构建规模大、领域宽、水平高的现代服务业体系。当前，应围绕省第八次党代会精神和《河北省现代服务业“十二五”发展规划》，深入贯彻落实科学发展观，积极营造有利于服务业发展的政策和体制环境，进一步促进全省服务业扩大规模、优化结构、完善功能、提升水平。

（一）完善服务业优惠政策

一是应放宽服务业领域市场准入条件，进一步降低企业注册资本，对注册登记个体户和民营企业以及变更注册登记的，免除各项收费；放宽投资限制，服务业企业对外投资可不受其净资产额度限制。二是应继续加大服务业领域资金投入，各项资金政策适度倾斜，并逐步扩大资金规模，支持服务业现代化、信息化发展和公共服务平台建设。三是应完善服务业领域税收优惠政策，落实增值税转型政策和企业研究开发费用税前扣除政策，对国家认定的特殊行业实行减免税。

（二）优化服务业发展环境

首先，要进一步推进服务业领域改革，加快机关事业单位服务社会化改革步伐，按照现代企业制度要求，明晰产权关系，合理处置企业资产，采取多种形式进行改制，培育符合市场经济体制的服务业经济主体。其次，要加强服务业法制建设，加快完善促进服务业发展的地方性法规建设，尽快建立诚信法律体系，出台服务业网点建设和管理办法、特色服务业集聚区保护规定等一系列法规和规章，创造公平、规范、快捷、有序的市场环境，为服务业健康发展提供法制保障。

（三）重点发展现代服务业

现代服务业是整个服务业的重要支撑，加快发展现代服务业是转变经济发展方式、优化产业结构、构建现代产业体系的迫切需要，必须抢抓机遇，应对挑战，着力发展重点产业，以产业互动促进服务业繁荣，在现代物流业、文化产业、金融保险业和信息服务业等现代服务业上实现重点突破。

一是在现代物流业上实现突破。加强运输、仓储、装卸搬运、包装、加工、配送等方面的基础设施建设，鼓励和支持物流企业采用现代技术装备，提高物流的标准化水平；采取积极措施，扩大现有第三方物流企业的经营规模，以提高服务质量、降低物流成本为核心，推动物流企业的管理和技术创新，着力第三方物流市场的培育，加快第三方物流企业跨地区、跨行业发展。

二是在文化产业上实现突破。要推动全省文化产业的更快发展，首先要解放思想，创新观念，继续深化文化体制改革，营造繁荣有序的文化市场环境，提高群众文化消费意识，树立文化消费新观念；其次要大力扶持文化服务业企业的发展，在政策上给予倾斜，税收上适当优惠，在投资融资、土地使用、人才培养与引进等方面实施鼓励政策；第三要大力发展广播、影视、出版、旅游、娱乐等产业，拓展文化娱乐领域，着力打造一批知名的文化产业集团，创造出健康、新颖的休闲娱乐文化产品。

三是在金融保险业上实现突破。继续引导金融机构深化改革，把引进金融主体、壮大地方金融机构、培育地方金融总部放在优先地位，下大力优化县域以下农村金融体系；加强社会信用体系建设，建立一个以政府信用为保障、企业信用为重点、个人信用为基础的较为完善的社会信用体系；发展壮大证券市场、保险市场等非银行金融机构，大力发展信托投资公司、融资租赁公司，鼓励发展信用社、信托公司、租赁、典当等多种中小型金融组织，形成资金的合理分配和银行业的正常竞争，改善金融服务；加快金融服务业国际化步伐，把握国际资本流向，引进外资金融机构，拓展外资金融机构的业务经营范围，推动金融产业全面协调发展。

四是在信息服务业上实现突破。增加信息服务业的资金规模，重点支持信息服务产品的开发和产业化，支持信息产业基地、园区和公共技术服务平台建设，积极推动信息咨询、信息技术服务向专业化、规模化发展；提升产业科技创新能力，促进建立以产业链为纽带的研发和创新，力争在下一代互联网、基础软件、智能信息处理等关键领域取得创新突破，培育产业新增长点。

（撰稿：河北省统计局服务业处　艾志敏　张华）

2011年河北交通运输业形势与2012年展望

2011年是实施“十二五”规划的第一年，也是全省加快构建现代综合交通运输体系的关键一年，在国际经济复苏缓慢、国内经济增速放缓背景下，全省着力加快交通基础设施建设，着力促进综合交通运输发展，有力地支撑了国民经济平稳较快发展。展望2012年，有利因素与不利因素并存，需采取有力措施，克服困难，进一步加快交通运输综合体系建设。

一、2011年运行情况及特点

（一）从整体运行态势看，客、货运输平稳较快增长

——旅客运输平稳增长。2011年前三季度，全省共完成客运量7.3亿人，比上年同期增长8.8%，旅客周转量986.8亿人公里，增长10.5%；除“春运”高峰外，上半年和前三季度全省客运量增速均为8.8%。一季度客运量为2.3亿人，同比增长10.2%，上半年为4.6亿人，增长8.8%，前三季度增速比一季度回落1.4个百分点，与上半年持平。由于交通基础设施建设较快发展，旅客周转量增速呈现逐季加快态势，一季度旅客周转量为304.2亿人公里，同比增长9.7%，上半年为615.4亿人公里，增长10.3%，前三季度增速分别比一季度和上半年提高0.8和0.2个百分点。

——货物运输较快增长。一季度全省货运量为4.0亿吨，同比增长18.2%，上半年为8.7亿吨，增长20.7%，前三季度货运量为14.1亿吨，增长21.4%，增速分别比一季度和上半年提高3.1和0.7个百分点；一季度全省货运周转量为1981.1亿吨公里，同比增长14.5%，上半年为4323.2亿吨公里，增长16.2%，前三季

度货运周转量为6988.0亿吨公里，增长18.9%，增速分别比一季度和上半年提高4.5和2.7个百分点，货运量和货运周转量增速呈逐季加快态势。

（二）从运输方式看，公路、港口和民航业快速发展，铁路、管道运输增势趋缓

——公路货运增速逐季提高，客运“春运”时期达到高峰。从货运看，由于国内经济增长较快，下半年保障房建设进入较旺时期，为公路货运市场提供了充足货源，促进公路货运较快增长。前三季度，全省公路完成货运量和货物周转量分别为11.9亿吨和3683.7亿吨公里，同比分别增长23.6%和29.2%。公路货运量增速逐季提高，前三季度比一季度和上半年分别提高3.7和1.4个百分点。

从客运看，前三季度，全省公路完成客运量和客运周转量分别为6.7亿人和376.3亿人公里，同比分别增长9.6%和17.8%。“春运”期间为增长高峰，一季度公路客运量达2.1亿人，客运周转量为114.0亿人公里，同比分别增长11.1%和16.5%，客运量增速为前三季度最高点，而随着公路交通基础设施建设的快速发展，通车里程不断增加，前三季度的客运周转量增速达到各季度最高点。

——水路货运快速增长，增速趋缓。近几年，全省港口建设快速发展，四大港口货物吞吐量规模不断扩大，前三季度，秦皇岛港货物吞吐量达2.2亿吨，居全国第三位；曹妃甸港自25万吨级矿石码头、30万吨级原油码头先后建成投产后，金属矿石、石油及制品吞吐量同比分别增长23.5%和1.4倍，全部货物吞吐量达1.2亿吨，同比增长33.4%，增速居全国第一位；黄骅港综合港区自2010年8月18日正式开航后，客户除河北省外，已拓展到山东、河南、北京和辽宁等省外区域，货物吞吐量达8415.8万吨，同比增长21.8%，增速居全国第三位。全省港口快速发展，有力支撑

了国家“北煤南运”等战略资源需要，也为全省建设沿海经济隆起带做出了巨大贡献。

前三季度，全省水运完成货运量和货物周转量分别为 1928.1 万吨和 357.0 亿吨公里，同比分别增长 26.3％和 14.1％。受港口快速发展和国内经济向自主增长过渡下半年增速趋缓等因素影响，全年货物水运保持了快速平稳运行，一季度货运量增长 29.4％，上半年为 26.5％，前三季度比上半年略低 0.2 个百分点。

从全省港口货物吞吐量增长看，前 8 个月同比增幅逐月回落，1—8 月累计增速为最低点，增长 16.2％，前三季度，全省港口货物吞吐量为 5.2 亿吨，同比增长 17.2％，扭转了逐月回落态势，其中 9 月份增长 25.4％，比 8 月份提高 12.9 个百分点。水泥和非金属矿石港口吞吐量增幅比 8 月份分别提高 2.5 倍和 1.5 倍，石油天然气及制品、金属矿石、矿建材料分别提高 15.8、31.4、15.9 个百分点。受国际金融危机影响，前三季度，全省机械、设备、电器类产品港口吞吐量同比下降 67.4％；另外，农林牧渔业产品、粮食和化肥及农药分别下降 62.6％、34.1％和 19.8％。

图 1　全省港口货物吞吐量各月累计增长率

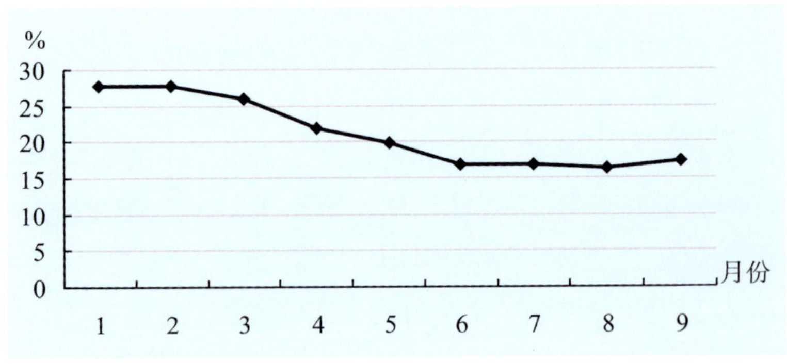

——民航运输高速增长。2010 年以来，河北民航业取得突破性发展，2011 年前三季度，全省民航机场旅客吞吐量达 341.1 万人，同比增长 53.5％，分别比公路、铁路客运量增速高 43.9 和 54.3 个百分点。针对全省民航货运“短板”，2011 年 7 月，省政府决定设立航空货运发展专项资金，用于石家庄正定国际机场货运航线航班补助、机场使用费减免补助，带动民航货运快速增长。前三季度，全省民航机场货物吞吐量为 2.4 万吨，同比增长 28.8%，分别比公路、水运和铁路货运增速高 5.2、2.5 和 14.9 个百分点。

——铁路货运增长转缓，客运量下降。前三季度，全省铁路完成货运量 2.0 亿吨，同比增长 13.9%；货物周转量为 2934.1 亿吨公里，增长 17.1%，随着经济增长下半年转缓，货运量增速比上半年回落了 2.2 个百分点，说明大宗、长途货物运输需求放缓。从客运看，前三季度全省铁路客运量为 5755.2 万人，同比下降 0.8%；旅客运输周转量为 610.5 亿人公里，增长 6.4%。

——管道运输增长持续放缓。前三季度，全省管道运输货运量为 913 万吨，增长 7.1%，货物周转量为 13.1 亿吨公里，下降 2.7%。从管道运输量看，同比增速呈逐季趋缓状态，主要原因是 2011 年 4 月份以来华北油田对输油管道进行检修而暂时停运。

（三）从运输量看，公路运输承担着绝大部分运输任务

在货物运输中，全省已形成由公路、铁路、水运、民航、管道五种运输方式组成的综合运输体系，但公路货运量占五种运输方式的比重达 84.0%，铁路运输承担着中长距离和重点物资运输的任务，所占比重为 14.0%，水上货物运输占 1.4%，管道为 0.6%，民航则为 0.001%。全省客运方式只有公路、铁路和民航三种，公路客运以快速、灵活、短距离见长，在旅客运输中占有主要地位，其客运量占全部旅客运输量的比重高达九成，比重为 91.9%，铁路为 7.9%，民航占 0.2%。全省客、货运输市场基本以公路运输为主。

（四）从港口吞吐货物种类看，河北以煤炭及制品和金属矿石为主

前三季度，全省港口煤炭及制品完成吞吐量 3.7 亿吨，占全省

总吞吐量的 69.7%，同比回落 0.5 个百分点，金属矿石和钢铁分别为 9838.3 万吨和 2329.2 万吨，所占比重分别为 18.7% 和 4.4%，均回落 0.3 个百分点，而石油、天然气及制品为 1739.2 万吨，占 3.3%，提高 0.8 个百分点。

图 2　前三季度全省港口吞吐货物种类比重

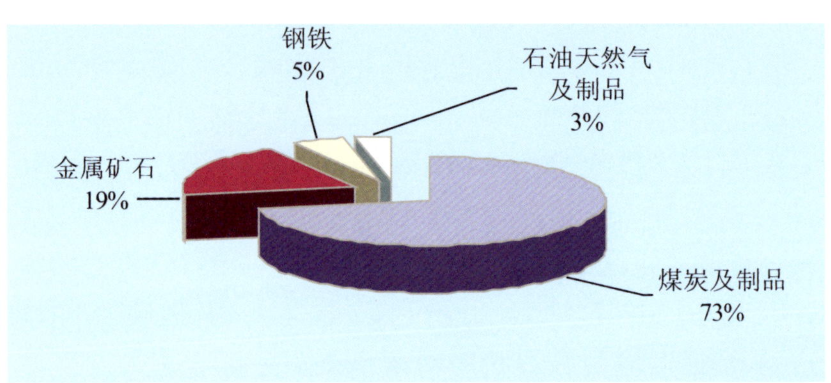

（五）从全省 GDP 中所占比重看，交通运输仓储和邮政业有所降低

2011 年，全省交通运输系统积极落实中央部署，进一步完善鲜活农产品运输“绿色通道”政策，降低了鲜活农产品的运输成本，对抑制通胀、保持物价稳定发挥了积极作用。同时，本行业受燃油价格不断上涨、劳动力成本上升等因素影响，前三季度，全省交通运输、仓储和邮政业实现增加值 1033.4 亿元，同比增长 13.8%，增速同比回落 12.2 个百分点；占全省 GDP 的比重为 5.8%，同比降低 0.8 个百分点。

二、存在的主要问题

（一）城市交通拥堵现象日益严重，乡村交通基础设施薄弱

随着居民收入、城镇化水平不断提高，全省汽车数量急剧增长，2010 年全省民用汽车比 2009 年增长 15%，每百平方公里的汽

车数为3835辆，比2009年增加501辆，而公路通车里程仅增长1.5%，汽车增长速度远远快于公路通车里程增速，使得交通堵塞现象时时发生，尤其是城市交通拥堵问题日益严重，大大降低了人们的出行效率。受经济基础薄弱、交通建设资金筹集困难等因素影响，乡村交通基础设施建设比较缓慢，对农村经济和社会发展形成一定制肘。

（二）交通运输业成本上升较快，行业盈利困难

受原材料、燃料、动力价格持续上涨和劳动力成本提高等因素影响，全省交通运输业成本较快增长，1—8月，全省限额以上交通运输仓储和邮政业主营业务成本同比增长13.9%，实现利润总额增长5.1%，同比回落14.5个百分点。其中，道路运输业主营业务成本增长10.9%，利润总额下降5.1%，而上年同期为增长13.5%；航空业主营业务成本增长35.8%，利润总额下降2.4%，同期为增长59.8%；水运利润总额增长21.2%，同比回落38.7个百分点。

（三）综合交通运输体系建设尚需完善

河北省已基本完成交通管理体制改革，形成“大交通”管理体制，综合运输设施统筹规划还处于初期阶段，各种运输方式之间仍处于缺乏有效衔接、协调配合状态，交通资源尚未得到高效利用，整体运营质量与效率有待进一步提高，综合运输体系的完美状态——“零换乘”与“无缝衔接”，仍需下大力气强力推进。

（四）交通运输业节能降耗任重道远

交通运输业是产生环境污染的一个主要行业，尤其是公路运输业，耗能大、污染重。河北省以公路运输为主，节约能源、保护生态环境，转变交通运输发展模式，使用高效节能交通工具，减少交通污染程度，走可持续发展之路任重而道远。

三、2012 年走势展望

2012 年，河北交通运输业发展正处于建国以来的第四个发展阶段，即上水平时期。从交通运输业宏观经济及政策发展环境看，有利因素与不利因素并存。

（一）宏观经济环境对交通运输业的影响分析

有利影响：一是 2011 年在通胀预期增强、物价上涨压力较大的背景下，央行曾 6 度上调存准率。货币政策持续从紧使银行贷款规模受限。由于交通运输建设融资结构较为单一，银行贷款比重偏高，贷款利率的上浮，抬升了融资成本。2011 年 12 月 5 日起，央行下调存款类金融机构人民币存款准备金率 0.5 个百分点，存款准备金率 3 年来的首次下调，将会使 2012 年交通运输业发展的融资成本情况逐步好转。二是全省人均 GDP 已超 4000 美元，城镇化进入加速发展阶段。伴随着城镇化水平的不断提高，农村人口城镇化对客运形成新的需求，同时居民收入水平持续上升导致居住和消费模式的改变，私人汽车保有量的快速增长，也对传统的城市和城际交通提出了新的需求。

不利影响：一是国内外经济增长放缓，减弱了对交通运输的需求，交通运输生产增长速度会随之放缓。从国际看，当前世界经济复苏缓慢，复苏的长期性、艰巨性、复杂性使得不稳定和不确定性加大。无论发达经济体还是新兴经济体，经济增速都出现回落；国际金融市场急剧动荡；主要发达经济体失业率居高不下，新兴经济体通胀压力较大。从国内看，2011 年以来经济增长由政策刺激向自主增长有序转变，继续朝着宏观调控的预期方向发展。二季度后经济增速略为放缓，在很大程度上是主动调控的结果，2012 年，国家继续实施积极的财政政策，在“稳中求进”。二是由于交通运输业是能源消耗大户，国际能源价格的走高以及能源对外依存度的提高，都加大了交通运输业发展的风险性和发展成本。

（二）政策环境对交通运输业的影响分析

从国家政策层面看，《中华人民共和国国民经济和社会发展第十二个五年规划纲要》（以下简称《十二五规划纲要》）中明确提出：按照适度超前原则，统筹各种运输方式发展，基本建成国家快速铁路网和高速公路网，初步形成网络设施配套衔接、技术装备先进适用、运输服务安全高效的综合交通运输体系。同时，构建综合交通运输体系建设的主要内容明确，“建成京津冀、长江三角洲、珠江三角洲三大城市群城际交通网络，推进重点开发区域城市群的城际干线建设”。在重点项目建设中提出“规划建设合肥、贵阳、石家庄、太原、济南、乌鲁木齐等城市轨道交通骨干线路”。国家《十二五规划纲要》对河北交通运输业发展形成强有力支持。

从河北政策层面看，2011 年 3 月 30 日，河北省人大常委会审议并通过的《河北省港口条例（草案）》，为港口长远发展和有效管理提供了保障，并从根本上解除了港口企业的负担；12 月，国务院批准实施《河北沿海地区发展规划》，河北沿海地区发展由此上升为国家战略，这必将为河北沿海经济带发展迎来新的良机，促进交通运输业新发展。

根据以上主要因素综合分析，预计 2012 年全省交通运输业仍能保持平稳较快增长。

四、促进交通运输业发展的对策建议

未来几年是全省建设经济强省、和谐河北的重要时期，也是交通运输业发展上水平的关键时期。河北“十二五”规划明确提出“坚持优化结构、完善功能、适度超前、综合配套，大幅度增强基础设施承载能力，提高基础设施的网络化和现代化水平，加强基础产业建设，为经济社会发展提供有力保障”。2012 年，河北交通运输业应紧紧抓住这一契机，进一步加快交通运输业建设步伐，促进交通运输业发展跨入新的台阶。

（一）加强宏观经济调控，为交通运输业提供充足货源

积极应对国内外环境变化，加强经济运行调节，加大结构调整力度，加快转变发展方式，采取有效措施，逐步扩大机电产品、高新技术产品等高附加值产品出口比重，促进经济平稳较快发展，为交通运输业提供充足货源。

（二）加快建立现代化高效港口运输体系

港口是拉动沿海经济增长的核心战略资源，围绕建设现代化国际性综合大港目标，抓住港口建设快速发展的大好时机，完善港口功能，建立完善的内陆中转系统，使得各种运输方式与港口更好的衔接，扩展港口运输向内陆的业务延伸，同时以港口带动临港产业大发展，培育沿海经济隆起带，加快“东出西联”综合交通运输体系建设。

（三）进一步加快民航业建设步伐

充分利用省委、省政府加快发展民航业的有利时机，加快在建机场建设，完善、提升配套基础设施建设，形成方便、快捷、配套完善、航线通达的机场体系，以“大交通”建设为理念，统筹推进航空业、城市公交业、物流业、临空产业的协调发展，加快推进河北民航跨越式发展。

（四）加快农村交通运输基础设施建设步伐

发挥各方积极性，多渠道筹集建设资金，加快农村交通网络建设步伐，推动城镇基础设施向农村延伸，加强农村客运网络建设，促进农村客运网络和城市公交网络的合理衔接和有效融合，积极推进城乡客运一体化，改善农民出行效率，使农村公路在保障农民货运、改善民生、建设小康社会中发挥更大作用。

（五）进一步加快城市交通基础设施建设步伐

加快城市交通网建设是“治堵”的根本举措。一是要加快建成足以化解道路拥堵压力的、四通八达、密度足够的高架桥交通系统；二是加快城市道路基础设施和公共交通的建设，以方便快捷的公交系统替代家用轿车出行；三是加强城市规划管理，使城市交通建设规划科学、合理。

（六）加快构建现代综合运输体系建设步伐

河北已相继完成了构建现代综合运输体系管理部门体制改革，在新的管理体制下，以大交通的理念，整合运输网络，优化运输方式结构，统筹协调各种运输方式发展，实现不同运输方式之间高效、合理发展，逐步实现客运“零距离换乘”和货运“无缝隙衔接”。

（七）加强管理，进一步提高交通运输安全性

加大道路运输管理力度，严禁超载现象发生，加快客车更新速度，尤其是在农村客运中加速淘汰技术性能落后等不符合要求的客车，加强安全运输监管，强化运输安全生产责任意识，进一步加大运输安全生产监督检查力度，及时查纠运输安全违法行为，加大严重违法行为和运输事故的责任追究，严防运输安全生产事故的发生，保障旅客生命财产安全。

（八）构建环境友好型、资源节约型交通运输业

不断探索交通降低能源消耗方法，积极采用先进技术创新节能设计，推进节能科技进步，鼓励研制和使用能耗低、污染轻的运输装备，逐步淘汰落后的生产技术和装备，大力推进综合运输体系建设，调动各方面力量加强节能降耗工作，建立节能监督管理制度，健全节能保障机制，加快集约型交通运输方式发展。

（撰稿：河北省统计局服务业处　赵丽丽）

2011 年河北固定资产投资形势与 2012 年展望

2011 年是“十二五”规划的开局之年，全省各地各部门在省委、省政府的正确领导下，深入贯彻落实科学发展观，着力加快转变经济发展方式，固定资产投资继续保持较快增长，结构进一步调整优化。2012 年，应认真贯彻落实党的十七届六中全会、省第八次党代会精神以及中央扩大内需的方针政策，推动产业结构优化升级。

一、2011 年投资运行特点

（一）投资总体保持平稳较快增长，产业结构呈现出“二产加快、一三产减缓”态势

前 11 个月，全省固定资产投资完成 14729.4 亿元，比上年同期增长 24.8%，增速同比加快 2.4 个百分点。其中，城乡建设项目完成投资 11853 亿元，增长 22.2%；房地产开发投资 2876.4 亿元，增长 36.8%。

从月度情况看，各月固定资产投资增速在 24.8%—27.8%之间，保持较快增长。

图 1　2010 年以来固定资产投资各月累计增长率（%）

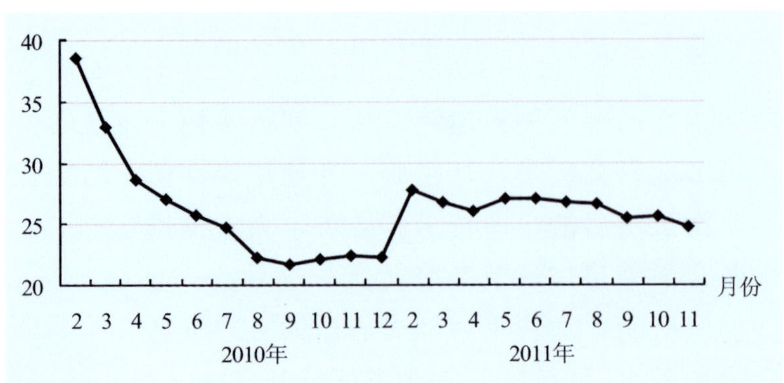

从三次产业情况看，第一产业完成投资 427.1 亿元，比上年同期增长 20.3%，比前 10 个月减缓 0.8 个百分点，占全省固定资产投资的比重为 2.9%，同比略降 0.1 个百分点；第二产业完成投资 6861.3 亿元，增长 29.6%，加快 0.3 个百分点，占 46.6%，上升 1.7 个百分点；第三产业完成投资 7441 亿元，增长 21%，减缓 1.7 个百分点，占 50.5%，降低 1.6 个百分点。

（二）工业和技术改造力度加大，装备制造业投资是主动力

前 11 个月，全省工业投资完成 6809.4 亿元，比上年同期增长 29.8%，比一季度提高 18.8 个百分点、比上半年提高 3.2 个百分点、比前三季度提高 2.4 个百分点；占全省固定资产投资的比重为 46.2%，同比提高 1.8 个百分点。在 39 个工业行业大类中有 34 个行业投资增长。

图 2　2011 年工业固定资产投资各月累计增长率（%）

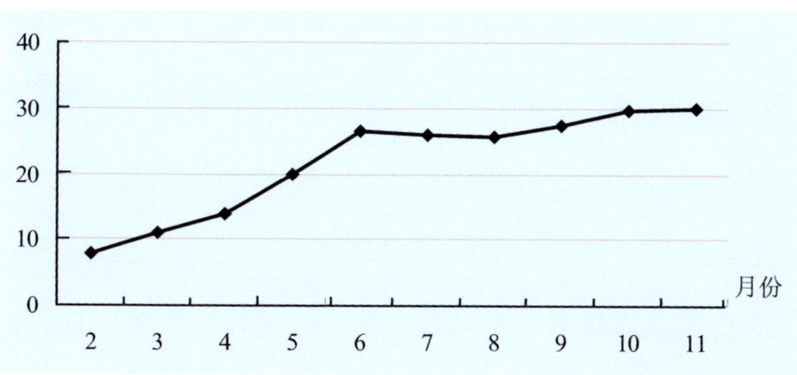

七个工业主要行业均保持增长态势。七个工业主要行业完成投资 5410.8 亿元，比上年同期增长 30.6%，占全省固定资产投资的 36.7%，同比提高 1.6 个百分点。其中，医药、装备制造、纺织服装、食品、建材行业投资分别增长 49.9%、43.7%、37.5%、33.6%和 30.6%，同比分别加快 23.7、24.3、26.3、21.6 和 10.6 个百分点，钢铁工业增速由上年同期下降 17.8%转为增长 11.5%，石化工业增长 7.8%，同比加快 1.0 个百分点。

装备制造业投资贡献最大。装备制造业完成投资2263.2亿元，比上年同期增长43.7%；占全省固定资产投资的15.4%，同比提高2个百分点，对全省工业投资的贡献率达44%，在七个主要行业中贡献最大，是拉动工业投资快速增长的主要因素。装备制造业所属的7个行业大类均保持增长态势，其中，交通运输设备制造业、专用设备制造业、电气机械及器材制造业、通用设备制造业、金属制品业投资分别增长78%、51%、49%、39.8%和27.5%，均高于全省固定资产投资的增长速度。

表1　前11个月全省七个主要工业行业固定资产投资情况

名　　称	固定资产投资（亿元）	比上年同期增长（%）	同比增减（百分点）	占全省固定资产投资比重（%）	同比增减（百分点）
七个主要行业合计	**5410.8**	**30.6**	**21.7**	**36.7**	**1.6**
钢铁工业	706.5	11.5	29.3	4.8	-0.6
装备制造业	2263.2	43.7	24.3	15.4	2.0
石化工业	638.1	7.8	1.0	4.3	-0.7
医药工业	133.6	49.9	23.7	0.9	0.2
建材工业	734.5	30.6	10.6	5.0	0.2
食品工业	472.7	33.6	21.6	3.2	0.2
纺织服装业	462.1	37.5	26.3	3.1	0.3

工业技术改造投资比重提高。全省工业技术改造项目8726个，完成固定资产投资3902.8亿元，比上年同期增长43%；占工业投资比重为57.3%，同比提高5.3个百分点。

（三）亿元在建项目增速加快，新开工项目增长

前11个月，全省亿元以上在建项目4319个，比上年同期增加689个，增长19%，增速比前10个月加快0.9个百分点；完成投资7103亿元，增长7.1%，加快2.9个百分点。从行业情况看，交通运输设备制造业、铁路运输业、电气机械及器材制造业、房地

产业、专用设备制造业等5个行业亿元以上在建项目贡献较大，完成投资合计占全省亿元以上建设项目投资的20.8%，同比提高5.3个百分点，对全省亿元以上建设项目投资的贡献率达95.7%。

亿元以上新开工项目在7月份扭转下降局面，连续3个月增长后呈小幅振荡，7、8、9月累计同比分别增长4.4%、5.5%和0.1%，10月累计下降2.2%。前11个月，全省亿元以上新开工项目1833个，比上年同期增加17个，由前10个月下降2.2%转为增长0.9%；完成投资2868.5亿元，比上年同期下降5.9%，降幅比前10个月缩小4.4个百分点。

（四）高新技术产业投资快速增长，比重提高

前11个月，高新技术产业投资完成1412.2亿元，比上年同期增长30.7%，占全省固定资产投资的9.6%，同比提高0.4个百分点。其中，航空航天、先进制造、生物技术与现代医药、新材料、新能源分别增长90.3%、53.3%、35.3%、32.4%和27.3%，均高于全省固定资产投资平均水平。

民间投资完成11330.5亿元，比上年同期增长33.4%，占全省固定资产投资的76.9%，同比提高4.9个百分点。其中私营企业和有限责任公司分别完成投资4726.5亿元和4375.2亿元，同比增长33.3%和40.7%；分别占全省固定资产投资的32.1%和29.7%，同比提高2.1和3.4个百分点。

（五）环首都、沿海区域县投资增速高于全省水平，比重提高

环首都绿色经济圈保定、张家口、承德、廊坊4市完成固定资产投资4116.4亿元，比上年同期增长28.8%，高于全省固定资产投资增速4个百分点，占全省固定资产投资的27.9%，同比提高0.8个百分点。14个县（市、区）完成固定资产投资1111.2亿元，增长31%，高于全省6.2个百分点；占全省固定资产投资的7.5%，同比提高0.4个百分点。14个县（市、区）中，有10个

投资增速在30%以上。

沿海区域秦皇岛、唐山、沧州3市完成固定资产投资4285.7亿元，比上年同期增长15.7%；占全省固定资产投资的29.1%。11个县（市、区）完成投资1052.5亿元，增长34.2%，高于全省9.4个百分点；占全省固定资产投资的7.1%，同比提高0.5个百分点。11个县（市、区）中，有6个投资增速在30%以上。

（六）省级工业聚集区投资步伐加快，带动作用逐步彰显

前11个月，全省71个省级工业聚集区在建建设项目1975个，占全省建设项目的8.4%；完成投资1515.3亿元，占全省固定资产投资的12.8%，分别比前三季度、上半年提高1和0.6个百分点。

从各设区市情况看，唐山、沧州、石家庄3市省级工业聚集区完成投资居全省前3位，分别完成投资357.9、188.7和183.6亿元，合计占全省工业聚集区投资的48.2%，分别比前三季度、上半年提高2和3.1个百分点，其中，迁安市西部工业区、盐山管道管件工业聚集区、沙河市金百家民营工业园区、秦皇岛临港产业聚集区、唐山市丰南沿海工业区、滦县工业聚集区、玉田县工业聚集区等7个省级工业聚集区完成投资均在40亿元以上。

从三次产业情况看，全省71个省级工业聚集区第二产业完成投资951.7亿元，占全省工业聚集区投资的88.4%。其中，金属制品业、非金属矿物制品业、交通运输设备制造业、黑色金属冶炼及压延加工业、专用设备制造业、化学原料及化学制品制造业、通用设备制造业等7个行业完成投资均在80亿元以上，合计完成投资达822.1亿元，占全省工业聚集区投资的54.3%。

二、存在的主要问题

（一）国内贷款到位资金降幅扩大

前11个月，全省固定资产投资到位资金16284.5亿元，同比

增长26.7%，其中自筹资金12698.1亿元，增长33.4%，增速均高于全省固定资产投资。但国内贷款连续5个月呈下降态势，且降幅逐月扩大。全省国内贷款1491.2亿元，比上年同期下降12.2%，比上半年扩大18.8个百分点；占全省到位资金的9.2%，比上半年降低1.2个百分点。

（二）第三产业部分行业投资下降

前11个月，全省第三产业投资增长21%，比三季度减缓3.1个百分点，占全省固定资产投资的50.5%，同比回落1.6个百分点。第三产业投资增速减缓主要受公共设施管理业和道路运输业投资下降的影响。公共设施管理业和道路运输业分别完成投资828.1亿元和743.6亿元，同比分别下降1.8%和6.9%，两个行业下拉第三产业投资1.1百分点。

三、2012年固定资产投资走势预测

2012年，全省固定资产投资形势既有有利因素，也面临不利因素的影响。从有利因素看：

一是我国宏观经济面总体良好，仍处于经济社会发展的重要战略机遇期，工业化、城镇化进程将加速推进居民消费结构、产业结构升级，新的经济增长点将不断涌现，这为河北省投资的健康发展提供了重要的外部基础。

二是首都经济圈已经纳入国家“十二五”规划，全力推动省级工业聚集区发展，特别是随着环渤海地区加速崛起，河北沿海地区发展规划上升为国家战略，冀中南地区被列为国家层面的重点开发区域，给河北省带来了前所未有的发展机遇。省委、省政府着力推进环首都绿色经济圈、沿海经济隆起带和冀中南地区建设，为项目投资创造了有利条件。

三是中央出台了鼓励和引导民间投资健康发展的若干意见，为国内民间投资扩大了进入领域，加大了政策支持力度，对民间投资

具有积极的刺激作用，随着这些政策的逐步细化和落实，将进一步促进民间投资的大发展，政府推动型投资向民间自主投资的转变将进一步加快。

四是省委、省政府实施和央企合作，签约项目投资河北建设。各级政府为了实现经济的平稳较快增长，都储备了大量的投资项目，进一步加大抓项目、促投资的力度，靠投资拉动经济仍然是主要选择。随着这些项目的陆续实施，将对投资增长起到重要支撑。

五是加强城镇改造建设，推动城镇建设上水平，将推动房地产开发投资的增长，同时，2011年1000万套的保障房建设任务也带动房地产投资的增长。房地产开发投资仍是固定资产投资保持稳定增长的支撑点。

制约投资增长的不利因素主要有：

一是国际经济形势复杂严峻，欧洲债务危机蔓延，美国经济低迷，全球经济复苏步伐缓慢，下行压力加大。在经济增长低迷的同时，通货膨胀压力加大，贸易增速放缓。这一系列问题的存在，导致国际经济复苏困难，将对中国经济增长带来一定的负面影响，并会逐步影响到对投资的预期，进而影响河北省建设项目的资金投入。

二是2011年以来商业银行的贷款额度出现紧张，虽然央行12月5日下调了存款准备金率，但能否成为资金松动的信号还不明显，资金紧张的局面在一定时期内还难以缓解。资金环境的趋紧也影响到整个投资资金的供应，尤其是国内贷款缓慢增长，部分有资金需求的项目得不到银行贷款。

三是建设项目用地依然比较紧张，供需矛盾比较突出，土地仍是制约项目建设的主要影响因素；房地产投资的走向并不明朗，调控政策的效应逐步显现也将进一步影响开发投资增速。

综合以上因素，预计2012年全省固定资产投资仍将延续2011年的增长态势，继续保持平稳较快增长。

四、对策建议

为了保持经济平稳较快发展，实现经济强省、和谐河北奋斗目标，应继续认真贯彻落实中央、省出台的各项宏观调控政策措施，建议做好以下几个方面的工作。

一是谋划重点项目。充分利用京津冀区域经济一体化、首都经济圈纳入国家“十二五”规划、河北沿海地区发展规划上升为国家战略的机遇，着力谋划和实施一批规模大、科技含量高、带动能力强、符合国家产业政策、具有支柱和引领作用的产业项目，确保投资对经济增长的有效拉动力，促进经济平稳较快发展。

二是优化投资结构。围绕出台的国家级“十二五”产业规划以及河北省《关于加快培育和发展战略性新兴产业的意见》，立足本省产业基础、现有优势和发展潜力，加快建设一批有利于结构调整、有利于产业升级的重点项目，在优化提升传统产业、培育发展战略性新兴产业、推动制造业由大变强、做大做强现代服务业等方面加大投入力度，推动经济发展方式转变。

三是加强项目管理。在抓好项目推进的同时，严格执行投资项目用地、节能、环保、安全等准入标准，保证投资总量平稳健康增长。坚决淘汰落后产能，有的放矢地控制高耗能、高污染行业的投入，减轻“十二五”期间节能减排工作压力。尽快研究出台配套措施，进一步拓宽项目投融资渠道，积极争取落实项目资金，保证金融机构中长期贷款对全省投资增长的支撑。

四是促进房地产市场健康发展。继续认真贯彻落实中央和省出台的各项房地产宏观调控政策措施，进一步强化和落实政府责任。不断加大资金投入，加快保障性住房建设，强化市场监管，规范市场行为，稳定市场预期，积极引导房地产开发企业认清形势、转变理念、调整策略。采取更加切实有效措施，努力保持和促进房地产市场平稳运行。

（撰稿：河北省统计局投资处　刘彩云　王金峰）

2011 年河北房地产市场形势与 2012 年展望

2011 年，为促进房地产市场平稳健康发展，国家出台了一系列宏观调控政策，河北省结合本省实际情况，在贯彻执行国家调控政策的同时，也出台了相关调控政策。在国家和省的宏观政策调控下，全省房地产开发投资规模保持快速增长，增速稳中回落，商品房销售保持较好势头，销售价格平稳增长，房地产市场总体呈现平稳运行态势。

一、2011 年房地产市场运行特点

（一）房地产开发投资快中回落

1—11 月，全省房地产开发计划总投资 10796.2 亿元，增长 43.0%，同比回落 14.1 个百分点。房地产开发完成投资 2876.4 亿元，增长 36.8%，同比回落 13.9 个百分点；占全省固定资产投资的 19.5%，同比提高 4 个百分点。从开发用途看，商品住宅完成投资 2154.1 亿元，增长 29.5%；办公楼完成投资 79.9 亿元，增长 67.4%；商业营业用房投资完成 410.1 亿元，增长 66.2%；其他完成投资 232.3 亿元，增长 61.5%。

图 1　2011 年全省房地产开发投资各月累计增速

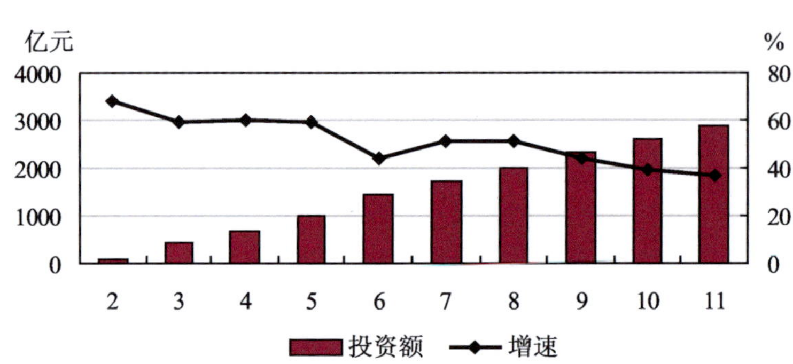

（二）建设规模和新开工规模扩大幅度减缓

1—11 月，房屋施工面积 26172.4 万平方米，增长 30.2%，同比回落 17.4 个百分点。其中，住宅施工面积 20951.9 万平方米，增长 25.2%；办公楼 553.5 万平方米，增长 47.3%；商业营业用房 2829.1 万平方米，增长 53.5%；其他房屋 1837.8 万平方米，增长 61.2%。

新开工面积 10650.2 万平方米，增长 17.1%，同比回落 28.7 个百分点。其中住宅 8481.8 万平方米，增长 14.2%；办公楼 239.4 万平方米，增长 64.4%；商业营业用房 1151.1 万平方米，增长 25.5%；其他房屋 777.8 万平方米，增长 27.4%。

图 2　2011 年各月商品房施工面积和新开工面积总量及增速

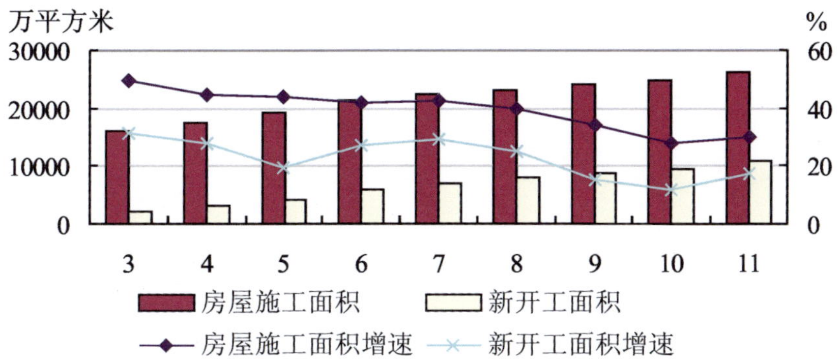

（三）竣工面积大幅度增加

1—11 月，房屋竣工面积 3539.0 万平方米，增长 76.4%，同比提高 9.2 个百分点。其中，住宅竣工面积 2934.5 万平方米，增长 65.8%；办公楼竣工面积 77.5 万平方米，增长 3.7 倍；商业营业用房竣工 325.3 万平方米，增长 1.1 倍。竣工住宅 285820 套，同比增加 110995 套，增长 63.5%。其中，90 平方米以下住房竣工 134901 套，同比增加 56264 套，增长 71.5%，占竣工住宅的

47.2%。

（四）商品房销售保持较好势头

2011 年全省商品房销售形势较好，各月累计销售面积增长均在 30%以上。1—11 月全省商品房销售面积 4985.1 万平方米，增长 35.8%。其中，商品住宅销售 4511.0 万平方米，增长 31.4%；办公楼 50.8 万平方米，增长 44.5%；商业营业用房 300.2 万平方米，增长 1.0 倍；其他房屋 123.2 万平方米，增长 1.2 倍。从销售方式看，现房销售面积 1069.2 万平方米，增长 66.5%；期房销售面积 3915.9 万平方米，增长 29.2%。商品房销售额 2000.4 亿元，增长 57.6%，其中住宅销售 1707.8 亿元，增长 47.5%；现房销售额增长 89.7%，期房销售额增长 51.6%。

图 3　2011 年商品房销售面积各月累计增速

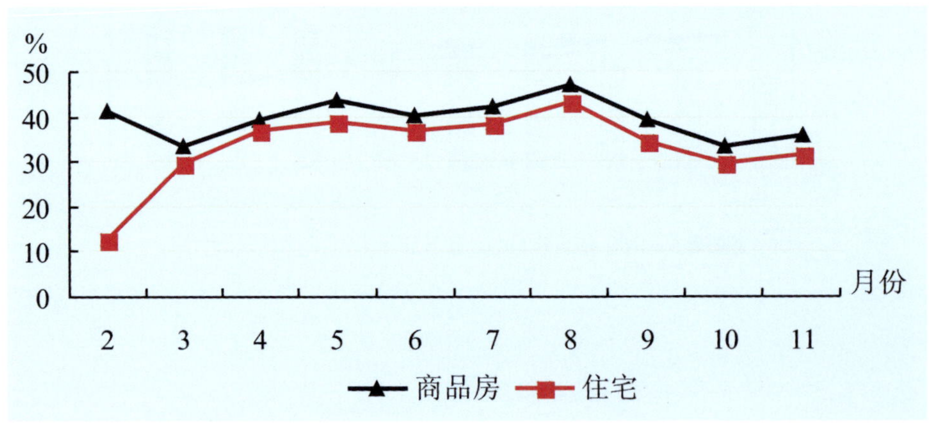

（五）环首都绿色经济圈房地产市场情况

前 11 个月，环首都绿色经济圈 14 个县（市、区）房地产开发投资完成 333.2 亿元，增长 33.8%，占全省房地产开发投资的 11.6%。14 个县（市、区）房屋施工面积 3240.3 万平方米，增长 38.6%；竣工面积 421.0 万平方米，增长 21.5%；商品房销售面积 614.2 万平方米，下降 11.4%；住宅销售面积 580.1 万平方米，下降 12.2%。

二、带动房地产市场快速发展的的主要因素

（一）国家宏观调控政策实施，进一步优化房地产市场环境

为遏制房价过快上涨，切实解决居民住房问题，2011 年国家继续出台楼市调控政策，就进一步落实地方政府责任、加大保障性安居工程建设、税收政策、住房信贷、用地管理等方面制定了具体的政策措施，促进房地产市场平稳健康发展。河北省也出台了相关调控政策，通过宏观调控，解决了房地产市场运行中存在的突出矛盾，引导和规范房地产开发企业的投资，进一步优化市场秩序，房地产开发保持了合理的规模，商品房销售形势较好，房地产市场平稳健康发展。

（二）城镇建设三年上水平的带动

为加快推进城镇化进程，全省开展城镇面貌三年大变样和城镇建设三年上水平工作，推动城市建设步伐加快。一是城镇面貌三年大变样有力地推动了房地产开发，2010 年全省房地产开发投资增长 49%，有近 1.7 亿平方米的房屋施工面积结转到 2011 年，三年大变样大面积拆迁也腾出了大量土地，这些都为开发建设创造了有利条件。二是 2011 年全省房地产开发新开工面积超过 1 亿平方米，保证房地产开发规模扩大。

（三）保障性住房建设力度加大

保障性住房建设是重大民生工程，2011 年全省强力推进保障性安居工程建设，年度计划新开工 38.04 万套，已开工建设 38.4 万套，完成了计划下达的目标，大力推进了房地产开发投资建设。

三、存在的主要问题

（一）土地购置面积下降

前 11 个月，土地购置面积 2678.9 万平方米，下降 2.8%；土地成交价款 365.4 亿元，下降 7.4%；待开发土地面积 828.2 万平方米，增长 25.9%，同比回落 1.4 个百分点。

（二）房地产开发企业资金链趋紧

前 11 个月，全省房地产开发企业资金到位 3212.2 亿元，比上年同期增长 31.3%，到位率为 111.7%，同比下降 4.7 个百分点。其中自筹资金 1870.0 亿元，增长 35.3%；国内贷款 270.4 亿元，增长 4.8%；其他资金 1058.4 亿元，增长 31.7%。其他资金中定金及预收款 679.4 亿元，增长 50.0%；个人按揭贷款 230.6 亿元，增长 4.8%。受国家宏观调控政策和银行贷款准备金率不断提高的影响，自筹资金所占比重呈上升态势，由前两个月的 47%，逐步上升到前 11 个月的 58.2%；而国内贷款所占比重呈降低态势，由 19.3%降低到 8.4%。

（三）房地产开发企业规模偏小

房地产开发企业资质等级反映企业开发实力、规模质量、管理水平，决定企业承担大规模开发的能力，以及在市场中的竞争力。截止到 11 月末，全省 3186 家房地产开发企业中一级资质的企业有 29 家，仅占 0.9%；四级及以下资质企业占 75.6%。由于房地产开发行业准入门槛并不高，“短、平、快”项目型房地产公司较多。这些企业仅仅依靠人脉资源获取土地就可以从事房地产开发，这类项目型企业实力差，规模小，不规范、开发完一个项目后就不再有其他项目开发，直接影响房地产市场秩序，对提高房屋建设的质量、品质极为不利，制约着房地产市场健康发展和企业整体竞争力。

（四）商品房开发结构不尽合理

一是中小套型普通商品住房供应相对不足。1—11 月，全省 90 平方米以下住宅完成投资占全部商品房住宅投资的 38.4%，同比下降 2.3 个百分点；140 平方米以上住宅投资占全部商品房住宅投资的 14.4%，同比提高 4.3 个百分点。二是区域结构不合理。11 个设区市发展不平衡，房地产开发发展较快、规模相对较大的是石家庄、唐山、保定三市，1—11 月三市投资占全省投资比重均在 10%以上，三市投资总计占全省投资比重达到 50%以上。

四、2012 年形势预测

2012 年，全省房地产市场仍将面临有利因素和不利因素的共同影响。

有利因素：

第一，从全国看，社会主义市场经济体制不断完善，工业化、信息化、城镇化、市场化、国际化深入发展，经济结构转型加快，市场需求潜力巨大，为全省加快发展提供了广阔空间。从河北发展看，京津冀区域经济一体化、首都经济圈纳入国家“十二五”规划，河北沿海地区发展规划已经上升为国家战略，冀中南地区被列为国家层面的重点开发区域，首都新机场将在北京和廊坊交界处兴建，河北省具有接受辐射、借力发展的独特优势。

第二，房地产业关联度高、带动力强，在国民经济发展中的地位越来越显著，已经成为全省重要支柱产业。为保持国民经济的平稳较快增长，满足广大居民的基本住房需求，就要引导和促进房地产业持续稳定健康发展。

第三，从人口结构和城镇化进程看，现阶段住房需求包括养老性需求、改善性需求和刚性需求等，总体比较旺盛，商品房主要以自住消费为主，投资性购房较少，因此，全省房地产市场仍然存在着较大的市场潜力。

第四，国家和省大力推动保障性安居工程建设，会助推房地产市场发展。全省“十二五”规划中明确提出加快保障性住房建设，大力发展公共租赁住房，力争到 2015 年中等偏下收入住房困难居民住有所居，推动城市居住条件上水平。

不利因素：

第一，从国际环境看，国际金融危机影响深远，国际竞争更加激烈，外部环境更加复杂。从国内形势看，长期积累的深层次矛盾凸显，短期问题和长期问题交织，这些都会给全省房地产市场发展带来一定影响。

第二，在通胀持续发展的背景下，2012 年房地产市场发展的政策环境仍不会放松。目前抑制住房需求的政策主要包括：限购政策、二套房以上首付比例和贷款利率的提高、营业税征收等，这些控制住房需求的政策不仅坚决打击了投机投资的住房需求，对改善性住房需求也有一定抑制作用。从国家政策看，对于房地产宏观调控政策不会放松，2012 年房产调控仍坚持实施遏制住房价格过快上涨的政策措施。这些都会直接影响房地产开发企业的信心，从而影响整个房地产市场。

第三，从资金层面看，在货币政策适度从紧的政策作用下，房地产开发企业的资金压力在逐步上升，贷款所占比重在降低，拖欠工程款在增加。截止到 2011 年 11 月底企业应付工程款增幅同比提高了 82.7 个百分点。

第四，从建设用地保障看，2012 年国家分配给河北省的建设用地指标不会有大的增加，土地供需矛盾依然存在，而且 2011 年前 11 个月购置土地面积下降 2.8%，土地储备不足，将直接影响项目开发建设。

综合以上分析，2012 年全省房地产开发投资将运行在平稳较快的增长区间内，开发规模和商品房销售也将平稳增长。

五、对策建议

2012 年，应继续贯彻落实国家和省关于促进房地产市场平稳健康发展的宏观调控政策措施，高度关注房地产开发市场出现的新情况、新变化，积极引导和调控房地产市场走势，促进房地产业健康发展。

（一）进一步优化发展环境

营造优质高效的政务环境，精简审批项目，减少审批环节，规范审批程序，坚持公开透明，提高办事效率，为市场主体提供满意服务；营造公平竞争的市场环境，完善市场监管体系，大力整顿和规范市场经济秩序，吸引更多有实力的外地房地产开发企业到河北进行开发建设。

（二）调整住房开发结构，增加保障性住房

各级政府应加大保障性住房和普通商品住房建设的力度，加快廉租住房、中小套型普通商品住房开发建设，多渠道筹集保障性住房建设资金，发挥政府在保障低收入群体住房需求方面的重要作用。保障性住房建设已成为一项重要标志性民生工程，加快推进保障性安居工程，要把保障基本需求与引导合理消费结合起来，多提供小户型、齐功能、质量可靠的住房。大力发展公共租赁住房，大幅度提升公租房在保障房中的比例，满足居民住房租赁需求，形成梯度消费的合理模式。

（三）加大环首都绿色经济圈投资力度

充分发挥环绕首都的独特优势，承接京津资金、项目、人才、信息、技术等优质生产要素的转移，把环首都地区打造成一个城市带、高端产业带、休闲度假旅游带、风光生态带。在环首都绿色经济圈建设中，房地产业将发挥其不可或缺的重要作用，助力环首都经济圈的

发展，以点带面，促进全省房地产市场蓬勃发展。

（四）加强土地供应管理，促进土地的合理利用

合理确定土地供应方式和内容，完善土地收购储备制度，积极引入市场机制，进行土地开发整理，降低土地开发成本，进一步盘活存量建设用地，提高保障房和普通商品住房用地的供应能力。加强对闲置土地的监管，严厉查处违法违规用地和囤地、炒地行为。

（五）加强房地产开发企业自身实力和活力

房地产业是一个高度资金密集性行业，在一系列调控政策下，房地产企业特别是中小企业的资金链越发吃紧，创新融资方式成为重中之重。房地产开发企业应运用兼并重组、联合、股东置换、利用民间资本或外资参股等形式资本运作，盘活现有资产，并着重大力提高管理人员素质，努力提高资金经营效率，合理安排建设周期，做好自己的产品，注重品牌战略，提高企业核心竞争力，为新一轮的发展打下坚实的基础。

（六）完善相关法律法规，规范房地产市场秩序

一要规范房地产市场开发和投资，加强房地产管理的立法，健全和完善房地产法律法规体系。二要规范房地产市场信息披露，积极构建面向企业和社会公众的信息发布平台，及时公布市场供求和房价情况，全面、及时、准确地发布市场供求信息，增强信息透明度，使消费者对市场能作出科学判断，培养广大群众科学的住房消费观，引导社会公众理性消费。三要规范房地产市场秩序，充分利用现代信息技术，加强房地产开发建设全过程监管，切实整治房地产交易环节中存在的违法违规行为。通过落实以上各项措施稳定房价，打压房地产市场投机行为，减少房、地的囤积量，促进房地产市场走向正规。

（撰稿：河北省统计局投资处　刘彩云　王怡兰）

2011 年河北消费品市场形势与 2012 年展望

2011 年，全省认真贯彻落实国家一系列扩内需、保增长政策措施，努力克服各种不利因素对消费品市场的影响，全省消费品市场繁荣活跃、购销两旺，消费结构继续升级，城镇、乡村市场稳定增长，确保了全年消费品市场平稳较快发展。

一、2011 年消费品市场运行态势

较快发展：2011 年 1—3 季度，全省社会消费品零售总额完成 5533.4 亿元，同比增长 17.5%，增速比全国平均水平高出 0.5 个百分点，呈较快发展态势。

攀升运行：一季度全省社会消费品零售总额增长 16.4%，上半年增长 17.0%，第三季度增长 18.4%，前三季度累计增长 17.5%，从前三季度运行轨迹看，运行呈逐季攀升之势。

二、2011 年消费品市场运行特点及因素分析

2011 年前三季度，全省消费品市场较快发展，呈逐季递增的态势，具有以下特点：

（一）总量持续加大

三季度实现社会消费品零售总额 1940.0 亿元，比去年同期增加 301.6 亿元，比二季度增加 156.4 亿元。1—3 季度累计实现零售总额 5533.4 亿元，比去年同期增加 825.7 亿元。

（二）增速逐季加快

三季度社会消费品零售总额增长 18.4%，比一季度的 16.4% 提高 2.0 个百分点，比二季度的 17.6%提高个 0.8 百分点。1—3

季度累计增长17.5％。

（三）结构有所改善

限额以上企业增速加快，比重提高。三季度限额以上企业（单位）增长28.2％，比上半年的26.2％提高了2.0个百分点。限额以上企业比重由上年同期的21.6％提高到26.4％。前三季度限额以上企业增速为26.9％，占社会消费品零售总额的比重为26.7％。

（四）消费结构升级加快

2011年前三季度，消费结构继续升级，全省限额以上批发零售贸易业化妆品类、金银珠宝类、体育娱乐用品类、书报杂志类、家用电器和音像器材类、石油及制品类和汽车类七大类商品实现零售额888.5亿元，占全部限额以上批发零售贸易企业零售额比重达63.3％，比2010年全年高出0.2个百分点。

（五）汽车和家电消费受政策影响较大

国家对有关汽车和家电消费政策的调整，直接影响了这两大类商品的消费，两大类商品销售由快变慢、增速变缓。2011年一季度，家用电器和音像器材类商品累计销售增长36.6％，上半年增速回落为34.0％，回落2.6个百分点；前三季度增速为34.3％，虽比二季度回升0.3个百分点，但与一季度相比仍减慢了2.3个百分点。汽车类商品上半年增速为18.0％，比一季度的20.7％下滑了2.7个百分点；前三季度增速为19.9％，销售情况虽好于二季度，但比1月份27.5％的增速低7.6个百分点。

（六）城镇市场快于乡村市场

全省城镇消费品零售额增长快于乡村，2011年1—3季度，全省城镇零售额完成4224.3亿元，增长18.0％；乡村零售额完成1309.1亿元，增长16.0％，城镇比乡村快2.0个百分点。

从支撑消费市场平稳发展的积极因素看：

一是城乡居民收入不断提高是支撑消费市场增长的根本。前三季度，城镇居民人均可支配收入增长 12.3%，农民人均现金收入增长 21.5%，在岗职工工资增长 16.5%，为消费市场的增长奠定了基础。

二是扩大内需政策效果显著。各级政府都围绕扩大内需出台了一系列惠民政策，比如：社会保障体系不断健全，在一定程度上解除了居民的后顾之忧，增加了即期购买力；提高个人纳税标准，使居民得到了实惠；提高最低工资标准及为企业退休人员增加补贴等政策，使受益人群覆盖面不断扩大。

三是消费环境不断改善。随着全省城镇面貌的改善、商业结构的调整优化及实施的“万村千乡”市场建设工程的推动，城乡居民消费环境不断得到改善，加之商业经营单位促销力度不断加大，消费市场异常活跃。

四是城乡居民消费观念有所改善，新兴消费日益突起。随着城乡居民生活水平的提高，消费观念正在改变，追求品牌、时尚、品位，越来越受年轻人的青睐，文化、健康、旅游消费正成为人们的追求目标。

三、主要问题

一是物价持续高位运行，使消费者心理受到一定冲击。人们在高物价下压缩消费支出，有钱不敢花。

二是市场秩序有待进一步规范。假冒伪劣、食品安全等诸多问题使消费者心有余悸，不敢放心消费。

三是传统消费观念仍发挥主导作用。人们往往重储蓄、轻消费，加之社保体系不完善，人们更加重视家庭的大项支出，如教育、购房、养老等。

四是消费市场信心不足。国际金融危机蔓延，经济发展的不确定性因素增多。同时，2011 年以来股市低迷，群众从资本市场获得的财产性收入下降，多种因素导致消费市场信心不足。

四、2012 年消费品市场走势预测

2012 年，河北消费品市场既面临有利因素，也面临不利因素。

有利因素：一是政策有利于消费品市场发展。扩大内需已被确定为我国经济发展的长期战略方针，“十二五”规划刚要明确要求，把扩大消费需求作为扩大内需的战略重点。2012 年是实施河北省“十二五”规划的第二年，也是加快推进新型城镇化进程的关键年，进一步推动城市建设将刺激消费增长；二是保障房建设力度的加大有利于扩大消费需求。从房地产市场看，随着保障房建设力度的加大与不断建成入住，将减轻中低收入阶层居民生活负担，有利于释放、增加消费需求；同时，将带动建材、装饰、家居、家电等相关领域商品的消费增长。

不利因素：一是国内外经济发展的不确定因素增加。当前，欧债危机蔓延，中东局势动荡，亚太地区不稳定，石油、粮食、铁矿石等大宗商品价格居高不下。美国、欧洲、日本等经济发达国家经济增长乏力，国际经济增长的脆弱性必将对全省的消费市场产生消极影响。二是扩大内需的政策效应可能出现递减。近几年，各级政府陆续出台了不少扩大内需的政策，这些政策大多已落实到位，对消费市场的刺激作用已显现。今后，若缺乏强有力且实实在在的消费政策，居民的消费热情很难被进一步激活，扩大内需政策将面临效应递减的态势。

综合分析各方面影响因素，2012 年全省社会消费品零售总额仍可保持平稳较快增长。

五、建议措施

当前，我国经济面临“社会发展中短期问题和长期问题交织，结构性问题和体制性问题并存，国内问题和国际问题互联”的复杂形势，为实现消费品市场平稳较快发展，建议：

（一）建立扩大消费的长效机制，积极培育新的消费热点

进一步调整国民收入分配格局，提高中低收入居民收入水平。加大对低收入阶层的收入转移支付力度，推动消费成为拉动经济增长的主要动力。同时，增强政策的针对性，如对中低收入群体，应通过加快收入分配制度改革重点提升其消费能力；对高中收入群体，应重点解决不便消费、无处消费等问题。不断培育信用消费、服务消费、网络消费、文化消费、低碳消费等新的消费增长点，引导居民转变消费观念，科学合理和放心大胆地消费，以进一步激活居民的消费潜能。

（二）保持物价稳定，保持市场稳定

要综合运用货币和财政政策，双管齐下，抑制通胀和调控物价。努力做到既改善供给、搞活流通和平抑物价，又能促进居民消费和切实保护消费者的利益。加大整顿和规范市场经济秩序的工作力度，营造公平合理的竞争环境，密切关注源头性产品价格变动，严打非法囤货、哄抬物价行为，保持“菜篮子”稳定，保持市场稳定，保持居民生活稳定。

（三）尽快完善社会保障体系，促进居民购买力实现

尽快完善全民医疗、养老等社会保障制度，降低人们对未来预期的不确定性，促进居民购买力实现，尤其是要控制好房价上涨对其他消费的挤出效应，逐步解除居民消费的后顾之忧，提高城乡居民的即期消费需求，增强居民消费的信心和意愿。

（四）大力发展农村消费品市场，加快农村市场建设步伐

以小城镇建设为依托开拓农村消费品市场，形成以县城为重点、乡镇为骨干、村为基础的农村消费品零售网络。加大农村基础设施建设的投资力度，使农村在交通、通讯、用水用电等方面的条

件明显改观，改善农村消费环境。

（五）千方百计扩大就业，增强消费基础

引导转变就业观念，依靠社区大力发展餐饮等服务业，拓展灵活多样的就业方式，增加居民就业。消除进城务工农民的歧视性政策和障碍，简化各种手续，努力构建城乡统一的劳动力就业市场，最大限度增加农民的非农收入。

（六）重塑消费者对食品质量安全的信心

要保障食品质量安全，重塑居民对食品消费质量安全的信心，一方面要加强信用体系建设，建立和完善基本信用制度，不断完善食品监管制度，增强生产者的道德意识；另一方面要加大监管和违法惩治力度，强化对违法者和潜在违法者的威慑作用，进一步净化消费市场环境，重塑消费者对食品质量安全的信心。

（撰稿：河北省统计局贸易外经处　李庆贺）

2011 年河北对外经贸形势与 2012 年展望

2011 年，省委、省政府紧抓扩大对外开放目标不放松，全省对外经贸工作克服各种不利因素影响，保持了平稳较快发展的良好势头，增长质量进一步提高，全年进出口贸易和利用外资将迈上 500 亿美元和 50 亿美元的新台阶。

一、2011 年对外经贸形势

（一）对外贸易继续保持平稳较快增长

前 11 个月，全省共完成进出口总额 490.8 亿美元，同比增长 30.0%，快于全国 6.4 个百分点。其中，出口总额 260.9 亿美元，增长 28.0%，快于全国 6.8 个百分点；进口总额 229.9 亿美元，增长 32.3%，快于全国 5.9 个百分点。

1. 进出口增速高开低走，进口增速快于出口。2011 年，进出口增速呈现“高开低走”态势，由 1 月份的增长 70.9%回落到前 11 个月的增长 30.0%，进口增速由 115.9%回落到 32.3%，出口增速绝大部分月份低于 2010 年同期水平，进口增速明显快于出口。国家实施稳外需扩进口促进贸易平衡的政策效应明显。

图 1　2010—2011 年全省进出口各月累计增长率（%）

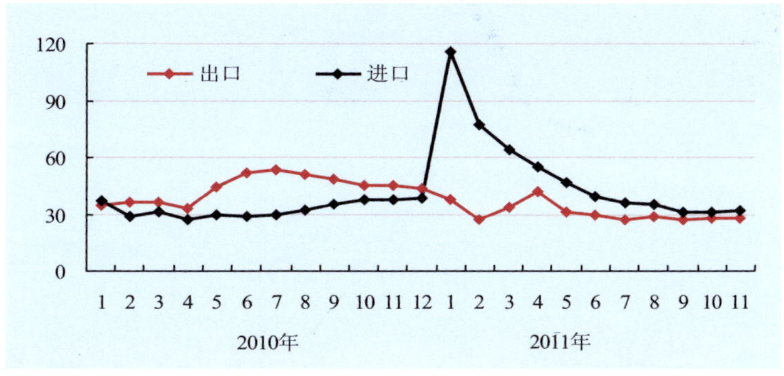

2. 钢材出口好于纺织服装，出口价格增长拉动效应增强。前11个月，钢材出口46.8亿美元，增长46.2%，高于全省出口增幅18.2个百分点；纺织服装出口46.5亿美元，增长23.9%，低于全省出口增幅4.1个百分点。由于钢铁企业转型升级步伐加快，产品附加值提高，议价能力有所增强，钢材出口的增长呈现出价格和数量协调拉动的积极变化。钢材出口平均价格为861.0美元/吨，同比上涨19.5%，钢材出口实物量增长22.4%，价值量增长46.2%，说明出口钢材中高附加值产品比重提高。

3. 市场多元化战略积极推进，新兴市场份额稳步提升。河北与新兴市场贸易继续扩大，前11个月，与巴西、印度、俄罗斯和南非四个金砖国家贸易额合计为113.2亿美元，增长33.3%，高于全省进出口增幅3.3个百分点，其中进口74.6亿美元，增长34.2%，高于全省进口增幅1.9个百分点；合计贸易额占全省进出口总值的比重为23.1%，同比提高0.5个百分点，其中进口比重占32.4%，提高0.2个百分点。与东盟贸易额30.1亿美元，增长49.6%，高于全省进出口增幅19.6个百分点，占全省进出口总额的6.1%，提高0.8个百分点。传统市场贸易增速放缓，份额下降。对欧盟、美国和日本三大市场出口105.6亿美元、进口48.1亿美元，分别增长20.1%和7.2%，分别比全省增幅低7.9和25.1个百分点；出口占全省的40.5%，进口占全省的20.9%，分别降低2.6和5.1个百分点。

表1 前11个月河北与四个金砖国家及东盟进出口情况

国别（地区）	金额（亿美元）			增长（%）		
	进出口	出口	进口	进出口	出口	进口
巴西	53.8	4.9	48.8	26.5	11.4	28.2
印度	29.1	11.7	17.4	38.0	36.2	39.2
南非	8.1	2.5	5.6	54.2	29.0	69.0
俄罗斯联邦	22.2	19.4	2.8	37.6	35.3	55.9
东南亚国家联盟	30.1	22.0	8.1	49.6	43.5	69.0

4. 私营企业进出口高速增长，比重进一步提高。由于私营企业经营机制灵活，开拓市场能力强，进出口增速明显快于其它经营主体，进出口比重进一步提高。前 11 个月，私营企业出口 118.9 亿美元、进口 58.6 亿美元，分别增长 44.6%和 51.6%，高于全省增幅 16.6 和 19.3 个百分点；出口和进口占全省的比重分别为 45.6%和 25.5%，同比提高 5.2 和 3.1 个百分点。国有企业和外商投资企业进出口增速分别低于全省平均水平 2.0 和 11.5 个百分点，进出口占全省的比重同比分别降低 0.1 和 3.9 个百分点。

5. 一般贸易增长明显快于加工贸易，比重有所提高。前 11 个月，一般贸易进出口 420.6 亿美元，出口 218.0 亿美元，分别增长 32.7%和 33.8%，分别比加工贸易增速快 24.0 和 28.9 个百分点；进出口、出口占全省的比重分别为 85.7%和 83.6%，同比分别提高 1.8 和 3.6 个百分点。

6. 河北沿海发展战略初显成效，沿海区域增长明显加快。前 11 个月，沿海区域进出口总值 157.2 亿美元、进口总值 84.7 亿美元，分别增长 36.3%和 45.2%，同比分别加快 17.7 和 39.9 个百分点。进出口、进口占全省的比重分别为 32.0%和 36.8%，分别提高 1.4 和 3.0 个百分点。沿海区域进出口、出口和进口的增长对全省增长的贡献率分别为 36.6%、27.3%和 45.8%，提高 20.2、3.3 和 39.6 个百分点。

（二）利用外资在结构优化中保持快速增长

1. 实际利用外资保持快速增长。1—11 月，全省实际利用外资 46.5 亿美元，比上年同期增长 25.6%，同比加快 15.3 个百分点，其中外商直接投资 40.9 亿美元，增长 28.6%，由上年同期下降 2.5%转为增长。装备制造、食品和建材三大主导行业、高新技术产业成为支撑增长的主要动力。

图 2 2010—2011 年全省实际利用外资各月累计增速（%）

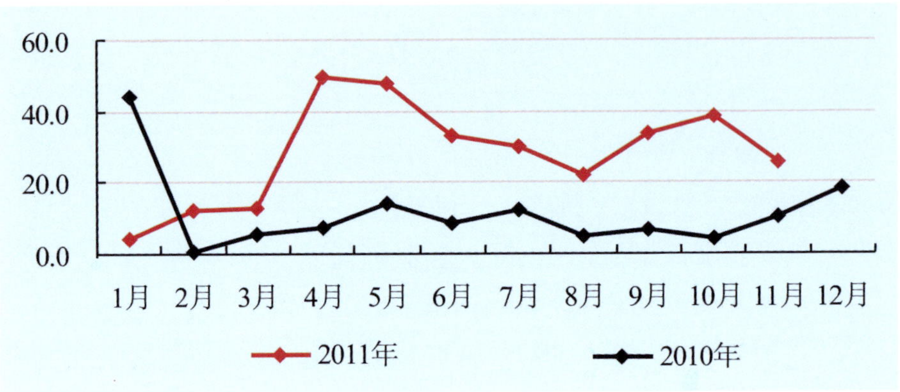

2. 外商投资结构呈现四大亮点。由于到位外资是前期签订合同外资的实际执行金额，所以，2011 年到位外资规模和结构反映了“十一五”后期以来河北省对外开放工作有关政策的实施以及国内外宏观环境综合作用的结果。主要体现在四个方面：首先，从来源地看，各大洲到位外资以亚洲和拉丁美洲为主，以欧美为代表的发达国家外资流入加速，而拉丁美洲投机性投资有所减少。1—11 月，亚洲到位外资 29.7 亿美元，增长 41.0%；欧洲 2.8 亿美元，增长 69.2%（其中，欧盟 2.4 亿美元，增长 65.1%）；北美洲 2.3 亿美元，增长 23.6%；拉丁美洲 4.4 亿美元，下降 19.0%。其次，从产业结构看，第二产业是支撑外资增长的主要动力。第二产业到位外资 30.7 亿美元，增长 33.2%，高于全省外商直接投资增速 4.6 个百分点。工业七个主要行业到位外资规模较大、高速增长的有：装备制造业 9.5 亿美元，增长 63.0%；食品工业 2.9 亿美元，增长 47.3%；建材工业 2.5 亿美元，增长 82.0%。同时，第三产业保持较快增长。第三产业外商直接投资 9.6 亿美元，增长 18.2%。第三，高新技术产业吸引外资步伐加快。高新技术产业外商直接投资 10.5 亿美元，增长 55.1%，高于全省外商直接投资 26.5 个百分点；占全省外商直接投资的比重为 25.6%，同比提高 4.3 个百分点。第四，涌现出区域增长亮点。沧州、张家口、邢台和邯郸利用外资快速增长，分别增长 82.6%、63.3%、62.3%和 47.6%，高于全省平均水平 57.0、37.7、36.7 和 22.0 个百分点。

3. 合同外资持续高速增长，合同外资额创历史最高水平。全省合同外资在 2009 年四季度走出谷底、2010 年实现增长的基础上，2011 年增长速度进一步加快，1—11 月，全省新批外资合同 181 个，新批合同外资额 37.1 亿美元，创历史最高水平；增长 38.9%，同比加快 24.9 个百分点。主要支撑因素：一是已建成外商投资企业中外方增资。合同外资中，外方增资 17.7 亿美元，增长 1.1 倍，占合同外资的比重达到 47.8%，同比提高 16.3 个百分点。二是大项目带动。合同外资 1000 万美元以上项目合同外资额 31.2 亿美元，增长 44.6%，超过全省平均增速 5.7 个百分点，占全省合同外资的 84.1%，同比提高 3.4 个百分点。三是第二产业带动。第二产业合同外资 25.0 亿美元，增长 40.4%，超过全省平均增速 1.5 个百分点。其中，石化工业 5.7 亿美元，增长 3.7 倍；食品工业 2.9 亿美元，增长 49.8%。

（三）对外投资和经济合作业务保持稳定增长

1—11 月，对外投资新核准企业 80 家，增长 17.7%，对外投资总额 10.7 亿美元，增长 12.4%，其中中方对外投资额 8.7 亿美元，增长 15.7%。对外承包工程新签合同 188 份，增长 25.3%，新签合同额 30.7 亿美元，增长 1.2 倍；完成营业额 21.3 亿美元，下降 10.7%。对外劳务合作新签对外劳务人员合同总额 0.5 亿美元，增长 35.8%，实际收入总额 0.1 亿美元，下降 48.6%。

二、面临的主要问题

（一）外部需求下降与成本上升叠加，企业经营困境日益凸显

2011 年 7 月份以来，中国制造业新出口订单指数徘徊在 50%左右，8 月份一度降至 48.3%，9 月份虽有所反弹，但仍处于

50.9%的低位，10 月份又降至 48.6%，11 月份继续下降为 45.6%，连续两个月位于临界点以下。20 个行业中，木材加工及家具制造业、服装鞋帽制造及皮毛羽绒制品业等 6 个行业高于 50%，其余行业均低于 50%。纺织业、黑色金属冶炼及压延加工业等行业来自国外的订单数量锐减。

各种要素成本集中进入上升期，企业经营压力持续增加。一是国际大宗商品价格持续走高。全省进口棉花价格上涨 42.6%，铁矿砂及其精矿上涨 31.2%，大豆上涨 30.5%。二是国内生产资料价格持续上涨。全省工业生产者购进价格同比上涨 11.7%，其中燃料动力上涨 13.3%，黑色金属材料上涨 11.4%，化工原料上涨 11.0%。三是人民币升值压力仍将持续。2011 年以来，人民币已升值近 4.6%，在一定程度上影响企业出口订单，削弱出口竞争力。四是融资成本持续上升。2011 年以来，央行已经三次加息，六次上调存款准备金率，企业流动资金紧张，融资成本有所增加。五是劳动力工资继续走高。全省最低工资标准继 2010 年调整之后，再次大幅上调，7 月 1 日起河北省月最低工资将达到 1100 元，上涨 22.2%。前三季度，全省在岗职工平均工资为 25179 元，上涨 14.4%，招工难和用工成本增加同时困扰企业经营者。

（二）欧债危机对全省出口和利用外资影响进一步显现

欧洲主权债务危机深度蔓延，欧元区经济再度下滑，对全省出口和利用外资影响进一步显现。欧盟是河北的第一大出口市场，在全省出口贸易发展中占据着十分重要的地位，随着欧洲债务危机的蔓延，对全省出口影响进一步加深。一是对欧盟出口增速持续回落，自 5 月份以来已连续 7 个月回落，由前 4 个月的增长 47.1% 回落到前 11 个月的增长 18.6%；8 月份以来，连续 4 个月低于全省出口增速，由前 8 个月低 0.5 个百分点扩大到前 11 个月低 9.4 个百分点。二是对欧盟出口比重持续下降，由前 2 个月占全省出口的 28.4%降低到前 11 个月的 23.5%。三是对全省出口影响进一步加深，全省出口增速由前4个月的41.9%下滑到前11个月的28.0%，由于对欧盟出口增速下滑影响全省出口增长7.2个百分点，比前三季度扩大了1.5个百分点。

前11个月，来自欧洲的合同外资1.4亿美元，下降6.3%，其中欧盟1.2亿美元，下降14%；来自北美洲的合同外资1.1亿美元，下降24.3%，其中美国0.7亿美元，下降40.6%。合同外资是到位外资的前瞻性指标，是到位外资的基础；欧美外资相对于其他区域外资而言，具有单项流入规模大，科技水平含量高的特点。因此，欧美合同外资下降将对今后全省利用外资规模的扩大和结构的提升产生不利影响。

（三）高附加值产品出口增速偏低，所占比重下降

1—11月，全省机电产品和高新技术产品分别出口90.9亿美元和35.3亿美元，分别增长21.3%和10.9%，增速均低于全省平均水平，分别比第三季度回落0.5和6.7个百分点；占全省出口的比重分别为34.8%和13.5%，同比降低1.9和2.1个百分点。

（四）高耗能行业增速依然较高，个别行业增速偏快

表2　2011年1—11月全省六大高耗能行业外商直接投资情况

	新批合同外资		到位外资	
	绝对值（万美元）	增长（%）	绝对值（万美元）	增长（%）
全　　省	**370932**	**38.9**	**409301**	**28.6**
六大高耗能行业	**71833**	**59.6**	**106794**	**30.5**
煤炭开采和洗选业	−320			
石油加工炼焦及核燃料加工业	19866	1886.6	4900	3640.5
化学原料及化学制品制造业	28532	170.6	12652	−2.5
非金属矿物制品业	20608	−23.3	23637	88.8
黑色金属冶炼及压延加工业	−6485		53719	37.2
电力、热力的生产和供应业	9632	123.9	11886	−30.1

三、2012 年面临的形势

2012 年，对外经贸面临的形势仍很复杂，不稳定不确定的因素较多，有利因素、不利因素并存。

（一）有利因素

1. 对外开放面临新的发展机遇。省第八次党代会报告提出："坚持对外开放与对内开放相结合，构建全方位、多层次、宽领域开放新格局。着力打造秦唐沧沿海开放品牌，发挥各类开发区的示范引领、辐射带动作用，使其成为招商引资的平台和对外开放的窗口。"充分体现了省委省政府对开放工作的高度重视和进一步扩大开放的坚定决心。京津冀区域经济一体化、首都经济圈纳入国家"十二五"规划，沿海地区发展规划上升为国家战略，冀中南被列为国家层面的重点开发区域等新的发展战略，为全省进一步扩大对外开放提供了战略机遇，意味着河北的经济发展将由一个内陆型的经济结构逐步转向开放型的经济结构，立足河北，面向世界，摆脱资源依赖，走开放型的路子。

2. 对外经济发展方面：一是 2011 年全省合同外资增长率高于同期外商直接投资的增长率，外资储备项目比较充裕。1－11 月份，全省 11 个设区市中，有 7 个市的新批合同外资增长率在 50％以上。二是 2012 年部分企业境外上市融资可望实现。三是 2011 年全省新批（升级）省级以上经济技术开发区 62 个，数量超过历年省级以上经济技术开发区的总和，为推进全省对外开放搭建了平台，其效果将会逐步显现。

（二）不利因素

1. 利用外资和对外贸易发展的外部环境恶化，外需市场和信心的建立需要时间。欧洲债务危机加重，世界经济复苏步伐放缓，使对外经济发展所面临的国际环境发生了根本转变，而这种外部环境的改变是整体性的，2012年全省对外经济还将面临严峻考验。同时，国内劳动力、原材料等生产要素成本上涨，企业经营压力上升等等，都将直接或间接增加2012年全省对外经贸增长的难度。

2. 国家宏观调控对全省对外开放发展的影响。我国对外开放进入全面转型期，将带来更多的机遇，也面临更严峻的挑战。涉及到招商引资方面，对土地实行严格管理，对钢铁、水泥等产业引资项目严格控制，传统行业引资将受到影响，传统的引资优势相对弱化。

四、2012年工作建议

近年来，全省开放型经济发展的外部环境发生了巨大变化，国际金融危机的爆发，国内宏观政策的调整，凸显出粗放型、数量规模型发展模式对开放型经济提升水平带来较大制约，转变开放型经济发展方式成为重要和紧迫的任务。

（一）抓好已签约项目的跟踪监测，提高履约率

合同外资是到位外资的前瞻性指标，是到位外资的基础。2009年10月份以来，全省新签合同外资已近80亿美元。因此，要以新批外资项目为依据，科学地、有重点地跟踪监测。一方面，抓好中方配套资金等一系列后续工作；另一方面，督促各地对签约项目进行跟踪检查，对重点项目进行统一协调，进一步抓好签约项目的落实。

（二）努力保持全省新批合同外资增长势头

为保持新批合同外资增长的良好势头，一方面，以强化引进技术的吸收和创新提高为重点，继续引导外商向农业、服务贸易等领域的投资。另一方面，深度推进现代服务业发展，加快服务业对外开放步伐。同时，加快建设一批示范城市、示范园区和示范企业。深度推进招商引资和项目引进，完善产业招商、专业招商和常态化

招商的投资促进机制。

（三）充分发挥开发区利用外资的载体作用

开发区是全省对外开放的重点，利用外资规模扩大、质量提高，要靠开发区的带动。在加入世贸后政策差异逐步缩小，平等竞争成为主流的新形势下，全省开发区面临着“二次创业”的机遇与挑战。开发区应充分发挥其对外开放的带动作用，发展龙头产业，促进整体技术水平的提高，实现开发区“二次创业”的辉煌，开创开发区招商引资的新局面。

（四）扩大高附加值产品出口，优化出口商品结构

加快出口商品结构的优化调整，在巩固传统优势产品出口的同时，对机电与高新技术产品出口比重偏低给予高度关注。通过从国外引进高新技术设备，进行消化、吸收、再创新后改造传统产业，发展高新技术产业，用高新技术产品带动机电产品出口。

（五）加速推进出口市场多元化战略实施

在欧、美、日等发达经济体债务问题严重、消费信心下滑，贸易保护主义蔓延的情况下，全省出口贸易面临严峻挑战。应建立全开放、多方位、有重点的多元化出口市场格局，在巩固传统市场的基础上，积极开拓东盟、俄罗斯、拉美、大洋洲等新兴市场。针对不同市场，制定切实可行的出口营销多元化策略，重点是商品多元化，如向欧、美、日等发达国家出口产品应以中高档为主，向东盟、拉丁美洲等国家出口产品以中档为主。始终坚持以质取胜的理念，树立中国产品质优价廉的良好形象，获取长远利益。

（六）促进多样化出口产品结构的形成

各地要以促进传统出口产品的竞争能力为核心，加快传统产业的改造，提高加工深度，延长产业链，占据更高的生产环节，提高

产品附加值，沿着劳动密集型——技术密集型——知识密集型的途径提升自己的产业结构，推动工业经济增长方式的转变。在相对不发达地区可以充分利用劳动力资源的比较优势，发展劳动密集型产品，同时发展劳动对资本替代弹性较大的产业的产品，比如小型机电产品、运输工具等。而在相对发达的沿海地区，资本、知识要素比较充裕，可以通过技术创新，培育新的资本技术密集型产品，从高新技术产业中资本技术密集型的制造环节逐步向设计、开发环节过渡。

（七）不断提升进口产品和加工贸易的技术含量

要进一步扩大生产型资源产品的进口，加大引进国外先进技术和设备的力度，充分利用进口资源的有效供给，促进产业结构升级和经济的发展。通过进口的“推力”和出口的“拉力”，发挥外贸对产业结构升级的促进作用，构建以出养进、以进带出的进出口良性互动机制，为未来高新技术产品提供要素和技术支持，促进出口产品质量的提高。加工贸易可以有效利用外国资金、技术、设备和销售渠道，提高本国产品在国际市场上的占有率，而且加工贸易通过中间投入品的本地化，能够带动上游工业品的生产和出口，因此通过发展高新加工贸易来提高加工贸易的技术含量，增加加工深度，扩大中间投入品的本地化比例，可以较快地促进全省产业结构升级。

（八）加速技术贸易，促进产业结构优化

促进出口产品部门的生产结构高级化，带动以信息产业为代表的高新技术产业发展，增加其在工业经济中的比重，进一步促进省内工业结构调整，用信息化推动工业化。争取在高新技术产业中拥有自己的一席之地，特别是以数字技术和网络技术为基础的通信产业、软件产业等，尽快使其成为现代工业的主导产业，在引进基础上重视创新，掌握核心技术，开发具有自主知识产权的高新技术产

品，并加快新技术、新能源、新材料等向传统产业渗透的步伐，提高传统出口产品的加工程度、技术含量、产品质量和档次，带动相关产业的共同发展。技术出口在中国出口贸易中的比重愈大，对国内生产部门的带动作用就愈大，从而促进增长方式转换的力度也就愈强。在市场自发力量难以引导企业进行技术创新、投资高新技术产业时，政府应当适时出台相关鼓励高新技术产业发展的政策措施，以引导资源沿着有利于结构升级的方向配置到各产业中去。加快高新技术产业领域的对外开放，吸引国外的资金、技术和管理经验，加快高新技术产业的发展。

（撰稿：河北省统计局贸易外经处　何红　朱丽静）

2011 年河北节能降耗形势与 2012 年展望

2011 年，全省各地各部门认真贯彻落实省政府节能减排“八项措施”和全省节能减排工作电视电话会议精神，坚持把节能减排作为调结构、转方式、推动科学发展的重要抓手，自我加压，突出重点，强力推进，全年节能降耗目标任务能够完成，实现了“十二五”良好开局。

一、2011 年节能降耗特点

（一）节能降耗取得新成效

1. 全省单位 GDP 能耗持续下降。2011 年是“十二五”开局之年，省政府依据国家下达河北“十二五”节能降耗任务，年初制定了《河北省“十二五”节能减排综合性实施方案》，明确了节能减排的工作重点和政策措施，是全省节能减排工作的路线图和行动指南。针对上半年高耗能行业能耗回升明显，省政府及时出台了节能减排“八项措施”，召开了全省节能减排工作电视电话会议。各级各部门按照省政府部署，坚持思想不动摇、工作不松懈、力度不减弱、步伐不放缓，把节能减排工作不断推向深入。前三季度，全省全社会能耗 21981.21 万吨标准煤，同比增长 7.5%，增速与上半年基本持平。单位 GDP 能耗同比下降 3.39%，保持了一季度以来的持续下降态势，降幅分别比一季度和上半年扩大 0.53 和 0.13 个百分点。前三季度，全省单位 GDP 能耗下降 3.39%，预计全年单位 GDP 能耗能够完成下降 3.66%的节能目标。

2. 多数设区市单位 GDP 能耗下降。从设区市情况看，前三季度除秦皇岛市单位 GDP 能耗同比持平外，其余 10 个设区市单位 GDP 能耗均同比下降，其中石家庄、邯郸、邢台、廊坊降幅超过全省水平，分别下降 4.1％、3.95％、3.91％、3.45％。与上半年相比，6 个设区市单位 GDP 能耗降幅扩大，其中衡水市由上半年的上升 0.40％转为下降 3.10％，降幅扩大 3.5 个百分点，秦皇岛市由上升 0.84％转为持平，承德、邢台、唐山、廊坊降幅分别扩大 0.50、0.31、0.28 和 0.10 个百分点。

3. "双三十"县（市、区）节能示范作用增强。"十二五"期间，省委、省政府继续深入实施"双三十"节能减排示范工程，并在巩固深化已有"双三十"的基础上，重新筛选能耗高、排放总量大、示范作用强的 30 个县（市、区）和 30 家企业，新老"双三十"已增至 60 个县（市、区）和 60 家企业，引领带动作用进一步增强。前三季度，新老"双三十"县（市、区）能耗总量 1.24 亿吨标准煤，占全省能耗总量的 56.3％。60 个县（市、区）中有 54 个县（市、区）的单位 GDP 能耗比上年同期下降，下降的数量比上半年增加了 6 个；39 个县（市、区）完成情况好于上半年，占 65％。与全省平均水平比较，37 个县（市、区）单位 GDP 能耗下降幅度超过全省下降 3.39％的平均水平，比上半年增加 7 个。从新"双三十"县（市、区）情况看，前三季度能耗总量 0.41 亿吨标准煤，占全省能耗总量的 18.4％；26 个县（市、区）的单位 GDP 能耗同比下降，4 个上升；21 个县（市、区）完成情况好于上半年，占 70％；22 个县（市、区）的单位 GDP 能耗下降幅度超过全省下降 3.39％的平均水平，比上半年增加 5 个。

（二）工业领域节能降耗稳步推进

1. 规模以上工业增加值能耗持续下降。2011 年，工业领域积极开展节能、节水、清洁生产及资源综合利用技术改造，坚定有序淘汰落后产能，加强节能重点项目建设，尤其是第四季度，部分地区适时启动对高耗能行业的限电限产预案，成效明显。1－11 月，全省规模以上工业能耗 18207.58 万吨标准煤，同比增长 8.9％；单位工业增加值能耗同比下降 6.26％，降幅比前 10 月扩大 0.8 个百分点，是年初以来月度最大降幅。工业节能稳步推进，为完成全年单位 GDP 能耗下降 3.66％的目标任务提供了有力支撑和保障。

2. 高耗能行业增加值能耗降幅扩大。1—11 月，全省六大高耗能行业能耗 16519.8 万吨标准煤，同比增长 8.9％，增速比前 10 个月回落 1 个百分点；单位工业增加值能耗同比下降 3.15％，降幅比前 10 个月扩大了 0.9 个百分点。在 6 个行业中，除煤炭开采和洗选业外其他 5 个行业增加值能耗均同比下降，且趋势好于上个月。其中化学原料及化学制品制造业，非金属矿物制品业，电力、热力的生产和供应业增加值能耗分别下降 13.39％、2.51％和 5.09％，降幅分别比前 10 个月扩大了 0.3、0.4 和 0.9 个百分点；石油加工炼焦及核燃料加工业、黑色金属冶炼及压延加工业由升转降，分别下降了 0.43％和 0.99％。高耗能行业增加值能耗降幅扩大，多数行业趋势好于上个月，尤其是钢铁行业扭转了 2011 年以来增加值能耗持续上升的局面，成为拉动全省工业增加值能耗降幅扩大的主要动力。

表 1　1—11 月全省六大高耗能行业能耗情况

	能　耗（万吨标准煤）	能耗增速（％）	单位工业增加值能耗上升或下降（±％）
全省规模以上工业	**18207.6**	**8.9**	**−6.26**
＃六大高耗能行业	16519.8	8.9	－3.15
煤炭开采和洗选业	842.7	7.6	1.26
石油加工炼焦及核燃料加工业	712.0	12.6	－0.43
化学原料及化学制品制造业	965.5	3.7	－13.39
非金属矿物制品业	1155.8	19.9	－2.51
黑色金属冶炼及压延加工业	9136.8	9.3	－0.99
电力、热力的生产和供应业	3707.0	5.7	－5.09

3. 坚定有序淘汰落后产能。2011 年，省政府将全省炼铁、炼

钢、焦炭、铁合金、锌冶炼、水泥、玻璃、造纸、酒精、制革等 10 个工业行业淘汰落后产能计划分解到各设区市和重点企业，在市场准入、要素限制、资产处置、人员安置等方面制定了严格的政策措施，大力淘汰落后产能，较好地完成了各项任务。截至 2011 年 11 月底，全省共完成炼铁 936 万吨（完成年度任务 109%）、炼钢 1608 万吨（完成 104%）、焦炭 293 万吨（完成 101%）、水泥 2696.8 万吨（完成 108%）、平板玻璃 1197 万重量箱（完成 109%）、造纸 112.5 万吨（完成 102%）、制革 58.2 万标张（完成 100.3%）、锌冶炼 2.3 万吨，铁合金 1 万吨、酒精 3 万吨。

4. 单位产品综合能耗下降。2011 年，全省重点耗能工业企业继续加强节能管理和技术改造，积极开展对标活动，工业生产能源利用效率提高。前三季度，据全省 398 家重点耗能工业企业统计，主要耗能产品单耗明显下降，61 项单耗指标中有 41 项指标呈下降趋势。其中：吨钢综合能耗下降 1.4%，吨钢耗新水下降 6.7%，每吨水泥熟料综合能耗下降 1%，每重量箱平板玻璃综合能耗下降 6.5%，电厂火力发电标准煤耗下降 0.7%，原油加工单位综合能耗下降 15.9%。

（三）结构调整节能取得积极进展

1—11 月，全省装备制造业增加值增长 25.2%，比规模以上工业快 9 个百分点，占规模以上工业的比重同比提高 1 个百分点。六大高耗能行业增加值仅增长 12.4%，低于规模以上工业增速 3.8 个百分点，占规模以上工业的比重同比回落 2 个百分点。前三季度，高新技术产业增加值增长 20.1%，高于规模以上工业增速 4.2 个百分点，占规模以上工业的比重同比提高 0.8 个百分点。装备制造业和高新技术行业快速增长，工业行业结构明显优化，直接带动能源消耗的下降，1—11 月，六大高耗能行业能耗增长 8.9%，低于规模以上工业增速 0.1 个百分点，占规模以上工业的比重同比下降 0.1 个百分点，结构节能取得积极进展。

（四）单位 GDP 电耗持续下降

2011 年尤其是下半年以来，全省各级各部门继续坚持用电量月会商制度，科学制定用电量预警调控方案并适时启动，加强对用电大户的监测和调控，全社会用电量保持了合理增长。1—11 月，全省全社会用电量 2717.2 亿千瓦时，同比增长 11.1%，增速比 1—10月回落 0.1 个百分点。

前三季度，全省单位 GDP 电耗 1355.56 千瓦时/万元，同比下降 0.72%，降幅比上半年缩小 0.67 个百分点。2011 年各季度单位 GDP 电耗均保持下降，对单位 GDP 能耗的下降起到了支撑作用。

二、存在的主要问题

虽然节能工作取得成效，但存在的问题和面临的挑战依然较多，部分高耗能行业能耗增长仍然较快，地区间节能进展不平衡，完成全年节能降耗目标任务依然不能放松。

（一）未达进度任务加重

前三季度，按国家下达全省“十二五”期间下降 17%、年均下降 3.66%的目标，仍有 0.27 个百分点的差距，未达到时间进度，下一步工作任务加重。第四季度全省单位 GDP 能耗需下降 4.47%左右，才能完成全年目标。从设区市完成进度看，与各市年度节能目标比较，11 个设区市中仅石家庄、邯郸 2 个市达到了时间进度。从“双三十”县（市、区）情况看，前三季度仅有 24 个县（市、区）节能完成情况达到了时间进度，比重不到一半，多数县区节能降耗形势依然严峻，完成全年目标时间紧、难度大，需付出更多努力。

（二）部分行业能耗偏高

受新投产企业能耗增量较大、高耗能企业产能释放等影响，建材、石化、钢铁等行业能耗增长较快。1—11月，石油加工炼焦及核燃料加工业、非金属矿物制品业、黑色金属冶炼及压延加工业三个行业的能耗分别增长12.6%、19.9%和9.4%，增速比全省平均水平高3.6、10.9和0.4个百分点；建材、石化、钢铁行业增加值能耗呈小幅下降，降幅分别比全省平均水平低5.8、3.7、5.3个百分点。

三、2012年节能形势展望

展望2012年，全省节能降耗工作任务依然艰巨，形势仍很严峻。既有不少有利条件，也存在许多困难和风险。

（一）有利因素

从国际看，随着国际社会对我国碳排放关注度不断提高，以节约能源、减排温室气体为主题的国际合作与交流明显增多，有利于河北省获得更多的资金和技术支持。

从国内看，中央明确把经济结构战略性调整作为加快转变经济发展方式的主攻方向，把建设资源节约型、环境友好型社会作为加快转变经济发展方式的重要着力点，有利于促进节能降耗向广度扩展、向深度推进。在省第八次党代会精神指引下，2012年全省上下调结构、转方式的力度将持续加大，这种结构优化的势头有望保持并加强。

从全省看，通过前几年的节能攻坚，全社会节能意识明显增强，实际工作中探索了一套符合河北实际、行之有效的工作思路和方法，政策措施日趋完善。实行能源消费总量控制。将能源消费总量作为指导性指标分解下达到各设区市，实行强度约束和总量控制，将助推节能减排目标的实现。钢铁、建材等“两高”产品需求不旺，生产增速放缓，客观上为2012年推进节能降耗奠定了良好基础。

（二）不利因素

一是节能空间缩小，进一步降耗难度加大。“十一五”时期，全省全力开展淘汰落后产能和关停限产等工作，各地落后产能已基本淘汰，各项节能措施已经到位，生产管理等方面的潜力已基本挖掘，继续降耗的空间逐步收窄。据了解，2012 年全省淘汰落后产能任务将大幅降低。全省淘汰落后产能仅有炼铁 116 万吨、焦化 60 万吨、水泥 300 万吨（主要是磨机），远低于 2011 年的目标任务。预计淘汰落后产能形成的节能能力将比 2011 年明显下降。

二是经济增长对能源消费的依赖程度较高。长期以来，由于资源型产业始终是河北工业利润和财政收入的主要来源，经济增长对能源、资源的依赖程度较高，偏重的产业结构难以在短时间内得到根本转变和优化。各地大力推进的新上项目中，仍有一部分属于“两高”行业，节能降耗面临消纳增量和优化存量的双重压力。据了解，2012 年计划投运的火电装机为 333 万千瓦，加上 2011 年底投运的 4 台 30 万千瓦机组，合计为 453 万千瓦，年能耗总量达 820 万吨标准煤。同时，被查禁的、具备投运条件的钢铁产能约 1200 万吨，全部投运后年能耗量将达 720 万吨标准煤，随时可能给全省节能减排工作带来严重冲击。

三是居民生活用能刚性增长。随着经济社会的发展和人民生活水平的不断提高，以空调为代表的家电普及率越来越高，家庭轿车拥有量不断增加，居民生活用能总量和人均用能水平呈刚性增长态势。2010 年，全省居民生活用能占全省能源消费总量的 8.4%，比上年增长 6.3%。居民生活用能需求较快增长，增加了对全省节能降耗工作的难度。

四、对策建议

2012 年是全面落实中央经济工作会和省委第八次党代会精神的第一年，是实施“十二五”规划的关键之年，做好节能降耗工作，意义重大。全省节能降耗工作应深入贯彻省八次党代会精神，以科学发展为主题，以加快转变发展方式为主线，以实现节能降耗目标为核心，更加注重结构与工程节能，更加注重管理与技术创新，更加注重能耗总量控制与标准限额约束，突出工作重点，狠抓关键环节，加快节能降耗制度化、长效化建设，加快资源节约型、环境友好型社会建设。

（一）主攻结构调整

省第八次党代会报告提出了深入实施“一产抓特色、二产抓提升、三产抓拓展”的经济发展战略，河北二产面临着产业升级的现实课题，尤其在资源环境约束加大、国家产业政策调控力度加强的背景下，需要通过转型升级谋求发展。“二产抓提升”关键是要抓好产业结构、产品结构和产能结构的提升。

一是大力发展战略性新兴产业。全力推进以先进装备制造、生物医药、新材料、新能源、新一代电子信息为代表的新兴产业，培育壮大低耗能、低排放产业。通过高新技术改造实现二产内产业结构的优化与提升。

二是针对不同行业抓好产能结构的优化与置换。从能耗的角度看，产能较大的“大企业”、“大装置”技术水平高、装备先进，可以有效地减轻环境压力，节约能源，保护环境，发展循环经济，这些是“小产能”无法做到的。因此，对于能耗高、环境压力大的电力、建材、钢铁、化工、煤炭等高耗能行业，要通过“上大压小”使结构布局得以置换。对于没有能耗和生态压力的劳动密集型行业，应鼓励小企业集群式发展，通过围绕着大型企业产业链搞好产品配套，不断完善产业链条。

三是严把项目准入关口。所有新上工业项目必须采用国内最先进技术和环保工艺，必须按照循环经济和清洁生产理念考虑产业链的延伸，必须达到同行业能耗和排污先进水平，必须将能耗和排污总量控制在核定范围内。坚定有序淘汰落后产能。加大对淘汰落后产能企业的支持力度，运用市场机制和手段，引导企业早淘汰、快淘汰、多淘汰。

（二）突出重点领域

一是突出抓好“双三十”示范工程。按照工作标准不降、考核奖惩力度不减的要求，对新老“双三十”单位统一部署、统一调度、统一考核，督促各单位加大工作力度，落实既定措施，确保完成或超额完成年度目标任务，示范带动全省节能减排工作。

二是着力抓好工业节能。继续以钢铁、电力、建材、石油、化工、煤炭等高耗能工业行业为重点，坚决遏制耗能高、污染重产业过快增长，严控能耗反弹势头。按照国家“十二五”规划纲要提出的“万家企业节能低碳行动”要求，突出抓好河北省“双千”企业节能减排。采取内部对标、竞争性对标和同行业对标等方式，开展“能效领跑企业”创建活动，深入挖掘企业节能降耗潜力。

三是推进建筑、交通和公共机构等领域节能。重点抓好既有居住建筑供热计量及节能改造。推进节能型综合交通运输体系建设，构建节能、高效运输网络。加快公共机构空调、照明、电梯等设施节能改造。

同时，加强节能宣传和引导，组织全民行动。抓好家庭社区、青少年、企业、学校、军营、农村、政府机构、科技、科普和媒体等十个节能减排专项行动，开展全国节能宣传周、世界环境日等活动，培育文明、节约、绿色、低碳的生产方式、消费模式和生活习惯。

（三）强化目标考核

一是及时分解节能目标。及时分解下达各设区市节能考核目标及相关监测指标，并层层落实到各基层和各企业，做到工作全覆盖、指标全量化、责任全落实，为基层和企业早下达、早部署、早控制创造条件，避免出现前松后紧，年终搞突击。

二是实行节能指标“三重控制”。实行单位GDP能耗降低率、能耗累计降低率和能耗增量“三重控制”，新上项目能耗必须控制在增量指标之内，任务完成进度必须与时间进度同步。坚持用能（电）月会商、季通报制度，建立科学化、常态化的节能预测预警机制。

三是严格考核问责。健全节能减排统计、监测和考核体系，开展节能减排目标专项考核；制定“十二五”节能减排目标考核问责实施办法，加大问责惩罚力度。

（撰稿：河北省统计局能源处　郭胜平）

2011 年河北就业形势与 2012 年展望

2011 年，全省紧紧围绕科学发展主题和加快转变经济发展方式主线，着力“稳增长、调结构、控物价、惠民生”，整体经济保持平稳较快发展，为扩大就业提供了空间。省委、省政府高度重视就业工作，大力实施更加积极的就业政策，突出抓好重点群体就业，健全就业援助长效机制，努力缓解就业结构性矛盾，全省就业形势保持总体平稳。展望 2012 年，就业总量矛盾和结构矛盾依然并存，面临压力依然较大，在全省国民经济继续保持平稳较快增长和积极就业政策的双重作用下，就业形势仍将保持基本稳定。

一、2011 年就业形势总体保持平稳态势

（一）经济平稳较快发展带动城镇就业不断增长

2011 年前三季度，全省实现生产总值比上年同期增长 11.3%，经济平稳较快增长为进一步扩大就业创造了有利条件。一、二、三季度末，全省城镇就业总量分别为 1031.3 万人、1060.7 万人和 1079.4 万人，分别比上年同期增加 41.9 万人、46.1 万人和 41.4 万人，分别增长 4.2%、4.5%和 4.0%。在就业人员增加总数中，私营个体就业人员增加最多。三季度末，私营个体、城镇单位和各种灵活就业人员分别为 381.8 万人、531.4 万人、166.2 万人，分别比上年同期增加 19.2 万人、15.2 万人和 7.0 万人，分别占就业人员增加总数的 46.4%、36.7%和 16.9%。

（二）城镇就业再就业目标任务提前超额完成

截至 11 月底，全省城镇新增就业 70.5 万人，下岗失业人员再就业 24.6 万人，就业困难对象再就业 9.7 万人，分别完成全年目

标任务的104％、112％和121％，均已提前超额完成全年目标任务。一、二、三季度末，全省城镇登记失业率分别为3.82％、3.82％和3.79％，分别比上年同期回落0.09、0.07和0.09个百分点，一直低于4.6％的调控目标。

（三）实施更加积极就业政策扩大就业

实施更加积极的就业政策，大力发展劳务经济，深入推进以创业带动就业，突出抓好重点群体就业，推动建设覆盖城乡的公共就业服务体系，健全就业援助长效制度，努力缓解就业结构性矛盾，全方位促进就业增长。

1. 落实政策，全面促进就业。2011年，全省继续推进“政策落实年”活动，进一步加大了就业扶持政策的落实力度。在促进高校毕业生就业、扶持创业、强化职业技能培训、提高公共就业服务能力等方面，实施了更加有力度的扶持政策，使各类扶持对象得到了更大实惠。

2. 突出重点，统筹困难群体就业。一是高校毕业生就业保持稳定。认真落实促进高校毕业生就业的各项扶持政策，开展“民营企业招聘周”、“高校毕业生就业服务月”等专项服务活动。目前，全省应届高校毕业生就业率已达85.5％，提前实现了国家提出的年底前高校毕业生就业率达到85％的目标要求。二是加大对就业困难人员的援助力度。建立健全就业援助制度和工作保障机制，在全省范围内开展了以“送政策、送岗位、送服务、送温暖”为主题的2011年就业援助月活动。到11月底，全省共消除零就业家庭718户，保持了零就业家庭动态为零。同时，进一步做好复转军人就业工作，统筹做好妇女就业工作，加强残疾人就业工作。

3. 强化制度，服务就业。一是在全省实施新的《就业失业登记证》制度，为落实就业扶持政策和劳动者求职就业提供更加及时有效的信息服务。二是针对重点群体组织实施公共就业人才服务专项活动，组织开展“就业援助月”、“春风行动”、“民营企业招聘周”等公共就业服务专项活动，重点帮助就业困难人员、转移就业的农村劳动者、高校毕业生等群体就业。

二、劳动力供给总量矛盾与结构矛盾并存

在千方百计采取措施，劳动就业取得显著成效的同时，全省劳动就业面临形势仍然严峻。一方面庞大的劳动力资源总量，使河北在相当长的时期面临劳动力供给总量大于需求量；另一方面就业的结构性矛盾进一步加剧，特别是高校毕业生就业人数最近几年持续增加，就业形势依然面临巨大的压力与挑战。

（一）劳动力资源总量仍处于历史最高峰，供给总量矛盾依然巨大

河北省是人口大省，劳动力资源丰富。2011 年底，全省总人口达到 7240 万人左右，劳动力资源总量（16 岁及以上人口）为 5916 万人，达到历史最高峰；同时，劳动力适龄人口（男 16—59 岁，女 16—54 岁）为 4719 万人，也处于历史高峰时期，劳动力供大于求的总量矛盾依然巨大。

（二）就业结构性矛盾更加突出

高校毕业生人数继续增加。2011 年，全省普通高校毕业生 35 万人，比 2010 年增加 2.5 万人，其中未就业毕业人数为 5.1 万人。另外中专、职高、技校生 40 多万人，以及“两后生（初、高中毕业后未升学的）”约 20 万人集中进入人力资源市场，就业压力进一步加大。

城镇登记失业人数比上年有所增加。据人力资源和社会保障部门资料显示，9 月底，城镇登记失业人员达到 35.9 万人，比上年同期增加 0.8 万人，其中女性失业人员为 16.9 万人，比上年同期增加 1.1 万人。

失业人口主要集中在中青年，据石家庄大城市月度劳动力调查

资料显示，1—10 月份失业人口（16 岁及以上）按年龄分组，20—24 周岁劳动者所占比重最大，为 26%，其次是 25—29 周岁和 45—49 周岁，分别为 14%和 12%，三个年龄组人数之和占全部失业人员的 52%。

总体看，就业结构性矛盾主要是劳动力供求的职业技能素质不匹配、地区分布不均衡、季节性劳动差异大、大中专毕业生较高的就业期望与就业市场的就业需求脱节、服务业遭遇的用工荒折射出的供求错位等问题突出。

三、2012 年的就业形势展望

展望 2012 年，宏观经济运行继续保持平稳较快发展态势和各项积极就业政策强有力的推动落实，就业矛盾继续缓解，全年就业形势仍将保持基本稳定。

（一）有利因素

1. 经济平稳较快增长继续对就业起到拉动作用。经济发展是创造就业岗位的根本所在，保证一定的经济增长速度是有效促进就业的必要前提。按 2006—2010 年的就业弹性系数计算，GDP 每增长 1 个百分点，能带动就业净增 5.1 万人，2012 年全省国民经济按 9.0%的增长计划目标测算，至少带动全省就业人员净增 45.9 万人。

2. 贯彻落实积极就业政策继续对就业起到推动作用。进一步贯彻落实各项积极就业政策，为就业形势的基本稳定提供必要的政策保障。省委、省政府出台的《河北省人民政府关于进一步推进就业再就业工作的意见》、《河北省实施〈中华人民共和国就业促进法〉办法》、《省政府关于进一步促进农村劳动力转移就业工作的意见》等一系列促进就业再就业的政策措施，进一步强化了各级政府促进就业的法律责任和各项政策措施的贯彻落实，将进一步稳定和扩大就业，保持全省宏观就业形势的基本稳定。

3. 就业总量及结构性矛盾将略有缓解。随着经济社会的发展与人口结构、就业参与率等方面的影响，劳动力供大于求的压力虽然巨大，但据2010年第六次人口普查资料测算，2012年比2011年将略有减缓。一是新成长劳动力比上年减少，二是劳动适龄人口比上年减少，三是劳动力资源总量净增比上年少增，四是高校毕业生人数略有减少。

4. 全省劳动力素质明显上升。河北省第六次全国人口普查数据显示，在全省常住人口中，具有大学（指大专以上）程度的人口为524.3万人；具有高中（含中专）程度的人口为913.2万人。2010年与2000年相比，在每10万人中，具有大学程度的由2698人上升为7296人，具有高中程度的由10743人上升为12709人。文盲人口（15岁及以上不识字的人）为187.7万人，比2000年减少254.8万人，文盲率由6.64%下降为2.61%，下降4.03个百分点。人口素质的提高为河北从人口大省向人力资源强省转变打下了良好的基础，为全面建设小康社会、加快推进现代化进程提供了宝贵的人力资源。

（二）不利因素

1. 劳动力资源老化趋势明显。2010年，劳动力资源总量中，60岁及以上人口为937.7万人，占常住人口的比重为13.1%，较2000年上升2.8个百分点，而且其中不健康和生活不能自理的人数为169.6万人，占全部老年人口的18.1%，影响了劳动力资源参与率。

2. 城镇化进程加快所带来的转移压力进一步加大。2006—2011年，全省城镇化率年均提高1.3个百分点。全省城镇化进程不断加快，农村富余劳动力向城镇转移压力进一步加大。

在全省长期面临劳动力供求总量和结构性矛盾并存的压力下，复杂多变的国内外形势，使得影响就业的不确定性较多，就业任务依然任重道远。

四、对策建议

（一）完善和落实更加积极的就业政策

针对政策落实中的薄弱环节，加强调查研究，结合实际，大胆创新，充实细化政策项目，完善操作办法，畅通政策落实渠道，尽最大努力为劳动者和用人单位享受政策提供便利。加强政策宣传，帮助用人单位和劳动者用好、用足各项扶持政策。要继续开展就业政策落实年活动，加大政策推进落实力度，及时交流推广先进经验做法，开展就业政策落实情况专项督查。

（二）统筹做好各类群体就业工作

一是把高校毕业生就业工作摆在就业工作首位。强力推进各项促进高校毕业生就业政策措施的有效落实，进一步畅通高校毕业生到城乡基层、中小企业就业渠道，鼓励引导更多高校毕业生自主创业。二是坚持城乡统筹，做好农村劳动力转移就业工作。坚持市场需求和政策引导相结合，创新培训内容和方式，力争使有需求的农村劳动力都有机会接受技能培训。提高组织化输出程度，培育劳务品牌，提升输出质量。结合当地特色经济，引导农村劳动力在当地自主就业创业和返乡创业。三是认真做好就业援助工作。要进一步完善健全对困难群体的就业援助制度，搞好就业困难人员的认定，通过实行制度化、长效化、精细化管理和动态解决机制，不断提升创建充分就业社区活动水平。

（三）下大力推进创业带动就业工作

一是坚持统筹兼顾，全面做好高校毕业生、返乡农民工、就业困难人员、归国留学人员、复员转业军人等各类群体的创业工作。二是以开展创业帮扶工程为主线，创新发展创业服务，总结推广比较成熟有效的创业服务工作模式。三是整合发挥部门优势、政策优势、资源优势，不断完善创业环境，探索建立创业带动就业的长效机制。

（撰稿：河北省统计局人口就业处　申伟洁）

2011 年河北民营经济形势与 2012 年展望

2011 年，全省各地各部门认真落实省委、省政府围绕决策部署，“稳增长、调结构、控物价、惠民生”主攻方向和着力点，深入贯彻《关于进一步加快民营经济发展的意见》文件精神，积极创造助推民营经济大发展快发展的良好环境，大力推动全民创业、推进产业结构升级、加快转变发展方式，全省民营经济平稳较快增长，民营经济活力进一步增强，实现了“十二五”良好开局。

一、2011 年民营经济运行特点

（一）民营经济平稳较快增长，增速高于总体经济

伴随着全省经济平稳较快发展，占六成之多的民营经济也保持了平稳较快增长，并且高于全省经济。上半年，全省民营经济增加值同比增长 12.0%，增速比同期全省生产总值快 0.9 个百分点。前三季度，民营经济实现增加值 10938.3 亿元，增长 12.7%，增速比上半年加快 0.7 个百分点，比同期全省生产总值快 1.4 个百分点；占全省生产总值的比重为 61.4%，同比提高 0.7 个百分点，民营经济已成为全省经济的主要支撑力量。其中，第一产业增加值为 217.2 亿元，增长 0.7%；第二产业增加值为 7008.9 亿元，增长 13.8%；第三产业增加值为 3712.1 亿元，增长 11.2%。

（二）民营经济活力进一步增强，贡献日益增大

在省委、省政府“宽市场准入、降低经营条件、加大财税扶持、强化金融支持”等一系列政策措施的扶持下，民营经济活力进一步增强，在税收、出口、就业等方面的贡献日益增大。

税金快速增长。前三季度，全省民营经济实缴税金 1536.1 亿

元，同比增长 28.7%，占全省全部财政收入的比重为 64.7%。其中，私营个体经济 456.8 亿元，增长 33.6%；三资企业 195.6 亿元，增长 22.0%；集体经济企业 40.5 亿元，增长 19.5%；股份有限公司、联营企业等混合所有制经济企业 843.3 亿元，增长 16.9%。

出口增长势头强劲。前三季度，民营经济出口总额 175.2 亿美元，增长 27.9%，增速比全省出口总额快 0.9 个百分点；占全省出口总额的比重为 83.4%，同比提高 0.6 个百分点。其中，私营个体经济出口 95.8 亿美元，增长 45.4%；三资企业出口 75.7 亿美元，增长 11.8%；集体经济企业出口 3.7 亿美元，增长 9.9%。

从业人员增加。三季度末，民营经济吸纳从业人员 1823.4 万人，同比增长 7.8%，占全社会二三产业从业人员的比重达 70%以上，民营经济已成为创造就业岗位、吸纳劳动力就业的主要渠道，为缓解就业压力发挥着积极作用。其中，民营企业法人单位从业人员 829.3 万人，增长 11.6%，占全部民营经济的 45.5%；个体经济 994.0 万人，增长 4.9%，占全部民营经济的 54.5%。

（三）民营企业质量效益提高，发展后劲增强

2011 年，各地各部门积极营造助推民营经济、中小企业大发展快发展的良好环境，民营企业进一步发展。

民营企业质量效益提高，支撑拉动作用增强。前三季度，全省民营经济实现营业收入 53208.4 亿元，同比增长 25.8%；创造利润 4900.7 亿元，增长 21.1%。其中，民营企业法人单位实现营业收入 36133.9 亿元，增长 28.6%，占全部民营经济的比重为 67.9%，同比提高 1.4 个百分点；民营企业创造利润 2717.5 亿元，增长 26.0%，占全部民营经济的比重为 55.5%，同比提高 2.2 个百分点。

民营企业规模扩大，发展后劲增强。民营企业平均营业收入 1823 万元/个，同比增长 22.7%；平均创造利润 137 万元/个，同

比增长20.1％。

（四）民营工业企业增长强劲，带动作用明显

分行业看，民营企业法人单位主要分布在工业、服务业，三季度末，民营工业企业11.8万家，民营服务业企业7.5万家，分别占全部民营企业的59.5％和37.9％；前三季度，民营工业企业实现营业收入25385.0亿元，同比增长31.4％，创造利润1833.9亿元，增长31.4％，分别占全部民营企业的70.3％、67.5％；民营服务业企业实现营业收入9267.0亿元，增长20.4％，创造利润813.5亿元，增长14.5％，分别占全部民营企业的25.6％和29.9％。

2011年，全省各级政府大力支持民营骨干企业加快产业结构调整，不断提高自主创新能力，提升产品质量和品牌知名度，民营大型龙头企业带动作用不断增强，具体表现为民营规模以上工业企业增长强劲，带动作用明显。前三季度民营规模以上工业企业实现营业收入20412.5亿元，同比增长34.0％，比全部民营经济快8.2个百分点，占全部民营经济的38.4％，同比提高2.4个百分点；创造利润1289.0亿元，增长37.2％，比全部民营经济快16.1个百分点，占全部民营经济的26.3％，同比提高3.1个百分点。

（五）个体经济发挥作用，助推民营经济发展

个体经济作为民营经济的重要组成部分，发挥了积极的推动作用。三季末，全省个体户261.1万个，同比增长4.4％；前三季度实现营业收入17074.5亿元，增长20.4％，占全部民营经济的比重为32.1％；创造利润2183.2亿元，增长15.5％，占全部民营经济的比重为44.5％。个体户平均营业收入65.4万元/个，增长15.3％；平均创造利润8.4万元/个，增长10.7％。

二、主要问题及制约因素

（一）资金短缺

民营经济以中小微企业为主，资金短缺是困扰中小微企业发展的难点问题。全省中小企业来自银行的贷款只占资金需求总量的20%，小微企业的比重更低。贷款难就银行来讲主要是：取得贷款资格难，国有商业银行和股份制商业银行设定的企业门槛标准高。多数银行规定，企业资产要达到 1000 万元且资产负债率低于60%，才可以申请启动贷款程序。获得审核批准难，国有商业银行审贷过程复杂，完成一笔贷款至少要半年时间。满足抵押保证条件难，合法手续的土地、房产等可以抵押，机器设备及流动资产一般不能抵押。近十几年发展的中小企业多数没有土地权证，没有合法有效的抵押资产。降低融资成本难，银行利率上浮比例大多在30%，有的高达 50%－80%。且申贷过程中的企业费用一般要占到贷款额的 4%，中小企业银行贷款包括利息在内的综合成本在13%左右。除此之外，与大企业配套的部分小微企业还存在回款不及时、应收账款增加、可用资金紧张的问题，加剧了企业资金短缺。

（二）用工不足

2011 年，受物价上涨、招工难等综合因素影响，全省中小企业员工工资水平不断上涨，劳动力成本普遍增加，企业用工不足现象没能得到有效改观。据调查，2011 年全省中小企业用工成本较2010 年底普遍有 400 元以上的提升，平均成本上涨 20%。一些附加值低、劳动密集型中小企业难以消化用工成本的上升，企业开工不足较为普遍，用工缺口约 15%－20%，工业生产型企业尤为突出。据省中小企业局对轻工纺织的小微企业实地调查显示，在平均工资上涨 20%－30%的情况下，缺工问题仍然严重，用工数量大都缺少 1/3 到一半以上。

“用工不足”现象反映了小微型企业结构性矛盾，主要原因是企业产品附加值低，劳动力成本占比相应偏高，市场竞争力下降，市场价格波动导致经营效益下滑，影响了企业生产发展，加剧了用工不足。

（三）用地受限

虽然省委、省政府下决心解决中小企业用地问题，也写入了“民营经济 18 条”，但中小企业用地问题仍很突出。首先，企业发展对土地需求越来越大，政府的土地供给不足。其次，土地审批门槛高，中小企业难以跨越。多数中小企业项目难以成为重点项目，或项目资金难以达到政策规定的标准，无法获得用地指标。第三，一些中小企业因资金紧张，面对不断上涨的用地成本，即使有机会获得土地也往往是力不从心，望地兴叹。

（四）部分行业利润缩小

全省工业小微型企业主要集中在纺织、服装、轻工（含金属制成品加工、机械零部件加工）等劳动密集型行业。随着欧债危机不断加深，原材料和劳动力价格攀高，一些企业采取减产或停产方式规避生产经营损失，抑制了经济效益的持续增长和生产扩大。2011年，纺织、服装行业经济效益状况较差，整体利润同比增幅不到15%，利润率低于 5%。据省中小企业局对全省 2520 家轻工小型企业统计，主营业务成本同比上升 43%，亏损企业 270 家，亏损额 12.94 亿元，同比增长 58%。另外，税费偏重也压缩了企业利润空间。

（五）节能减排压力增大

全省民营经济仍处于粗放生产经营阶段，资源依赖型企业多，粗加工产品多，精加工产品少。一些高耗能、高污染企业面临严峻的节能减排形势，民营钢铁企业和重化工企业、建材企业淘汰落后产能任务艰巨，部分行业和企业面临关停、搬迁、改造的重任，将会对民营经济总量产生一定影响。

同时，河北省民营经济长期以来存在主体少、规模小；结构不合理，重工业比重过大，资源型、低附加值企业较多；技术水平不高、产品质量档次低，市场竞争力弱；企业自主创新能力不足等问题，制约着民营企业的成长与发展。

三、2012 年走势预测

2012 年，河北省民营经济既面临有利因素，也面临不利因素，机遇与挑战并存。

（一）有利因素

一是国家宏观政策有利于民营经济发展。中央经济工作会议指出，2012 年经济社会发展，要突出把握好稳中求进的工作总基调；继续实施积极的财政政策和稳健的货币政策，保持宏观经济政策的连续性和稳定性，继续加强和改善宏观调控，促进经济平稳较快发展，调整经济结构、管理通胀预期的关系；在经济工作的主要任务中提出，要加快落实促进非公有制经济健康发展的政策措施，积极培育面向小型微型企业的金融机构。国家宏观政策将为民营经济的发展营造有利的宽松环境。

二是河北省第八次党代会精神有利于民营经济发展。省第八次党代会报告中指出，大力发展非公有制经济。坚持放开、放宽、放活，毫不动摇地鼓励、支持和引导非公有制经济发展，抓好各项政策措施的落实。建立健全融资担保、人才培训、科技信息、创业辅导等服务平台，支持民营企业在国内外资本市场上市，切实解决中小微企业资金、技术、用地等实际问题。实施民营企业家素质提升工程，建设一支有抱负、懂经营、善管理、敢创新的民营企业家队伍。深入推动全民创业，实行更加积极的创业政策，加强指导和服务，激发各类市场主体的创业热情和发展活力。

三是民营经济发展面临重大历史机遇。京津冀区域经济一体化、首都经济圈，河北沿海地区发展规划逐步实施、南资北移不断加快，产业呈现发展新趋势，民营经济大发展、快发展的区位优势更加凸显；工业化、城镇化程度进一步提高，特别是工业聚集区、工业园区和各类产业集群的蓬勃发展，冀中南地区被列为国家层面的重点开发区域，民营经济大发展、快发展的布局结构更加优化；国家高铁、高速公路网的加快建设，曹妃甸工业区、沧州大港的迅速发展，首都新机场将在北京和廊坊交界处兴建，民营经济大发展、快发展的发展空间更加广阔。

四是政策措施成效将逐步显现。省政府于 2011 年 3 月下发了《关于进一步加快民营经济发展意见的通知》，从提高思想认识、明确目标任务、强化扶持政策、完善推进措施、加强组织领导五个方面对民营经济的大发展、快发展提出具体意见，进一步完善了促进民营经济发展的各项政策措施，各地各部门认真贯彻实施文件精神，对民营经济的推动作用将逐步显现。

（二）不利因素

一是国际环境复杂。国际金融危机深层次影响仍在发酵，欧债危机向深层次演变，世界经济复苏的不稳定性不确定性上升，中国经济发展乃至民营经济的发展面临着复杂的外部环境。

二是我国经济发展中不平衡、不协调、不可持续的矛盾和问题仍很突出，经济增长下行压力和物价上涨压力并存，影响民营经济的发展。

三是制约民营经济发展的体制机制因素依然存在。如，中小型金融机构发育不足，中小企业融资难；公共服务基础设施薄弱，服务质量有待提高；民营企业进入相关领域的门槛高；涉企收费偏多偏高，违规收费屡禁不止，企业负担重等。

四是部分中小微企业生产经营困难，节能减排形势严峻等制约民营经济的发展。

综合以上因素，尽管国际金融危机带来的影响使外部环境更为复杂，但经济全球化的趋势没有改变，国内经济增长的有利条件、内在优势和长期向好趋势没有改变，2012 年河北省民营经济机遇与挑战并存，有望继续保持平稳较快增长的态势。

四、对策建议

2012 年是实施“十二五”规划承上启下的重要一年，应抓住机遇，有积极有效化解不利因素和挑战，进一步促进民营经济平稳较快健康发展。

（一）完善政策体系，创造宽松环境

全面贯彻落实和完善促进民营经济发展的各项政策措施，针对新情况、新问题进一步研究制定新政策，营造宽松的政策环境，营造各种所有制经济公平竞争、同等支持、共同发展的良好环境；借用媒体力量，强力宣传解读促进民营经济发展的政策措施，总结推广先进典型和经验做法，营造民营经济发展的舆论环境；完善服务体系，营造高效的政务环境；加强法制建设，营造顺畅的法制环境。

（二）加快结构调整，转变发展方式

全省民营经济应围绕结构调整这条主线，以大力发展产业集群和工业聚集区为重点，发展培育主导产业，改造提升传统产业，实施品牌战略，促进“两化”融合，推动中小企业发展方式的转变。

一是发展产业集群，调整优化布局结构。集中培育发展一批规划科学、主业突出、特色明显、规模大、链条长、竞争力强的产业集群。加快特色产业园区和工业聚集区建设，引导中小企业到产业园区和聚集区集中发展。

二是实施政策引导，调整优化产业结构。认真贯彻落实国务院

和省政府文件精神，组织制定与之配套的鼓励产业升级的配套措施，结合重点产业调整振兴规划的实施，筛选装备制造、生物医药、信息产业、纺织服装、食品加工等重点行业的中小企业，开展与大企业对接配套活动，推进专业化分工协作，延伸产业链条，提升产业发展水平，培育壮大百强民营企业、千家成长型民营企业，形成一批拥有自主知识产权、主业突出、核心竞争力强的大公司和企业集团，增强企业市场竞争力和抗风险能力，促进中小企业产业结构调整和升级。

三是实施名牌战略，调整优化产品结构。重点扶持技术含量与附加值高、有市场潜力的名牌产品企业。鼓励名牌产品企业扩大品牌经营规模，促进名牌产品企业多层次、全方位的联合协作，实现资源共享。加大名牌培育和推介力度，促进名牌产品升级晋档，以名牌企业、名牌产品为依托，着力打造区域品牌，提升产业国内外知名度。支持鼓励市场需求旺盛、带动能力强、质量效益好的产品生产，限制生产能力严重过剩、没有市场前景的产品；淘汰技术工艺落后、高能耗物耗、对环境和资源破坏严重的产品。

四是推进技术创新，调整优化技术结构。以建立健全技术创新体系为重点，实施“中小企业技术创新工程”，调整优化中小企业技术结构。引导企业建立技术中心，加大技术创新投入，培育创新人才，走“专、精、特、新”发展道路。鼓励和支持在主导产业、特色产业和产业集群中，建立技术研发中心、产品检测中心、模具中心、产业信息中心、人才培训中心等公共技术服务平台，努力满足企业的共性技术需求和公共服务需要，实现技术、人才、信息等资源共享。

（三）完善融资体系，破解融资难题

一是健全担保体系。做大省级融资性担保机构，做强市级担保机构，做实县级担保机构。

二是加大财税扶持。扩大扶持中小企业发展专项资金规模，支

持中小企业加快发展；全面落实国家和省促进民营经济发展的相关税收优惠政策，减轻中小企业负担。

三是强化金融支持。金融机构要建立中小企业融资量化考核制度，加大对中小企业信贷投放力度。县级以上政府要安排资金对金融机构中小企业贷款实行风险补偿。鼓励和引导银行等金融机构在国家产业政策和信贷政策指导下，开发适合中小企业的信贷产品，增加信贷投入，创新金融服务方式，提高服务质量。

四是鼓励多种形式融资。支持具备条件的民营企业、中小企业依法开展股权融资、债权融资、租赁融资、项目融资等其他方式的直接融资。培育、支持具备条件的中小企业上市融资。

（四）发展外向经济，增强竞争能力

一是加快开拓国内外市场。紧紧围绕市场开拓这条主线，突出特色产业、突出县域经济、突出区域品牌，组织参加中国国际中小企业博览会、APEC 中小企业技术交流暨展览会等大型经贸活动，推动中小企业开拓国内外市场。

二是积极开展对外经济技术交流与合作。组织中小企业以环渤海经济圈为重点的京津冀经济技术的交流与合作，以西部大开发、中部崛起和振兴东北老工业基地为重点的中小企业东西合作，以省（市）际间、区域间同行业、同产业横向联合为重点的专业化合作，支持组织省内特色经济、特色产业产销对接活动。

三是鼓励中小企业“走出去”。到境外投资兴业、境外招商考察、境外申报知识产权和承接国际产业转移，进一步方便中小企业专业技术人员赴境外开展经贸商务活动。

四是鼓励、支持中小企业扩大利用外资的渠道和领域。引导企业积极引进先进生产设备、技术和管理经验，推进企业境外融资、上市，统筹安排企业利用国际金融组织和国外政府贷款，不断壮大自身经济实力，提高民营经济竞争力。

（五）推进全民创业，增加发展主体

着力激发全社会创业热情，培育各个领域、各个层次、各种类型的发展主体投身创业实践，重点抓好下岗失业人员自主创业、企业家二次创业、知识型人才创业、外出务工人员返乡创业、外地企业投资创业，努力催生发展一批中小企业创业主体，以创业促就业，以创业促增收，以创业促发展。

（六）提供智力保障，强化人才支撑

进一步创造吸引人才、聚集人才、使用人才、培养人才、留住人才的良好环境，实施“河北省民营经济组织人才队伍建设提高工程”，建立比较完善的民营经济人才政策措施、人才支撑体系及科学的人才管理机制，形成适应社会主义市场经济要求的民营经济人才运行机制，使全省民营经济组织人才总量有明显增长，人才专业和产业分布结构明显改善，人才政策支持措施更加完善，人才成长和发展环境更加优良，人才综合竞争力明显提高。

（七）转变政府职能，改进监管方式

各地各部门进一步转变政府职能，改进工作作风，依法指导与管理。积极引导民营企业自觉遵守国家法律法规，依法经营，照章纳税，认真服从国家的宏观调控，主动调整和优化产业产品结构，搞好环境保护和安全生产，降低资源消耗，促进清洁生产。各级政府和有关部门重点加强劳动监察和劳动关系协调，重视对民营企业执行劳动合同、工资报酬、劳动保护和社会保障等法律法规政策的监督检查，建立和完善民营企业劳动关系协调机制，及时化解争议、促进劳动关系和谐、维护社会稳定，促进全省民营经济更好更快发展。

（撰稿：河北省统计局核算处　王世君）

2011 年河北基本单位状况与 2012 年展望

基本单位是法人单位和产业活动单位的总称，它是社会经济活动的基本细胞。基本单位的数量、结构及发展趋势衡量着一个地区的经济发展水平。通过全省 2011 年上半年基本单位数据情况看，基本单位不仅总量增长较快，而且在地区布局、行业分布、所有制类型、规模结构、生产要素和经营活动情况等方面都有了新的变化，呈现新的特征。

一、基本单位现状

（一）单位总量增长较快

到 2011 年 6 月底，全省共有法人单位 35.6 万个，产业活动单位 6.35 万个，比上年同期分别增长 6.51%和 1%。在法人单位中，企业法人单位 24.46 万个，事业法人单位 3.32 万个，机关法人单位 1.2 万个，社会团体法人单位 0.55 万个，其他法人单位 6.07 万个。在各种机构类型中，企业法人总量增长最快，同比增长 9.57%，占全部法人单位的比重最高，为 68.72%，比上年同期上升 1.56 个百分点；事业法人下降 1.03%，所占比重为 9.33%，降低 0.76 个百分点；机关法人下降 0.27%，所占比重为 3.37%，降低 0.24 个百分点；社团法人与上年同期持平，所占比重为 1.53%，降低 0.11 个百分点；其他法人单位增长 1.26%，所占比重为 17.05%，降低 0.99 个百分点。

（二）地区布局调整加快

从全省基本单位地区分布来看，基本单位的数量与本地经济发展状况密切相关，基本单位数量较多的地区，其经济总量较大，经济发展水平也相对较高。保定、石家庄、邯郸、唐山法人单位数量居全省前四位，分别达到4.98万个、4.79万个、4.41万个和4.13万个，占全省法人单位的比重分别为14%、13.45%、12.4%和11.61%；从法人单位数量增长情况来看，廊坊增速居全省第一位，增长10.28%，承德、保定、衡水增速均超过全省平均水平，分别为9.42%、8.8%和8.56%。

（三）企业法人所有制结构变化较大

近几年来，全省企业法人单位所有制形式发生很大变化。从企业法人单位内外资情况来看，内资企业法人单位增长快于外资企业。到2011年6月底，全省内资企业法人单位24.22万个，同比增长9.68%；外商及港澳台投资法人单位2445个，仅增长0.25%，其中，港澳台投资企业增长2.03%，外商投资企业下降0.53%。从内资企业法人登记注册类型来看，国有、集体企业减少，所占比重降低，私营企业增长较快，所占比重不断提高。国有企业6123个，同比下降0.07%，所占比重为2.5%，降低0.24个百分点；集体企业8213个，减少659个，下降7.43%，所占比重为3.36%，降低0.61个百分点；私营企业16.69万个，增加1.1万个，增长7.07%，所占比重为68.24%，上升1.59个百分点；有限责任公司3.52万个，增加0.66万个，增长23.35%，所占比重为14.37%，上升1.6个百分点。

（四）行业分布广泛

从行业分布看，全省基本单位呈现两大特点：一是国民经济行业种类齐全。基本单位已涉及国民经济的全部行业，形成了门类齐全、分布广泛的国民经济行业体系，为经济社会持续、稳定发展奠定了基础。二是第一、三产业法人单位数量增长较快。到2011年6月末，第一产业法人单位总数达到1.31万个，同比增长28.53%，增幅最高；第二产业单位总数为10.85万个，增长

2.56%，低于全省平均增幅 3.95 个百分点，其中，工业单位总数达 9.97 万个，增长 1.18%，建筑业单位为 0.87 万个，增长 21.5%；第三产业单位总数 23.45 万个，增长 7.39%，其中金融业、房地产业、租赁和商务服务业增长较快，分别增长 28.29%、22.85%和 20.27%。

表 1　法人单位按国民经济行业分组　　单位：个

	2011 年上半年	2010 年上半年	增幅（%）
合　计	356031	334280	6.51
第一产业	13057	10159	28.53
农、林、牧、渔业	13057	10159	28.53
第二产业	108463	105753	2.56
采矿业	8428	8528	−1.17
制造业	89887	88767	1.26
电力、燃气及水的生产和供应业	1401	1259	11.28
建筑业	8747	7199	21.50
第三产业	234511	218368	7.39
交通运输、仓储和邮政业	6990	6212	12.52
信息传输、计算机服务和软件业	4898	4759	2.92
批发和零售业	77474	67544	14.70
住宿和餐饮业	4160	4238	−1.84
金融业	1968	1534	28.29
房地产业	9910	8067	22.85
租赁和商务服务业	12387	10299	20.27
科学研究、技术服务和地质勘查业	5692	5112	11.35
水利、环境和公共设施管理业	1902	1809	5.14
居民服务和其他服务业	4686	3948	18.69
教育	18860	19035	−0.92
卫生、社会保障和社会福利业	7040	7243	−2.80
文化、体育和娱乐业	2311	2210	4.57
公共管理和社会组织	76233	76358	−0.16

二、存在的主要问题

全省基本单位总量虽然增长较快，规模不断扩大，但地区分布、行业结构有待进一步优化，与全国平均水平和经济发达省份相比，存在的问题须引起高度重视。

（一）基本单位总量偏少

到 2011 年 6 月底，虽然全省法人单位数量与产业活动数量分别增长 6.51%和 1%，但与全国以及经济发达省份相比还有一定的差距。全省法人单位 35.6 万个，居全国第 11 位，占全国的比重为 3.99%；产业活动单位 6.35 万个，居第 18 位，比重为 2.84%。

（二）企业法人规模偏小

2011 年 6 月末，全省企业法人单位数量占全省法人单位总量的比重为 68.72%。与先进省份相比偏低。企业法人单位中，中小型企业所占比重偏高，大型骨干企业偏少，处于全国领军地位的企业则更少。从业人员在 50 人以下的企业法人占全省企业法人的 87.62%，资产规模在 500 万元以下的企业占 74.82%。从行业情况看，规模以上工业企业 1.1 万家，仅占全部工业企业法人的 11.05%；限额以上批发零售贸易企业 0.33 万家，仅占全省批发零售企业总数的 4.08%。企业法人所占比重偏低，中小企业数量偏多，大型骨干企业数量偏少，说明全省市场主体还没有做大做强，国际国内市场竞争力不强。

（三）地区分布、行业结构不合理

近几年来，全省基本单位地区分布、行业结构调整步伐加快，但结构不合理的状况没有根本改变。首先，在地区分布上不平衡。地区之间数量差距较大，基本单位数量最多的地区是最少地区的 2.5 倍，保定、石家庄、邯郸、唐山这四个市法人单位数量超过全省的一半，所占比重达 51.46%。其次，行业结构不合理。主要表现在第二产业结构单一，第三产业发展还不够快。第三产业内部发展不平衡，卫生、社会保障和社会福利业、住宿和餐饮业、教育、公共管理和社会组织四个行业法人单位均出现负增长，分别下降 2.8%、1.84%、0.92%和 0.16%。河北省是工业大省，工业在国民经济中占有重要地位，但行业结构单一，多集中在钢铁、装备制造、石化、食品、建材、纺织和医药制造业，这七大主要行业的单位数量与从业人员，就占全省工业单位总量与从业人员的 27.94%和 45.52%。全省第三产业法人单位增速为 7.39%，仅高于全省平均增速 0.88 个百分点，第三产业法人单位数量占全省比重为 65.87%。

（四）外商及港澳台投资企业所占比重较低

全省外商与港澳台投资企业增长缓慢。到 2011 年 6 月末，外商与港澳台投资企业法人单位为 2445 个，同比增长 0.25%。占全部企业法人单位的比重为 1%，低于全国平均水平，与经济发达省份相比差距更大，说明对外开放程度还不够高。

三、2012 年展望与建议

随着全省国民经济平稳较快发展，使基本单位在数量上不断增加，规模上不断扩大，行业分布、所有制结构等方面会出现新变化、新特征。对基本单位出现的新变化、新特征应加以及时研究，发现存在的问题，找出解决问题的措施，使基本单位不断做大做强、调整优化，从而推动经济社会持续、快速、健康发展。

（一）加快基本单位布局调整

由于自然条件和历史发展等原因，河北基本单位布局不合理，已成为制约经济社会持续、快速发展的重要因素之一。所以，从调整基本单位布局入手，调整优化基本单位地区分布与行业分布，已成为促进经济社会发展的重要措施。基本单位布局的调整优化，是一项长期的、艰巨的系统工程，需要全社会的共同参与、协调联动。一是充分发挥行政部门的宏观调控能力，完善行业结构调整与区域经济布局的政策机制，积极、正确引导基本单位在地区布局、行业布局上朝合理化方向发展。要从全省实际情况出发，制定好区域经济与行业发展规划，以市场需求为导向，以紧紧围绕经济发展方式转变为核心，以优化生产要素配置和促进结构升级为目标，改进和完善投资方向和投资结构，促进基本单位在地区分布与行业分布上的不断调整和优化。二是加快第三产业发展。第三产业对扩大就业、拉动内需、促进产业结构调整，提升地区整体竞争力有着举足轻重的作用。要做大做强批发零售、住宿餐饮等传统服务业，千方百计下大力气发展现代物流业、旅游业、金融业、科研与技术服务业、租赁与商务服务业、信息传输计算机和软件业、文化体育和娱乐业等新兴服务业，提高第三产业在国民经济中的比重。

（二）扩大企业规模

千方百计扩大企业规模，坚持以市场为导向，积极引导资源、技术、资金等生产要素向优势企业集中，打破地区、行业、所有制界限，通过企业间的兼并、重组，整合有效资源，实现强强联合，使企业做大做强，提高企业的竞争能力。

（三）大力发展私营经济

私营企业大多是中小企业，它对扩大就业、增加居民收入、活跃市场经济、促进经济发展具有重要作用。先进省份经济发展较快，与私营经济比较繁荣密切相关。因此，应采取多种措施，加大对私营经济发展的支持力度，为私营经济发展创造良好的环境与条件，使之成为推动全省经济发展的一支重要力量。

（四）加大对内对外开放力度

大力发展开放型经济，加大对内对外开放力度。一是加大对外招商引资力度，提高外资利用水平。充分发挥河北的区位优势、政策优势，创造良好的外商投资环境，提高对外商的吸引力，吸引更多的国际上有实力的大企业、大公司进入河北。在扩大对外招商引资的同时，不断提高外资利用水平，把引进、消化、吸收和创新结合起来，形成技术优势，增强企业自身的发展能力与竞争能力。二是加强国内区域经济协作。在搞好对外招商引资工作的同时，加强国内区域经济协作。充分发挥河北省毗邻京津两大城市的区位优势，全面提升同这两大城市的经济协作水平。积极推动与长三角、珠三角等经济发达地区的经济协作，实现互惠互利共同发展。要加强与资源大省的经济协作，使全省经济快速发展具有稳定的能源、原材料供应基地。三是大力支持与鼓励有实力的企业积极参与国际市场竞争，提高全省企业在国际市场的竞争能力。

（撰稿：河北省统计局普查中心　许文合　张媛媛）

2011 年河北居民消费价格形势与 2012 年展望

2011 年，党中央、国务院和省委、省政府把稳定价格作为宏观调控的首要任务，采取了一系列管理通胀预期，抑制价格过快过猛上涨的政策措施，全省消费价格总水平自 7 月份达到年内最高点之后开始回落，尤其是 10 月份以来，随着翘尾因素影响的逐步减弱和国家各项宏观调控政策措施陆续出台和落实，全省价格总水平出现了明显的拐点。前 11 个月，居民消费价格指数（CPI）同比累计上涨 5.8％。2012 年价格在多方面因素的影响下，可能还会面临一些新的上涨压力，价格涨幅也将会在一定区间内波动。

一、2011 年居民消费价格运行特征

（一）起点高、上涨快

受上年翘尾因素和国际、国内多种因素的共同影响，2011 年，河北消费价格总水平延续 2010 年下半年的上涨势头，价格涨幅高开高走。1 月份全省 CPI 同比上涨 4.2％，2—5 月份涨幅继续扩大，同比涨幅由 5.0％升至 5.6％，6—7 月份受猪肉价格大幅上涨的影响，7 月份达到 7.4％，创 2008 年 7 月份以来最高点。8 月份虽有所回落，但受中秋、国庆影响，9 月再次反弹，10 月份之后随着国家各项宏观调控政策措施的落实和翘尾因素减弱的影响，全省 CPI 逐步回落，10 月、11 月同比分别上涨 6.1％和 4.7％，涨幅分别较上月回落 0.8 和 1.4 个百分点，全省价格总水平出现了较为明显的拐点。

（二）范围广、幅度大

2011 年受国内外多因素影响，消费市场涨价商品明显增多，价格上涨由农产品向服务项目、工业消费品蔓延，涨幅虽然不大，

上涨 17.2%；受成本增加及厂家调价影响，酒类价格上涨 5.5%，其中白酒上涨了 7.0%；受棉花价格上涨等因素影响，衣着材料价格上涨 16.9%，家庭日用杂品、床上用品、室内装饰用品也呈现出不同程度的上涨态势。与此相反，部分供给相对充裕的家用电器、交通通信类工业品价格则继续呈现下降态势。

二、居民消费价格上涨原因分析

受翘尾因素和新涨价因素的共同影响，2011 年以来河北省居民消费价格总水平一直在高位运行，从影响因素看，2010 年翘尾因素依然是价格上涨的主要动因。据测算，在 2011 年 1—11 月份全省累计上涨的 5.8%中，翘尾影响为 3.15 个百分点，占 54.3%。

（一）食品类价格高位运行是推动 CPI 上升的首要因素

1—11 月份，食品类价格同比涨幅高达 12.6%，由此拉动居民消费价格总指数升高 3.7 个百分点，影响度高达 64.0%，是全省 CPI 上扬的首要因素。调查的 16 个食品小类除菜类略有下降外，其他各类全面上涨。其中，与居民生活密切相关的粮、油、肉、蛋、菜、果、水产品七类生活必需品呈现“六升一降”，其中，粮食价格上涨 10.0%，油脂上涨 10.9%，肉禽及其制品上涨 26.4%，蛋类价格上涨 16.3%，水产品上涨 16.0%，干鲜瓜果上涨 25.7%，菜下降了 1.0%。

表 1　1—11 月份食品分类价格指数（以上年同期为 100）

类　别	指　数	类　别	指　数
粮食	110.0	调味品	103.8
淀粉及制品	128.8	糖	109.8
干豆类及豆制品	103.3	茶及饮料	103.7
油脂	110.9	干鲜瓜果	125.7
肉禽及其制品	126.4	糕点饼干面包	108.0
蛋	116.3	液体乳及乳制品	103.6
水产品	116.0	在外用膳食品	107.2
菜	99.0	其他食品	108.2

值得关注的是，6 月份全省猪肉价格快速上升，部分市县一度超过了 2008 年 2 月份的历史最高水平。在 6 月份环比上涨 14.9% 的基础上，7 月份环比再次上涨了 11.4%，虽然 8 月、9 月、10 月猪肉价格有所下降，但 1—11 月份累计，全省猪肉价格仍上涨 42.5%，仅此一项即拉动全省 CPI 上涨 1.0 个百分点，影响度高达 16.9%。

（二）成本上涨对居民消费价格的推动明显加大

一是由于燃油、农业用工费用、农资等价格的普遍上涨，大大推高了农产品的生产、运输及经营成本，导致农产品价格全面攀升。二是上游工业品和原材料的价格上涨向下游产品传导的压力加大，使部分工业品价格连续小幅上涨。三是各地工资标准不断上升，导致劳动密集型产品和服务项目价格持续走高。四是从国际市场来看，2011 年以来，国际市场黄金、石油、农产品、有色金属等大宗商品价格持续在高位徘徊，反复振荡。在上游产品价格高位运行、劳动力成本和资源价格趋涨、国际市场价格传导的背景下，劳动密集型产品和服务项目价格上涨的压力必然呈现。

（三）政策性调价直接推动相关产品价格走高

一是 2011 年国家继续提高小麦和稻谷的最低收购价格，其中稻谷收购价格的提高幅度是 2004 年实行粮食收购保护价政策以来最大的一次。收购价的大幅提高，也相应提升了市场粮价上涨预期。二是国家对房地产市场实行更为严厉的新政，房东“以租养贷”成本增加，加之“限购”抑制了部分买房需求，房屋租赁市场红火，导致私房房租和自有住房估算租金分别上涨了 10.0% 和 13.5%。三是国家先后上调汽油、柴油价格，2011 年 1—11 月份累计分别上涨了 14.3% 和 14.6%，直接导致机票、短途汽车等交通类及旅行社收费价格的明显上涨。

2011 年居民消费价格上涨是多种因素相互交织、相互叠加、综合作用的结果。具体来说，既包括短期因素的影响，如季节性、节日消费及自然灾害等短期因素的影响，也包括劳动力、原材料成本上涨向下游产品传导影响以及国际市场商品价格上涨带来的输入性通胀压力。其根本原因是市场经济发展规律的作用，直接原因与近两年来应对国际金融危机刺激政策的副作用密切相关。

三、2012 年居民消费价格走势展望

从国内形势看，2011 年 12 月中旬召开的中央经济工作会议明确“稳增长、控价格、调结构、惠民生、抓改革、保稳定”的方针，提出了要继续实施积极的财政政策和稳健的货币政策，货币政策要根据经济运行情况，适时适度进行预调微调。从国际形势看，受欧债危机的影响，世界经济面临越来越大的下行风险，国外输入型通货膨胀的影响减弱。

展望 2012 年国际国内形势，既存在有利于价格稳定的因素，也有推动价格上涨的因素。

（一）有利于居民消费价格稳定的因素

一是全国粮食生产连续 8 年丰收有利于稳定价格。2011 年全国粮食实现连续 8 年丰收，“手中有粮，心中不慌”，因此可以说粮价稳，则百价稳。持续八年的粮食丰收，大大减弱了粮食价格大幅上扬的可能性，也奠定了全年价格总水平相对平稳的基础。

二是供过于求的市场格局使得主要工业消费品价格仍将保持弱势。目前国内不少行业产能过剩情况仍比较普遍，市场竞争激烈，工业消费品供大于求的状况未发生根本变化，压制了制造业产品的涨价空间，多数工业消费品价格仍处于平稳运行的趋势，部分工业品价格始终处于下降通道。2012 年部分工业消费品价格可能会继续保持低迷状态，在一定程度上抑制了居民消费价格总水平的上升。

三是大力整顿消费品市场的流通秩序，进一步规范流通行为和

减少流通环节等，有利于抑制价格上涨。

四是翘尾因素的影响逐渐减弱。翘尾因素对 2012 年居民消费价格总水平影响将逐步减弱。据测算，2011 年翘尾因素影响将在 1.5 个百分点以下，大大低于 2010 年翘尾因素对 2011 年居民消费价格总水平影响 2.9 个百分点的幅度。

（二）推动居民消费价格上涨的因素

影响价格变动的因素纷繁复杂，综观 2012 年的价格形势，推动居民消费价格上涨的因素也不容小觑。

一是农业生产成本的持续增加，使农产品价格存在长期上涨的压力。由于化肥、农药、种子等农业生产资料价格不断上涨导致农产品成本持续增加，加之汽油、柴油价格的多次上调及人工费价格的上涨，使农产品面临明显的上涨压力。2011 年低廉的蔬菜价格将影响到菜农 2012 年的蔬菜生产布局，按以往规律可能会出现蔬菜价格“贱一年，贵一年”的现象，2012 年鲜菜价格很有可能会有所上涨。

二是劳动力成本上升形成对价格上涨的压力。由于劳动力供求矛盾逆转，劳动力成本持续上升。2011 年经济企稳回升，各地在 2010 年上调工资的基础上 2011 年继续上调工资，尤其是最低工资标准，多数涨幅可能会在 15%以上。工资上调和劳动力成本上升将推动工业品以及服务项目价格保持上涨趋势，进而推动价格总水平进一步上升。

三是上游产品价格大幅度上涨的传导作用。近两年来 PPI 的持续上涨，也必然会逐步传导到下游工业消费品。

四是一部分推迟出台的能源、服务、公用事业价格如果在 2012 年出台也将推动价格总水平上升。

根据价格变动有涨有跌的规律，2012 年价格在多方面因素制约下，可能会面临一些新的上涨压力，而且上涨空间不会乐观，价格涨幅也将会在一定区间内波动。

四、对策建议

保持价格基本稳定，是国家宏观调控的主要任务。价格高企不仅增加了企业生产成本，也直接增加了城乡居民尤其是低收入群体的生活负担，直接或间接抵消了一系列惠民政策的实际效果，而且会对国民经济健康运行产生不利影响，对此，应有针对性地实行多措并举。

（一）加强市场价格监测预警工作

在继续做好粮、油、肉蛋等主要副食品价格监测分析工作的基础上，特别应加强对粮食、棉花、石油、煤炭等关系国计民生的重要商品价格变化情况的监测，与此同时，也要密切关注一些服务行业的价格暴涨现象。相关部门应发挥不同渠道作用，及时发布价格预警信息，敏锐捕捉苗头性、倾向性问题。进一步完善应对价格异常波动的应急预案，确保信息畅通、反应迅速，处置得当。

（二）进一步加强农业生产扶持力度，降低农产品流通成本

一是认真落实鲜活农产品绿色通道免费通行政策，降低农产品流通成本。二是扩大在城镇的农产品直销范围，在城市的超市和农贸市场增设农产品直销专柜和农产品直销市场。

（三）加强对垄断行业的监管，加大公共服务项目价格监测力度

在关注通胀预期的过程中，尤其要关注低收入居民的生活状况，除食品等生活消费品价格外，水、电、燃气等价格也是一个重要的方面。为此，建议有关部门加大对水、电、煤气等重要公共服务价格的监测力度，切实做好相关价格监管工作，进而保障低收入居民的生活不受大的影响，维护社会稳定。

（四）继续实施好稳健的货币政策

在继续实施好稳健的货币政策的同时，加强政策的针对性、灵活性和时效性，适时、适度回收过多的流动性。

（撰稿：国家统计局河北调查总队　康振江）

2011 年河北工业生产者价格形势与 2012 年展望

2011 年全省工业品价格运行呈现了前高后低的波动态势。上半年，受宏观经济总体向好、市场需求旺盛以及原材料价格快速上涨等因素共同影响，工业经济延续了 2010 年以来回升向好稳定增长的态势，工业生产者价格指数大幅上涨。从 8 月份开始，全省主要行业需求开始放缓，再加上欧洲债务危机等因素影响，全省工业生产者价格涨幅回落。1—11 月份，工业生产者出厂价格同比累计上涨 8.4%，购进价格同比累计上涨 11.7%。结合国内政策调整和国际经济形势，2012 年工业生产者价格将会波动运行，幅度将会相对平稳。

一、2011 年全省工业生产者价格运行形势

（一）价格运行的主要特征

一是工业生产者出厂价格前期高位波动，后期大幅回落。同比分析：全省工业生产者出厂价格总体呈现前高后低大幅波动的运行态势，1—11 月份比上年同期上涨 8.4%。其中 1、2 月份同比分别上涨 10.1%和 11.5%，从 3 月份开始涨幅出现回落，3、4 月份分别上涨 10.3%和 8.0%，5 至 7 月份再呈涨势，分别上涨 8.2%、9.3%和 10.6%。自 8 月份至 11 月份，涨幅逐步回落，分别上涨 9.5%、8.2%、5.7%和 1.6%。回落幅度逐渐增大，分别较上月回落 1.1、1.3、2.5 和 4.1 个百分点，其中 11 月份涨幅为 2011 年以来月度最低。环比分析：1—11 月，全省工业生产者出厂价格环比指数除 7、10、11 月份分别下降 0.2%、1.5%和 1.8%以外，其余 8 个月均为上涨态势，涨幅在 0.1%—1.7%之间，其中 2 月份环比价格上涨 1.7%，为前 11 个月最高水平。

图 1　2001 年 1—11 月份全省工业生产者出厂价格走势图

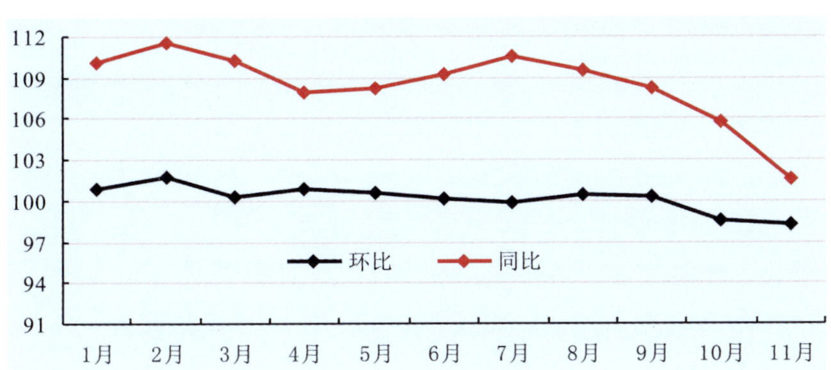

二是生产资料价格涨幅高于生活资料。1—11 月，全省生产资料产品出厂价格同比上涨 8.9%，其中，采掘类、原料类、加工类产品出厂价格分别上涨 17.5%、9.3%和 7.6%。生活资料产品出厂价格同比上涨 5.5%，其中，食品类、衣着类、一般日用品类、耐用消费品类产品出厂价格分别上涨 8.7%、3.9%、1.5%和 2.1%。生产资料价格涨幅比生活资料高 3.4 个百分点，生活资料中食品类产品价格涨幅明显偏高。

三是行业大类同比价格上涨面高达 97%。1—11 月，全省 38 个工业行业大类中，除烟草制品业同比价格微降 0.1%外，其他 37 个行业产品出厂价格同比均有不同程度上涨，上涨面达 97%。在所调查的 38 个行业大类中，涨幅超过 10%的行业有 7 个，占行业总数的 18%；涨幅在 5%—10%的行业有 9 个，占行业总数的 24%。其中石油和天然气开采业同比上涨 37.0%，涨幅居 38 个大类行业之首，涨幅位居第二、第三、第四的依次是：纺织业上涨 18.3%、黑色金属矿采选业上涨 15.8%、石油加工炼焦及核燃料加工业上涨 14.0%。

四是初级产品价格涨幅高于中间产品和最终产品。1—11 月，全省工业生产初级产品价格同比上涨 17.3%，其中矿产品价格上涨 17.5%；工业生产中间产品价格上涨 8.4%；工业生产最终产品价格上涨 4.3%。初级产品价格涨幅分别高于中间产品和最终产品

8.9和13.0个百分点。

五是工业生产者购进价格高位回落。在燃料动力、钢铁产品、纺织原料、农副食品等行业产品价格上涨的拉动下，全省工业生产者购进价格高位波动运行。同比分析：1—11月，工业生产者购进价格同比累计上涨11.7%。分月看，1—3月各月分别上涨12.3%、13.6%和13.4%；4—6月分别上涨12.4%、11.6%和13.0%；7月份上涨13.8%，为前11个月最高水平。8—11月份涨幅逐步回落，分别上涨12.8%、11.6%、9.7%和4.7%。环比分析：1—11月"一平两降八升"，除7月份环比价格持平外，10月、11月分别下降0.9%和1.9%外，其余各月均为上涨态势，涨幅在0.1%—1.6%之间，其中2月份涨幅达到最高，上涨1.6%。类别分析：1—11月，所调查的九个大类同比价格全面上涨。其中，农副食品类购进价格涨幅居首，同比累计上涨20.9%；涨幅在10%至20%的类有纺织原料类、燃料动力类、有色金属材料及电线类、黑色金属材料类和化工原料类，分别上涨13.3%、13.3%、11.6%、11.4%和11.0%；其他工业原材料及半成品类、建筑材料及非金属类和木材及纸浆类价格涨幅在10%以下，分别上涨8.2%、5.6%和5.0%。

图2　2011年1—11月工业生产者购进价格走势图

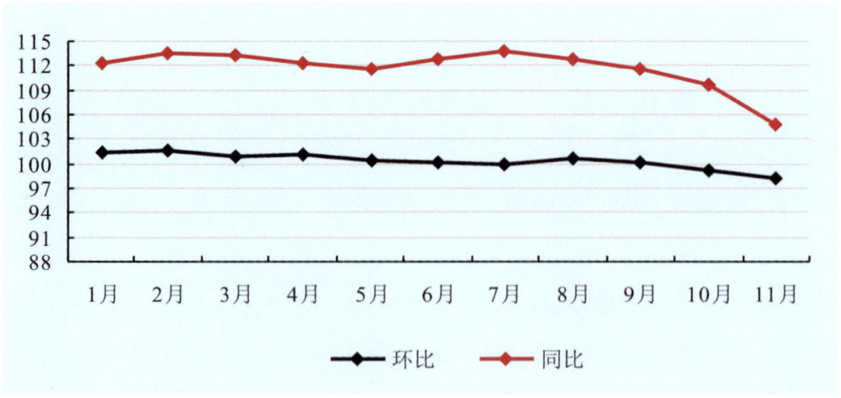

（二）主要行业产品价格运行情况

一是原油出厂价格涨幅先扩后缩。受利比亚局势持续动荡以及日本地震等因素的影响，国际原油价格不断上涨，带动国内原油出厂价格大幅攀升。同比分析：1—11 月，原油出厂价格累计比 2010 年同期上涨 37.8%。前 8 个月中除 5 月份涨幅微缩外，其余各月涨幅不断扩大，从 1 月份上涨 19.5%到 8 月份上涨 51.5%，涨幅扩大了 32.0 个百分点，9 月份开始回落，9—11 月分别上涨 45.7%、42.7%和 28.9%。环比分析：1—5 月，原油价格大幅上涨，分别上涨 9.3%、5.1%、6.1%、9.4%和 6.9%。6、7 月份，受国际原油价格震荡走低的影响，全省原油出厂价格由升转降，环比下降 3.6%和 1.6%，在经历了 8 月份反弹 1.1%之后，9—11 月环比价格再度逐月走低，分别下降 2.2%、1.2%和 4.4%。

二是黑色金属冶炼及压延加工业上涨前高后低。1—11 月，全省黑色金属冶炼及压延加工业同比累计上涨 11.8%。同比分析：1—9 月，受铁矿石、焦炭等主要原材料价格上涨以及钢材市场需求较旺等诸多因素影响，全省钢铁产品出厂价格同比累计上涨 14.1%。其中：炼铁类、炼钢类、钢压延类及铁合金冶炼类产品分别上涨 13.5%、16.9%、13.2%和 5.0%。所调查的 32 个产品全部上涨，16 个产品价格涨幅在 10%以上，占全部调查产品的 50%。其中钢筋价格涨幅最高，同比上涨 19.6%，其次是：线材（盘条）、非合金钢粗钢和铁道用钢材，分别上涨 18.8%、18.1%和 16.3%。进入 10 月，受欧洲债务危机加深和国内市场需求不足等因素影响，10 月份同比上涨 4.8%，涨幅回落 5.0 个百分点。11 月份又出现了 2011 年以来的首次同比下降，降幅为 0.8%。环比分析：1—9 月，市场价格以涨为主调，除 3、7、9 月环比价格分别微降 0.8%、0.7%和 0.1%外，其余各月均为上涨，涨幅在 0.3%—4.1%之间，最高涨幅 4.1%出现在 2 月份。10 月以来，明显下降，10、11 月份环比价格分别下降 4.0%和 3.8%。

三是农副食品类产品购进价格总体在高位波动。从同比分析：1—11月，全省农副食品类产品购进价格同比上涨20.9%。1至6月份涨幅逐月扩大，分别上涨15.8%、21.8%、22.7%、23.3%、23.3%和26.0%；下半年开始涨幅一路回落，7—11月涨幅分别为24.9%、23.9%、23.7%、19.0%和7.6%，其中11月份涨幅为全年最低。受原材料价格上涨的影响，全省农副食品加工业和食品制造业产品出厂价格持续上涨。1—11月，全省农副食品加工业出厂价格同比上涨11.7%，其中粮食、饲料、植物油、肉类产品分别上涨4.6%、6.5%、21.7%和11.5%。食品制造业产品出厂价格上涨7.6%。从环比分析：农副食品加工产品自2010年5月份以来，除2011年1月份、11月份环比分别回落0.4%和1.0%外，其余各月环比均呈小幅上涨态势，其中2月、4月、9月份涨幅较高，分别上涨1.3%、1.1%和1.0%。受农产品价格上涨的影响，食品制造业产品出厂价格自2010年3月—2011年8月已连续18个月上涨。2011年9月，环比首次下降，降幅为0.1个百分点。随后的10月和11月又开始微幅反弹，分别上涨0.5%和0.3%。

四是纺织业产品出厂价格同比涨幅先扩后缩，环比前升后降。1—11月，棉花市场价格剧烈波动，从年初开始持续上涨，4月中旬突然大幅下跌。受此影响，全省纺织业产品出厂价格同比上涨18.3%。1—3月份全省纺织业产品价格不断攀升，分别上涨24.8%、27.4%和27.8%，涨幅逐月扩大。自4月开始涨幅出现回落，5—11月回落幅度逐月加大，11月份仅上涨0.3%，较3月份回落27.5个百分点。环比分析：1—4月，全省纺织业产品价格逐月上涨，分别上涨1.6%、2.3%、1.7%和0.3%。受5月份棉花价格下降影响，5—11月，纺织业产品价格一直下滑，其中7月份降幅最大，达到2.0%。

（三）工业生产者出厂价格震荡运行的成因

一是政策刺激需求，拉动工业生产者价格上涨。国际金融危机以来，我国经济在国家积极的财政政策和稳健的货币政策刺激下快速回升。从 2011 年开始，在“调结构、稳增长”等一系列措施的带动下，国内经济出现持续稳定增长的局面。2011 年前 8 个月，全省固定资产投资完成 9846.1 亿元，比上年同期增长 26.6%，增速加快 4.3 个百分点。固定资产投资的较快增长，加大了对部分工业品需求，使建筑材料、黑色金属、煤炭等产品出厂价格大幅上涨。据统计，1—8 月，全省工业投资完成 4429.9 亿元，同比增长 25.7%，占全省固定资产投资的 45%。另外，居民消费需求也在日益增长，前三季度全省生活资料同比累计上涨 5.8%，也是影响工业生产者出厂价格上涨的原因之一。

二是前期资源类、能源类、农产品类价格涨幅高。从总体上看，2011 年前三季度中国仍面临着高物价的压力。从国际市场大宗商品到老百姓生活中不可缺少的部分农产品，如棉花、玉米、小麦等，大部分价格都在上涨。1—9 月，全省农副产品同比累计上涨 12.4%。其中植物油加工、屠宰及肉类加工、饲料加工和谷物磨制同比分别上涨 24.1%、11.9%、5.8%和 5.0%。同时，煤价、油价等能源类也在大幅上涨。其中煤炭开采和洗选业前三季度同比累计上涨 8.0%，其中 1—3 月同比均涨 10.0%以上；而石油和天然气开采业出厂价格更是居高不下，1—9 月，除 1 月、2 月份同比涨幅在 20%以下外，其余 7 个月涨幅均在 35.4%—49.9%之间。

三是原材料等成本上升直接推高了工业生产者出厂价格。近年来，政策刺激、消费需求增加使全省工业生产增长加快，对原材料的需求程度也不断增大。2011 年 1—9 月，全省工业生产者原材料、购进价格同比上涨 12.7%。原材料购进价格持续上涨，导致工业企业生产成本增加，进而推动工业生产者出厂价格上涨。另外，人工、运输等费用快速上涨对全省工业生产者价格上涨起到推动作用。随着企业用工制度和工资收入分配制度不断完善，劳动力成本快速增加，增加了产品成本，进一步推动了工业生产者价格的上涨。

四是支柱产业价格大幅回落成为后期总体价格水平回落的推手。从产业结构看，钢铁业是全省第一大产业，其价格变动对全省工业生产者价格总体水平有决定性影响。1—7 月，受进口铁矿石价格上涨推动成本上升和国内建筑、汽车、高速铁路、机械等行业对钢材需求持续旺盛等因素影响，全省黑色金属冶炼及压延加工业同比价格波动上涨，直接决定了全省工业生产者出厂价格高位波动运行。从 8 月份开始，钢铁业因国内市场需求不足和欧洲债务危机加深等影响，涨幅明显回落，其中黑色金属冶炼及压延加工业 8—10 月同比分别上涨 13.0%、9.8%和 4.8%，涨幅较上月分别回落 3.4、3.2、5.0 个百分点，分别影响全省工业生产者出厂价格总指数回落 1.1、1.0 和 1.6 个百分点，11 月份更是出现了 2011 年以来的首次下降，同比下降 0.8%，影响总指数回落 1.8 个百分点。受其影响，8—11 月全省工业生产者出厂价格总指数同比分别上涨 9.5%、8.2%、5.7%和 1.6%，涨幅分别比上月回落 1.1、1.3、2.5 和 4.1 个百分点。

图 3　2011 年黑色金属冶炼及压延加工业出厂价格同比指数

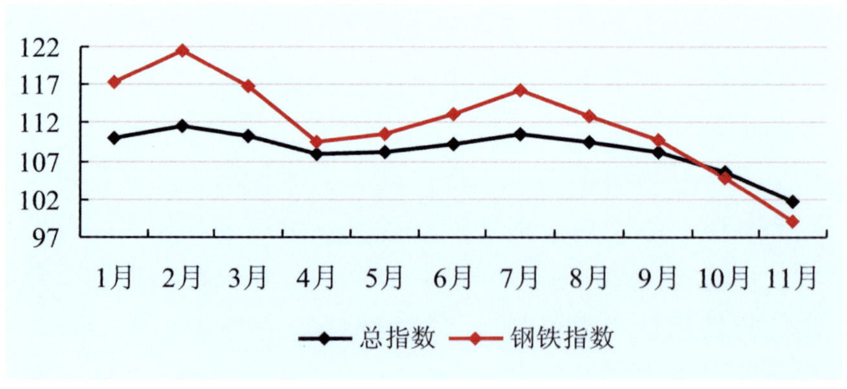

二、2012 年工业生产者价格走势判断

通过对近年来工业生产者价格运行状况分析，结合国内政策调整和国际经济发展形势，总体判断：2012 年工业生产者价格将会

波动运行，波动幅度将相对平稳。

（一）抑制工业生产者价格上涨的主要因素

一是供求关系影响。当前国内需求相对不足，工业生产原料和产品价格呈明显的回落态势，有利于价格总水平稳定。

二是翘尾因素影响。2011 年前三季度价格水平持续在高位波动运行，造成基期价格水平相对较高。第四季度价格总水平又出现明显回落，导致 2012 年工业生产者价格翘尾因素较少，有利同比指数保持较低水平。

三是国际形势影响。欧债危机还没有缓解的迹象，世界经济面临越来越大的经济下行风险。国际市场需求相对不旺，这将在一定程度上有利于抑制国内工业生产原料价格的上涨。

（二）支撑工业生产者价格上涨的影响因素

一是国内形势。中央经济工作会议提出 2012 年经济工作“继续加强和改善宏观调控，促进经济平稳较快发展”。要继续实施积极的财政政策和稳健的货币政策，货币政策要根据经济运行情况，适时适度进行预调微调。预计今后相关措施还会不断出台，市场货币供应量会由降转增，这将推动工业品价格的上行。

二是市场形势。我国对国际市场上主要生产资料的依存度越来越高，特别是国际市场生产资料价格进入动荡期，价格炒作和投机因素的影响难于把握和控制。加之国内劳动力价格上涨等多种因素影响，企业对涨价的消化能力也越来越弱，靠产品涨价来转嫁成本上升的动力增强。

（撰稿：国家统计局河北调查总队　张荣青）

2011 年河北城镇居民收支形势与 2012 年展望

2011 年前三季度河北省城镇居民人均总收入 14523.21 元，比上年同期增长 12.7%，其中可支配收入 13586.48 元，增长 12.3%；人均消费性支出 8364.74 元，同比增长 12.8%。与上年同期相比，收支增幅均呈上升之势，可支配收入增幅较上年上升 2.2 个百分点，消费性支出增幅较上年上升 7.0 个百分点。综合各方面影响因素分析，预计 2012 年城镇居民收支仍会呈现稳步增长之势。

一、2011 年城镇居民收支的主要特点

（一）城镇居民收入增速持续加快

2011 年，河北省城镇居民家庭收入增速逐季持续加快。人均可支配收入一季度增长 8.7%，上半年增长 11.3%，前三季度增长 12.3%。在构成总收入的四大部分（工资性、财产性、转移性和经营净收入）中，工资性收入和转移性收入是拉动居民家庭收入增长的主要动力，经测算，前三季度这两项收入对可支配收入增速的拉动力达到 8.5 个百分点，其贡献率达到 69.2%。

表 1　2011 年 1—3 季度全省城镇居民收入情况

指　　标	2011 年 1—3 季度（元）	2010 年 1—3 季度（元）	同比增长（%）
人均总收入	14523.21	12885.08	12.7
其中：人均可支配收入	13586.48	12099.12	12.3
1. 工资性收入	8710.83	7890.65	10.4
2. 经营性收入	1379.12	786.2	75.4
3. 财产性收入	226.06	210.76	7.3
4. 转移性收入	4207.2	3997.48	5.2

（二）经营净收入所占比重提高

从构成居民家庭总收入的四项指标看，经营净收入所占比重提高了 3.4 个百分点，工资性收入、财产性收入和转移性收入所占比重均呈不同程度的下降，分别下降 1.3、0.1 和 2.1 个百分点。

表 2　2011 年 1—3 季度全省城镇居民收入结构变化情况

指　　标	2011 年 1—3 季度（元）	各项收入所占比重（%）	2010 年 1—3 季度（元）	各项收入所占比重（%）	比重增减（百分点）
人均总收入	14523.21	—	12885.08	—	—
1. 工资性收入	8710.83	60.0	7890.65	61.2	−1.3
2. 经营净收入	1379.12	9.5	786.2	6.1	3.4
3. 财产性收入	226.06	1.6	210.76	1.6	−0.1
4. 转移性收入	4207.2	29.0	3997.48	31.0	−2.1

（三）消费增速快于收入

2011 年前三季度，河北省城镇居民人均消费性支出 8364.74 元，同比增长 12.8%，不仅比上年同期上升 7.0 个百分点，而且高于同期可支配收入增速 0.5 个百分点，改变了上年同期低于可支配收入增速 4.3 个百分点的状况。从构成城镇居民家庭消费性支出的八大类情况看，呈“七增一降”态势，“七增”是教育文化娱乐服务（23.2%）、食品（19.5%）、衣着（16.3%）、家庭设备用品及服务（13.0%）、交通和通信（5.6%）、居住（4.1%）与其他商品和服务（0.1%）；“一降”是医疗保健（−1.3%）。

表 3　2011 年 1—3 季度全省城镇居民消费情况

指　　标	2011 年 1—3 季度（元）	2010 年 1—3 季度（元）	同比增长（%）
人均总支出	11085.58	9547.43	16.1
其中：人均消费性支出	8364.74	7413.92	12.8
1. 食品	2954.64	2472.3	19.5
2. 衣着	1012.42	870.82	16.3
3. 居住	751.7	722.14	4.1
4. 家庭设备用品及服务	581.22	514.17	13.0
5. 医疗保健	703.5	712.61	—1.3
6. 交通和通信	1099.43	1041.56	5.6
7. 教育文化娱乐服务	960.97	779.9	23.2
8. 其他商品和服务	300.86	300.43	0.1

（四）社保支出继续增长

随着河北省城镇居民社会保障意识不断增强，居民社保支出持续增长。2011 年前三季度，城镇居民人均社会保障支出 847.04 元，同比增长 20.0%，各项社保支出均呈增长趋势。

表 4　2011 年 1—3 季度全省城镇居民人均社保支出情况

指　　标	2011 年 1—3 季度（元）	2010 年 1—3 季度（元）	同比增长（%）
社会保障支出	847.04	706.1	20.0
1. 个人交纳的养老基金	360.63	289.77	24.5
2. 个人交纳的住房公积金	308.5	267.15	15.5
3. 个人交纳的医疗基金	145.22	123.38	17.7
4. 个人交纳的失业基金	23.63	17.7	33.5
5. 其他社会保障支出	9.05	8.09	11.9

二、影响收支增长的因素

——从影响城镇居民收入增长因素看，主要是宏观经济形势继续向好，直接增收政策和创业帮扶效果的合力推动。

一是宏观经济形势继续向好为城镇居民家庭增收创造了有力条件。4 月份，河北省人力资源和社会保障厅向各设区市人民政府、各设区市人力资源和社会保障局、省直有关部门、中央驻冀企业发出《关于发布河北省 2011 年企业工资指导线的通知》，发布的企业职工货币平均工资增长上线高达 25%，有力地推进了城镇居民收入较快增长。

二是政策性增收因素直接促进了城镇居民家庭收入增长。政策性增收因素主要体现在两个方面：一方面是 2010 下半年提高最低工资标准和失业员人失业保险金标准的翘尾影响；另一方面是 2011 年新出台的提高企业退休人员基本养老金标准以及 7 月份起再次提高的最低工资标准。

三是创业帮扶工程有力推动了居民家庭经营净收入显著提高。经省政府批准，河北省人力资源和社会保障厅、河北省财政厅向各设区市人力资源和社会保障局、财政局，各县（市、区）人力资源和社会保障局、财政局发出关于印发《开展“创业帮扶工程”切实用好创业服务资金的实施方案》的通知，自 2011 年起省级设立创业服务专项资金，用于开展创业服务工作。

——从影响消费增长因素看，主要是收入增速持续加快提升了居民消费倾向和较高价格上涨环境下刚性消费需求支出的提高。

2011 年，在居民家庭收入增速持续加快的影响下，城镇居民消费倾向明显提高。前三季度，城镇居民家庭新增收入中用于消费的比例达到 63.9%，比上年同期提高了 27.5 个百分点。此外，在较高价格上涨环境下，食品、衣着等刚性消费支出大幅增长也进一步推动了消费性支出增速加快，前三季度城镇居民人均食品和衣着消费支出增长幅度高达 19.5%和 16.3%，仅此两项就拉动全省城镇居民人均消费性支出增长了8.4个百分点，对城镇居民人均消费性支出的贡献率达65.6%，比去年同期提高了55.5个百分点。

三、影响2011年收支增长的主要问题

2011年，虽然城镇居民家庭收支“双加快”，但仍然存在一些问题需要予以特别关注并加以解决或缓解。

（一）价格上涨对收支冲减较大

前三季度，城镇居民人均可支配收入和消费性支出比上年同期分别增长了12.3%和12.8%，扣除价格上涨因素，实际仅增长6.4%和6.9%，有5.9个百分点被价格上涨所抵消，占收、支名义增幅的48%和46.1%。这一特征在城镇居民食品消费支出上表现得更加明显。前三季度，城镇居民人均食品消费支出名义增长19.5%，扣除价格上涨影响，实际增长6.3%，有13.2个百分点被冲减，冲减幅度高达67.7%，比全省城镇居民人均消费性支出高出21.6个百分点。

（二）高低收入家庭收入差距仍在扩大

前三季度，占调查总户数10%的最低城镇居民家庭人均可支配收入为4730.61元，仅比去年同期增长5.7%，比全省城镇居民人均可支配收入增速低6.6个百分点；比占调查总户数10%的最高收入家庭人均可支配收入增速低3.1个百分点。人均收入额与全省城镇平均水平之比，由上年同期的1∶2.70扩大为1∶2.87（以低收入为1）；与最高收入家庭的人均收入之比也由1∶6.48扩大到1∶6.67（以低收入为1）。

四、2012年城镇居民收支展望

根据国际国内宏观经济形势发展态势及国家大力提高居民收入的政策要求，预计2012年城镇居民收支仍会呈现稳步增长之势。

影响 2012 年城镇居民收支的有利及不利因素主要有以下几点：

（一）推动城镇居民收支的有利因素

一是宏观经济发展的拉动力强。从国际国内宏观经济发展形势看，预计 2012 年主要是宏观经济形势继续向好，将持续带动城镇居民收入稳定增长。

二是居民增收潜力大。河北城镇居民收入基数低，与全国及先进省份相比仍有差距，具有较强的增长潜力。

三是政策利好因素多。2012 年是实现“十二五”规划关键的一年，大力提高居民收入是“十二五”规划里的一项重要内容。因此，2012 年提高城镇居民收入的各项政策制度可能会不断出台，对居民收入提高会有较强的促进作用。

（二）抑制城镇居民收支的不利因素

一是受欧洲债务危机加剧，外部环境的不确定性对中国经济发展产生一定影响，河北城镇居民收入增长将受到一定限制。

二是受当前货币政策影响，河北经济发展，尤其是众多中小企业发展受资金等影响较大，企业效益有所降低，影响职工工资收入增长，进而会影响全省城镇居民收入的增长。

五、提高城镇居民收入的对策建议

一是继续加大对低收入家庭的增收政策力度。近年来相继出台的各项增资政策在提高城镇居民低收入家庭方面虽已显成效，但仍需加大各项增收政策力度，建立一系列居民收入特别是中低收入家庭收入增长长效机制，保障低收入居民收入较快增长，缩小与全省平均水平的差距，推动社会和谐稳定发展。

二是实施灵活多样配套性、针对性更强的就业政策。增加家庭成员就业是提高城镇低收入家庭收入的重要途径。一般情况下，低收入家庭就业能力不是很高，自主就业难度较大，需要政府部门尽可能实施灵活多样配套性、针对性更强的就业政策，重点为低收入家庭提供公益性就业岗位，来促其收入水平提高。此外还可提供条件，鼓励他们自主创业，自我发展。

三是加强对消费价格的监管和促进房地产价格合理回归，维护和促进城镇居民 2011 年以来正在显现的消费倾向有所提高的良好势头，不断增强其消费信心。2011 年消费价格上涨对城镇居民家庭收支产生了较大影响，食品价格的上涨又是其主要部分，因此，稳定食品价格是关系到居民生活的重要方面。同时，房地产调控力度不断加大，虽然遏制了价格过快上涨的势头，但高昂房价的挤出效应依然影响着居民消费的增长。因此，有关部门一定要通过房地产市场各项调控措施大力度的贯彻落实，增强居民的消费信心，进而不断提高消费对经济增长拉动力。

四是以大力提高工资性收入为着力点，缩小与全国城镇平均水平收入差距。工资性收入是城镇居民家庭的主要收入来源，在可支配收入中占六成以上。相对于全国平均水平而言，河北城镇居民家庭收入中工资收入偏低，是造成其人均可支配收入与全国平均水平差额扩大的主要原因。因而，建议组织力量对公务员工资改革中落后于其他省份的增收项目进行调研，下决心尽快弥补不足，较大幅度地提高在岗职工工资水平，带动河北全社会平均工资水平，推动河北城镇居民收入水平快速增长，不断缩小河北城镇居民收入与全国平均水平的差距。

（撰稿：国家统计局河北调查总队　戴江学）

2011 年河北农村居民收支形势与 2012 年展望

2011 年是“十二五”开局之年，省委、省政府认真贯彻落实中央一号文件精神和农村工作会议精神，加大“三农”工作力度，陆续出台多项支农惠农政策，采取切实有效措施，保障农业生产稳产高产，促进农村经济发展和农民增收。全年农村劳务经济稳步发展，农产品价格大幅上涨，农民现金收入增长逐季加快，生活消费支出快速增长。2011 年前三季度，农民人均现金收入 6385 元，比上年同期增长 21.5%，预计全年将实现两位数增长；农民人均现金消费支出 3117 元，增长 28.7%，预计全年农民生活消费将继续保持增长。面对当前全球经济的不景气和国内“稳增长、调结构”的宏观政策导向，预计 2012 年河北农民人均纯收入在实现连续两年快速增长后增速将有所减缓，农民生活消费仍将保持较快增长。

一、2011 年前三季度农民收入和生活消费特点

（一）农民现金收入增幅较大

2011 年前三季度，农民人均现金收入 6385 元，比上年同期增长 21.5%，增速同比加快 8.1 个百分点。其中，工资性收入、家庭经营收入第一产业收入、非农产业收入和财产转移性收入全面增长。一是农民工资性收入人均 2547 元，增加 558 元，增长 28.0%。其中，农民本地务工收入 1328 元，增长 26.7%；外出务工收入 1012 元，增长 30.3%。工资性收入对前三季度农民增收的贡献率为 49.4%，在四项收入中增速最高。二是第一产业收入 2243 元，增加 320 元，增长 16.6%，对农民增收的贡献率为 28.3%。其中，农业收入 1556 元，增长 23.8%；牧业收入 654 元，增长 2.9%。三是家庭经营非农产业收入 1053 元，增加 159

元，增长17.8%，对农民增收的贡献率为14.0%。其中，家庭经营二产业收入人均357元，增长7.1%；经营三产业收入696元，增长24.2%。四是财产转移性收入人均541元，增加93元，增长20.6%，对农民增收的贡献率为8.2%。其中，财产性收入人均99元，增长1.3%；转移性收入人均442元，增长26.0%。

图1 前三季度对农民人均现金收入贡献构成（%）

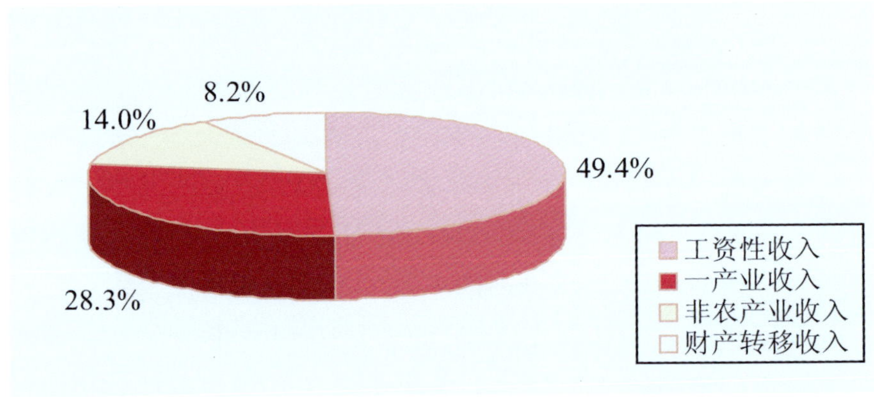

（二）农民现金收入增长的特点

一是农民现金收入增长呈逐季加快态势。分季度看，农民人均现金收入一季度增长18.6%，二季度增长21.3%，三季度增长24.7%，二季度比一季度加快2.7个百分点，三季度比二季度加快3.4个百分点。二是农民现金收入增速快于城镇居民收入增长。前三季度，农民人均现金收入增长21.5%，比城镇居民人均可支配收入12.3%的增速快9.2个百分点。三是农民现金收入增速快于前五年平均增速。前三季度，农民人均现金收入增长21.5%，从2006—2008年同期情况看，农民人均现金收入分别增长15.4%、16.8%和20.0%，呈现持续加快走势。2009年受金融危机影响，增速降到7.6%；2010年实现恢复性增长，增速为13.4%。2011年实现突破性增长，超过“十一五”时期的平均增速。

（三）农民现金收入增长动因分析

一是劳务经济快速发展。据农民工监测调查，第三季度，河北省非农务工人数占就业劳动力的 33.4%，同比提高 2.7 个百分点；外出劳动力工资水平超过 2000 元，同比增长 30%以上。前三季度，农民工资性收入人均增加 558 元，对现金收入增长的贡献率达 49.4%，成为支撑农民增收的第一因素。二是农产品价格大幅上涨。据农产品生产价格抽样调查，前三季度，河北省农产品生产价格同比上涨 14.64%。据此测算，因农产品价格上涨，拉动农民人均增收 232 元，对全省农民人均现金收入增长的贡献率达 20.5%。三是民营经济平稳发展。据对规模以下工业抽样调查，前三季度全省规模以下工业企业实现增加值超过 1400 亿元，扣除价格因素，实际增长 7.0%。农村非农产业的发展，促进了农民增收，农民家庭经营非农产业收入增加 159 元，对农民现金收入增长的贡献率达 14.1%。

（四）农民生活消费支出大幅度增长

2011 年前三季度，河北省农民人均生活现金消费支出 3117 元，比上年同期增加 695 元，增长 28.7%，增速同比快 13.7 个百分点。从 2006—2008 年同期情况看，农民人均生活消费现金支出分别增长 12.1%、13.3%和 13.0%。2009 年受国际金融危机影响，农民人均生活消费现金支出增长 7.4%，2010 年则快速恢复至 14.8%，2011 年高于前 5 年同期增速，为 6 年来的新高。

分类别观察，2011 年前三季度农民生活消费八类支出中有七类呈现快速增长的态势，其中家庭设备、用品及服务消费增长 47.5%，医疗保健消费增长 25.2%，交通和通讯消费增长 26.9%，衣着消费增长 42.7%，食品消费增长 38.1%，居住消费增长 18.4%，其他商品及服务消费增长 50.7%，下降的是文教娱乐用品及服务，消费支出下降 5.1%。

表 1　2011 年前三季度农民人均生活消费支出情况

指　　　标	绝对值（元）	同比增加（元）	同比增长（%）
人均现金收入	6385	1129	21.5
人均生活消费支出	3117	695	28.7
其中：食品	1065	294	38.1
衣着	242	72	42.7
居住	605	94	18.4
家庭设备、用品及服务	232	75	47.6
交通和通信	360	76	26.9
文化教育、娱乐用品及服务	202	－11	－5.1
医疗保健	329	66	25.2
其他商品和服务	82	28	50.7

（五）农民生活消费现金支出特点明显

一是农民生活消费现金支出增速高于现金收入。2011 年前三季度，农民人均生活消费现金支出增长 28.7%，比现金收入增速快 7.2 个百分点。分季度看，前三个季度农民人均生活消费现金支出的增速均高于现金收入，分别快 9.2、8.0、4.3 个百分点。

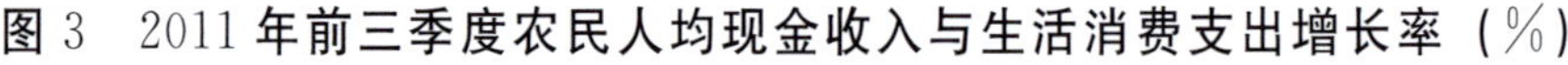

图 3　2011 年前三季度农民人均现金收入与生活消费支出增长率（%）

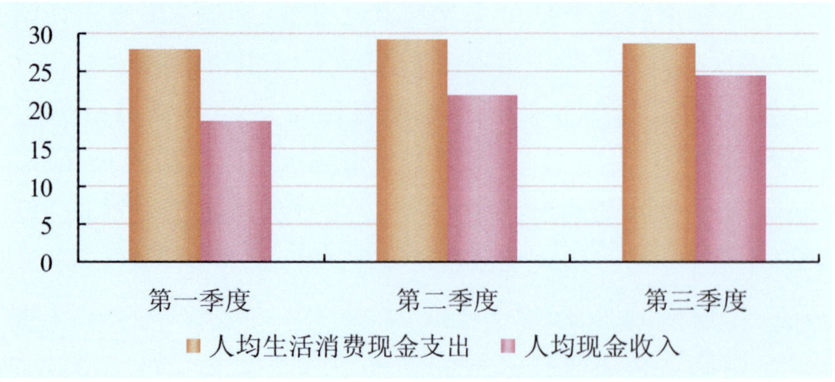

二是服务性消费支出和商品性消费支出全面增长。2011 年前三季度，农民人均生活消费中商品性支出 2251 元，比上年同期增加 583 元，增长 35.0%；服务性支出 866 元，增加 111 元，增长 14.8%。从前三季度农民人均生活消费支出结构看，商品性消费支出比重达到 72.2%，比上年同期提高 3.4 个百分点；服务性消费支出占 27.8%，比上年同期降低 3.4 个百分点。

图 4　2011 年前三季度农民人均生活消费支出结构

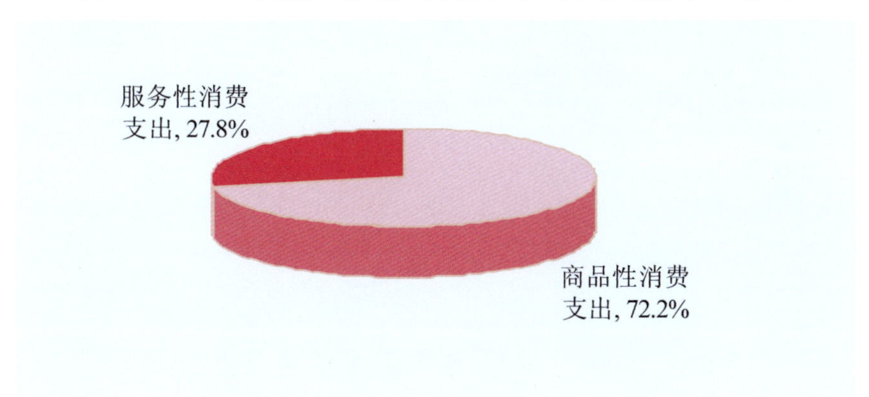

三是商品性消费支出增速快于服务性消费支出。2011 年前三季度，农民人均生活消费商品性支出增长 35.0%，增速比上年同期快 20.2 个百分点；生活消费服务性支出增长 14.8%，增速比上年同期慢了 1.6 个百分点。各项服务性消费支出中，衣着服务消费支出和其他服务消费支出增长最快，增速分别达到 110.5% 和 52.6%。服务消费性支出的快速增长，食品服务消费支出、居住消费服务性支出和医疗消费服务性支出拉动作用最强，其贡献率分别为 34.2%、47.6% 和 26.6%，分别拉动服务性支出增长 5.0、7.0 和 3.9 个百分点。

四是农民刚性消费支出增长明显。2011 年前三季度，河北省农民生存型刚性消费支出（食品、衣着及住房支出）1912 元，同比增加 461 元，增长 31.7%。

五是食品消费占生活消费比重呈下降趋势。2011 年前三季度，农民生活消费支出的八项构成按所占比重大小排列依次为：食品、居住、交通和通讯、医疗保健、衣着、家庭设备用品、文教娱乐、其他商品及服务。

图 5　2011 年前三季度农民生活消费支出构成

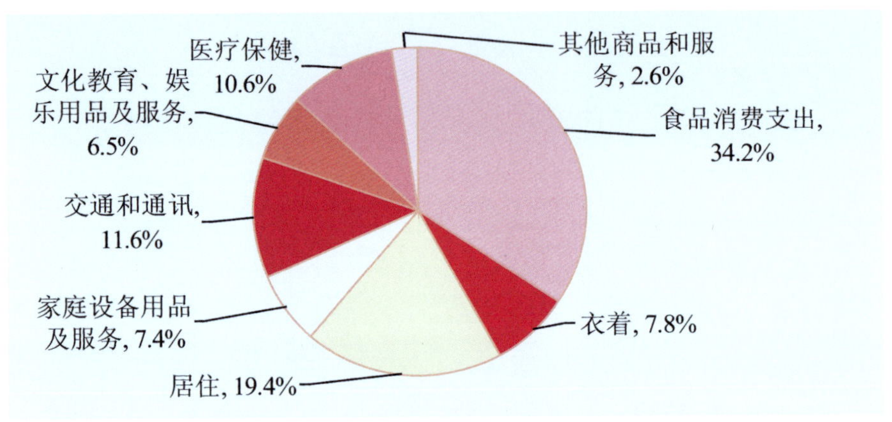

图 6　2000—2011 年农民人均食品支出占生活消费支出比重

单位：%

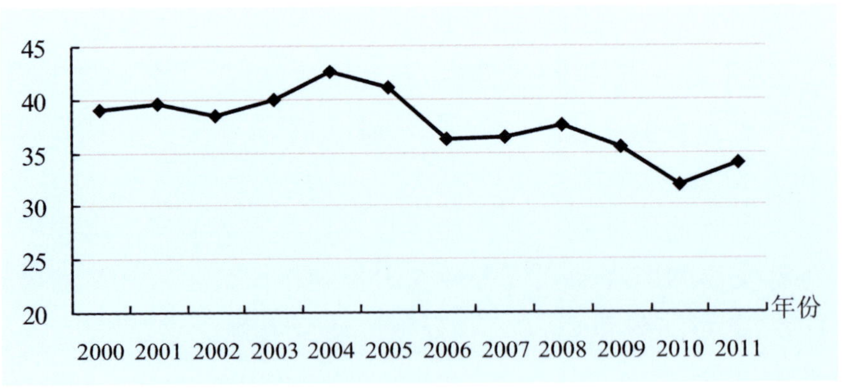

（六）农民生活消费增长动因分析

食品消费、居住消费、交通和通讯支出成为拉动农民生活消费增长的三大动力。2011 年前三季度，农民人均食品消费、医疗保健支出、交通和通讯支出共计 2030 元，占农民生活消费支出的 65.1%。其中，人均食品消费支出 1065 元，同比增长 38.1%；人均居住消费支出 605 元，同比增长 18.4%；人均交通和通讯支出 360 元，同比增长 26.9%，三者对全省农民人均生活消费支出现金增长的贡献率分别为 42.3%、13.6%和 11.0%，分别拉动 12.1、3.9 和 3.1 个百分点。

一是受食品价格上涨影响，农民人均食品消费支出快速增长。2011 年前三季度，河北省农村居民消费价格同比累计上涨 6.8%，其中农村居民食品消费价格同比上涨 15.0%，成为农民食品消费支出增长的主要推动因素。

二是居住消费支出快速增长，农民住房环境逐步改善。2011 年前三季度，农民人均居住消费支出 605 元，比上年同期增加 94 元，增长 18.4%。居住消费支出的增长，对人均生活消费支出增长的贡献率为 13.6%，拉动生活消费支出增长 3.9 个百分点，成为推动农民生活消费增长的第二大动力。

三是农民交通和通讯用品需求加大。随着生活水平的提高和外出务工人数的增加，农村居民交通和通讯用品需求加大，支出增多。被调查的 4200 户农民前三季度购买电动自行车 268 辆，同比增长 61.2%；购买摩托车 74 辆，同比增长 8.7%；购买手机 1063 部，同比增长 57.4%。交通和通讯支出增长，对人均生活消费支出增长的贡献率为 11.0%，拉动生活消费支出增长 3.1 个百分点，成为推动生活消费增长的第三大动力。

二、全年农民收支形势与 2012 年走势判断

分析前三季度农民现金收支增长态势，综合各方面的因素影响，初步判断 2011 年农民人均纯收入将实现两位数增长，农民生活消费也将保持快速增长。从当前面临的国际国内经济形势以及拉动全省农民收支出快速增长的支撑因素分析，预计 2012 年河北农民人均纯收入在连续两年快速增长后增速将有所回落，农民生活消

费将继续保持增长势头。

（一）2012 年河北农民收入走势预测

2010、2011 年河北农民人均纯收入快速增长主要是种植业产品价格大幅上涨和工资性收入增长共同拉动的结果。面对当前全球经济低迷和中国“稳增长、调结构”的宏观经济政策导向，2012 年农产品价格的运行态势和农民工工资水平以及用工数量变化将左右 2012 年河北省农民增收的形势。河北省农民增收具有诸多有利因素。

一是粮食价格将依然高位运行。支撑粮食价格上涨有两个因素，第一是国家不断提高粮食最低收购价格，第二是种植成本上升。种植成本上升抬高粮食价格估值，加上粮食需求的增加以及通涨预期下农民惜售等因素共同作用，未来粮食价格处于高位的可能性较大。

二是农村劳务经济有望持续健康发展。首先是水利建设、保障房建设和小城镇建设带来新的用工机会。未来 10 年水利投资将达到 4 万亿元、中央下达的各地保障房建设以及城镇化水平的不断提高，将为农民工带来大量的务工机会。第二是各级政府高度重视农民工工作，农民工就业服务体系不断健全，权益保障水平不断提高，有利于农民转移就业。

三是各项支农惠农政策效果将进一步显现。2011 年以来，河北省财政部门进一步扩大支农资金整合试点范围，集中财力支持农业结构调整、农业科技创新、农业基础设施和社会化服务体系建设。规范和深化县乡财政体制改革试点，引导县域内非农经济要素合理流动，促进小城镇发展。完善粮食直补、农资综合补贴、良种补贴、农机具购置补贴政策，扩大范围，提高标准。社会事业支出将继续向农村倾斜，全面提高财政对农村公共事业发展的保障水平。巩固和发展新型农村合作医疗制度，提高筹资标准和财政补助水平。建立新型农村社会养老保险制度，完善农村最低生活保障制度，全面落实农村五保供养标准。2012 年各项支农惠农政策对农民增收的效果将进一步显现。

四是 2012 年货币政策有望进行结构性调整。2011 年稳健的货币政策加快了货币回笼，有利于抑制通胀，但是同时增加了中小企业贷款难度，加剧了小微企业的资金紧张，对实体经济造成一定的影响。中国人民银行宣布，从 12 月 5 日起下调存款类金融机构人民币存款准备金率 0.5 个百分点，这是央行近 3 年来首次下调存款准备金率。2012 年，货币政策将更加灵活、更加具有针对性，将根据形势的发展适时适度进行预调微调。

2012 年促进河北省农民增收虽然具有很多有利因素，但约束性因素也不容忽视。

一是农民工就业形势不乐观。目前建筑行业、中小企业以及劳动力聚集型企业是农民工集中的行业，在出口形势不太乐观、国家对房地产市场调控政策仍将延续，中小企业资金周转困难，全国整体就业压力依然偏大、就业矛盾仍旧十分突出的大背景下，对农民工需求的增量将有可能出现减缓，农民工就业面临困难较多。

二是农资价格上涨影响农民收益。农业生产资料价格上涨将增加农民的生产成本，2011 年作为主要农业生产资料的化肥、农药、柴油、汽油上涨明显，柴油、汽油价格上涨还带动了农业服务业价格的上涨，部分抵消了农民生产的收益。

三是粮食稳定增产压力加大。农田水利基础设施薄弱，农业科技水平总体不高，农业靠天吃饭的局面还没有根本改变，而全球气候变化影响不断加剧，极端天气事件明显增多，加之农田基础设施老化，农业抗御自然灾害的能力十分薄弱，粮食稳定增产压力加大。

通过分析农民增收的有利因素和不利因素，2012 年河北农民人均纯收入将呈现稳步增长的态势。

一是工资性收入将继续保持稳定增长。工资性收入在农民收入构成中占据主导地位，随着城镇化进程的推进和农村劳务经济的发展，近年来农民工资性收入快速增长。2006——2010 年，农民工资性收入年均增长 15.5%，比农民收入增速高 4.2 个百分点。在农民收入中，2005 年第一产业收入占 41.8%，居第一位；工资性收入占 37.2%，居第二位。2006 年农民工资性收入占 39.8%，首次超过第一产业收入 0.6 个百分点，之后工资性收入始终居于“第一收入”地位，并不断得到强化，2010 年占农民收入的比重高达 44.5%。虽然 2012 年农民工就业将面临诸多的困难，但是也有我国人口红利对农民增收抑制作用正在逐步减弱、农民工工资水平有望继续上涨、农民工权益保障不断加强等有利因素，预测 2012 年工资性收入将继续保持稳定增长。

二是农业收入增速可能回落。从 2011 年前三季度总体情况看，农产品价格涨幅较大，但分季度看，部分农产品价格出现了下降或涨幅减缓的势头，下行趋势显现。据对全省 12 个重点集贸市场农产品价格月度调查，下半年以来河北猪产品价格呈现持续走低态势。主要粮食品种玉米、大豆、粳米价格在 10 月份达到全年最高水平后，11 月份出现明显回落。如果明年农产品价格不出现回升，农业收入将出现回落。

三是家庭经营非农产业收入保持增长。城镇化和工业化的推进及第三产业的快速发展，带动了建筑、餐饮、批发零售和加工制造等行业的蓬勃发展，有力地促进了农民收入可持续增长。农民家庭经营非农产业的收入增长与否，与宏观经济环境及国家产业政策有着密切的联系。随着河北省县域经济的不断发展和地方特色非农产业对农户的辐射带动作用的不断加大，从事非农产业和农民工回乡创业的从业劳动力规模呈现增长态势，从而使农民从非农产业得到的收入将会进一步增强，预计 2012 年农民家庭经营非农产业收入将继续保持增长。

四是财产转移性收入较快增长。2011 年前三季度农民人均财产转移性收入 541.1 元，增加 92.5 元，增长 20.6%。农民财产转移性收入能够保持较高速度增长，与党和国家制定的一系列支农惠农政策息息相关。随着国家财政实力的不断增长，国家对种粮补贴、生产资料综合补贴和购买大型农机具补贴力度将进一步加大，此外农村养老金的发放是 2012 年转移收入增长的一个大的亮点，预计 2012 年农民财产转移性收入将继续保持较快增长。

（二）2012 农民生活消费走势判断

2011 年河北省农民收入水平进一步提高、农村消费环境进一步改善，综合分析各种经济因素的影响，预计 2012 年农民生活消费将继续保持增长势头，衣、食、住等基本消费平稳增长，医疗保健、交通通讯、文教娱乐等享受发展型消费不断升级，耐用消费品拥有量进一步增加，农民生活消费保持稳定增长。三大因素将推动农民消费增长。

一是惠农政策成为农民收入增长消费增加的有力保障。2011 年前三季度，农民人均现金收入增长 28.7%，从 2006—2008 年同期情况看，农民人均现金收入分别增长 15.4%、16.8%和 20.0%，呈现持续加快走势。而 2011 年前三季度的增速是在 2009 年和 2010 年同期增长 7.6%和 13.4%的较低增速下实现的，且超过 2006—2008 年，表现为快速增长特征，有力地带动了农民消费的快速增长。首先是国家对农业投入力度加大，惠农作用继续加强。2011 年党中央、国务院出台支持粮食增产农民增收的政策措施，明确提出千方百计保证稳定粮食产量，继续增加“三农”投入，提高粮食最低收购价格，大力开展农民创业培训，继续完善农业保费补贴政策等一系列惠农强农政策，突出体现了国家对“三农”工作的重视和扶持力度。其次是农民外出务工环境不断改善，外出务工收入增加。随着国家和河北省对农民工社会保障的不断重视，采取各项措施维护农民工权益，社会保障情况明显好转，为农民外出就业创造了良好环境，非农就业人数迅速增加，农民工资性收入快速增长，强力带动农民增收。

二是消费环境改善，进一步刺激农民消费。随着国家对农村公共基础设施投入力度的不断加大，农村消费环境得到进一步改善。国家工商总局在《2010 年流通环节食品安全整顿工作方案》中明确，把农村食品市场整顿工作作为流通环节食品安全整顿工作的重点，集中力量开展农村食品市场专项整治行动，以维护市场秩序，促进了农村市场健康有序发展。2009 年以来，河北省不断加大对农村环境综合整治的投入力度，到 2011 年，安排中央和省级农村环保专项资金近 1.2 亿元，同时，各级政府加强对农村市场整治工作力度，不断完善农村市场监管机制。这些措施的实施，将使农村公共设施、消费环境明显改变，促进农民消费增长。

三是保障制度进一步完善，农民消费预期增强。2011 年前三季度，农民人均交纳医疗保险费 19 元，比上年同期增加 14 元，增长 3 倍；交纳社会保障基金 31 元，比上年同期增加 12 元，增长 66.0%；购买非储蓄性保险 25 元，比上年同期增加 15 元，增长 144.5%。农村社会保障体系的完善，将减轻农民负担，增加收入预期，刺激消费需求。

（撰稿：国家统计局河北调查总队　李维峰　焦凯）

2011 年石家庄市经济形势与 2012 年展望

2011 年是“十二五”开局之年，面对复杂多变的国际政治经济环境和国内经济运行新情况新变化，全市上下以科学发展观为引领，认真落实国家、省、市宏观调控政策措施，围绕“转型升级、跨越赶超”两大任务，全市呈现经济平稳较快增长、发展协调性增强、结构调整成果显现、经济运行质量提高、民生持续改善的良好发展态势。2012 年，是实施“十二五”规划承上启下的重要一年，要突出把握稳中求进的工作总基调，抓住和用好石家庄发展的重要战略机遇期，调结构、转方式，增强经济发展的内生动力，推动全市经济社会平稳较快发展。

一、经济运行呈现五大亮点

（一）经济平稳较快增长

前三季度，全市完成生产总值 2909.8 亿元，同比增长 12.0%，与上半年增速持平。全市 GDP 增速已连续五个季度保持在 12%左右，接近“十一五”时期 12.2%的平均增速，表明在当前国家宏观调控政策趋紧、经济增速放缓的大环境下，全市经济仍处于平稳较快的正常运行通道。

图 1　2010 年以来 GDP 各季度累计增速（%）

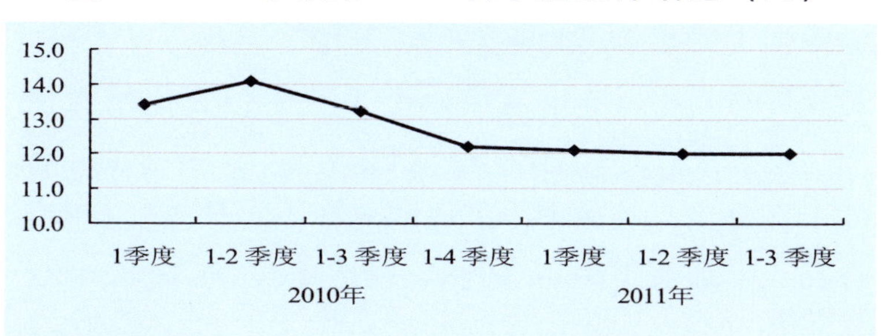

（二）发展的协调性增强

1. 三次产业协调发展。前三季度，全市第一、二、三产业分别完成增加值298.6亿元、1457.4亿元和1153.8亿元，同比分别增长4.5%、13.1%和12.5%。三次产业对经济增长的贡献率分别为4.0%、54.5%和41.5%，分别拉动全市GDP增长0.5、6.5和5.0个百分点。三次产业之比为10.2∶50.1∶39.7，与2010年同期相比，一产比重下降0.5个百分点，二产、三产比重分别提高0.4和0.1个百分点。

农业生产形势良好。2011年，全市各级认真落实各项惠农政策，努力克服各种不利因素，农业农村经济呈现较好较快发展的局面。粮食增产丰收。夏粮、秋粮及全年粮食单产、总产均创历史新高，圆满完成全年“粮食总产500万吨”的任务目标。全年粮食总产量达545.9万吨，比2010年增加38.0万吨，增长7.5%；平均亩产473公斤，比2010年增加35公斤，增长7.9%。蔬菜平稳增长。全市以万亩蔬菜示范区和设施蔬菜示范区建设为重点，积极推进蔬菜发展，前三季度，蔬菜播种面积183.7万亩，总产795.2万吨，同比增长2.9%。畜牧业稳步发展。2011年以来，畜产品价格持续高位运行，生产效益提高，全市畜牧业生产实现稳步发展。前三季度，肉、蛋、牛奶产量分别达到52.0万吨、82.0万吨和75.0万吨，同比增长3.0%、1.8%和6.8%。

工业生产平稳较快增长。2011年，全市规模以上工业生产在前5个月逐月小幅回落之后，自6月份起逆势回升，在全国工业生产小幅回落的大背景下，与全省走势保持了一致，总体保持了平稳较快增长。1—11月，全市规模以上工业累计完成增加值1573.1亿元，同比增长16.2%，较一季度提高1.4个百分点，较上半年提高1.0个百分点，较前三季度提高0.3个百分点。其中七大重点产业累计完成增加值1326.8亿元，同比增长16.6%，高于全市平均水平0.4个百分点，比前三季度加快0.4个百分点；民营工业累计完成增加值1307.9亿元，同比增长19.9%，高于全市平均水平3.7个百分点，成为工业增长的重要支撑。

图2 2011年规模以上工业增加值各月累计完成情况

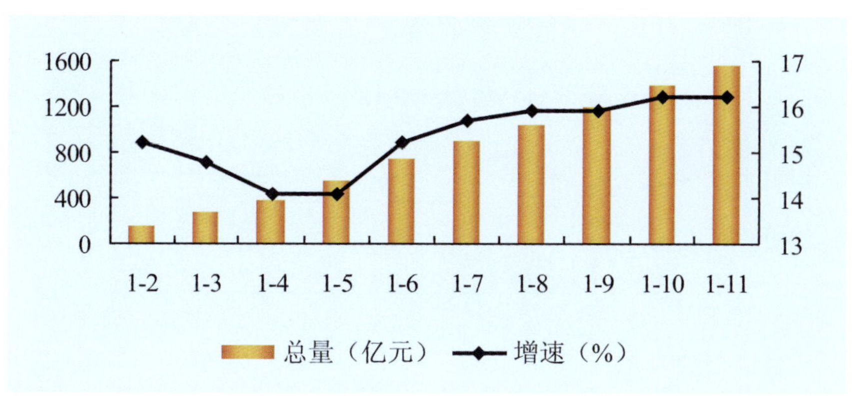

第三产业增长平稳。前三季度，全市第三产业完成增加值1153.8亿元，同比增长12.5%。其中，交通、贸易等传统行业运行平稳，占第三产业增加值的比重分别为29.0%和18.4%，对第三产业经济增长的贡献率分别为31.9%和15.8%，是全市第三产业发展的主要动力；金融、租赁和商务服务业、文化体育娱乐业等现代服务业发展较快，同比分别增长14.0%、20.6%和18.7%，分别高出第三产业平均增速1.5、8.1和6.2个百分点，对全市第三产业增长拉动作用明显。

2. 投资消费协调拉动。2011年以来，全市投资、消费均呈现平稳较快增长的特点，内需对经济增长的拉动更趋协调。

固定资产投资平稳较快增长。随着城市建设三年上水平和项目建设工作力度的加大，全市固定资产投资在2010年基数较高的基础上继续保持了较快增长。1—11月，全市完成固定资产投资2826.3亿元，同比增长28.0%。其中建设项目投资2099.7亿元，增长21.3%；房地产开发投资726.6亿元，增长51.8%。大项目带动战略持续推进。全市有亿元以上（不含房地产开发）施工项目544个，完成投资1012.7亿元，同比分别增长10.1%和14.9%。

亿元项目个数占全部建设项目的十分之一，亿元项目投资约占全部建设项目投资的二分之一，亿元项目已经成为拉动全市投资增长的核心力量。

图 3　2011 年固定资产投资各月累计完成情况

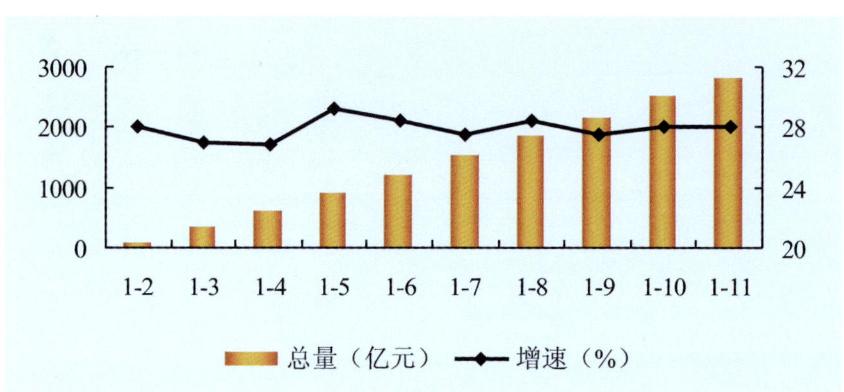

消费品市场平稳增长。扩大内需、促进消费政策的持续作用以及消费环境的不断改善，对繁荣消费品市场起到了积极的促进作用，消费品市场保持了平稳较快增长态势。前三季度，全市社会消费品零售总额实现 1096.3 亿元，同比增长 17.7%。城乡市场同步发展。前三季度，全市城镇市场实现零售额 855.3 亿元，同比增长 18.2%；乡村市场实现 241.0 亿元，同比增长 15.7%。商品消费热点明显。1—11 月全市限额以上批发零售企业商品零售额实现 442.6 亿元，同比增长 25.8%，其中文化办公用品类、金银珠宝类、化妆品类、电子出版物及音像制品类等具有保值增值功能的商品消费或时尚性商品消费的增速都在 30%以上。

对外贸易增长较快。1—11 月，全市进出口呈现持续较快增长态势，进出口总值达 129.0 亿美元，同比增长 30.6%，其中出口总值 64.4 亿美元，同比增长 23.8%。

图4 2011年各月累计出口完成情况

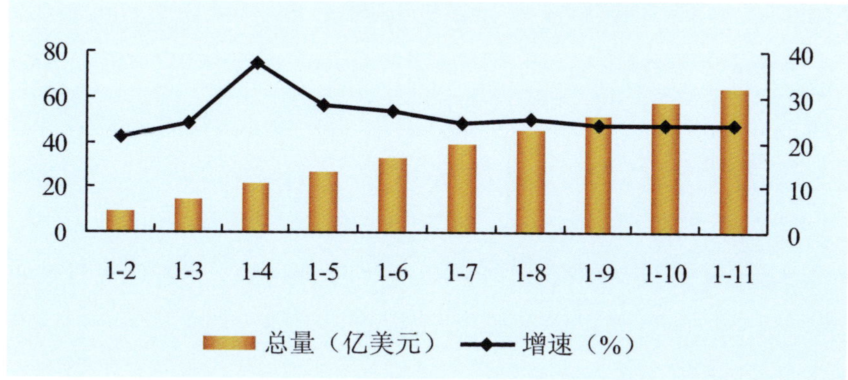

3. 区域经济协调发展。市委、市政府把中东西区域互动发展战略做为全市经济社会发展的重要方略，为区域协调发展指明了方向。前三季度，中东西区域经济增速分别为12.0%、12.3%和11.9%，发展更趋协调。同时，三大区域发展各具特色。中部大力发展服务业，前三季度服务业增加值同比增长13.9%，比全市平均水平高1.4个百分点，对经济增长贡献率达30.8%；东部以工业突破为特色，全部工业增加值同比增长16.4%，发展快于中、西部，带动了全市工业快速发展，其中规模以上工业增加值同比增长20.2%，比全市平均水平高4.3个百分点；西部以生态农业、绿色工业和旅游业为重点，前三季度，农林牧渔业发展较快，同比增长6.4%，比全市平均水平高1.9个百分点。

（三）结构调整成果显现

全市上下紧紧围绕科学发展主题和加快转变经济发展方式主线，继续加大调结构、转方式力度，取得了新成效。

1. 工业内部结构调整成效显著。一是装备制造业增速高。1—11月，装备制造业实现增加值244.5亿元，同比增长21.3%，高于规模以上工业增速5.1个百分点。二是高新技术产业增速高。1—11月，规模以上工业完成高新技术产业增加值180.2亿元，同比增长18.5%，高于规模以上工业增速2.3个百分点。三是高耗能行业增速低。1—11 月，六大高耗能行业完成增加值 550.0 亿元，同比增长 13.6%，低于规模以上工业增速 2.6 个百分点。

2. 投资、引资结构进一步优化。第三产业投资、引资的比重和增速高。1—11 月，第三产业完成固定资产投资 1750.3 亿元，占全市固定资产投资的比重为 61.9%，同比增长 34.4%；在外商直接投资和外商其他投资中，第三产业完成 58648 万美元，占全市比重达 87.9%，同比增长 1.6 倍。无论固定资产投资还是外商投资，第三产业的比重和增速都是三次产业中最高的。高新技术产业投资高速增长。全市高新技术产业完成投资 181.2 亿元，同比增长 43.0%。部分高耗能行业投资减速。钢铁工业完成投资 30.4 亿元，同比下降 8.7%；石化工业完成投资 129.7 亿元，同比下降 7.6%。

（四）经济运行质量提高

全市经济在保持平稳较快增长的同时，运行质量也在提高。

1. 财政收入质量提高。一是收入增速较高。1—11 月，全市全部财政收入完成 451.6 亿元，同比增长 25.3%，其中一般预算收入完成 200.8 亿元，增长 33.6%。二是一般预算收入占全部财政收入比重提高。一般预算收入占全部财政收入比重达到 44.5%，较 2010 年同期提高 2.8 个百分点。

图 5　2011 年全部财政收入各月累计完成情况

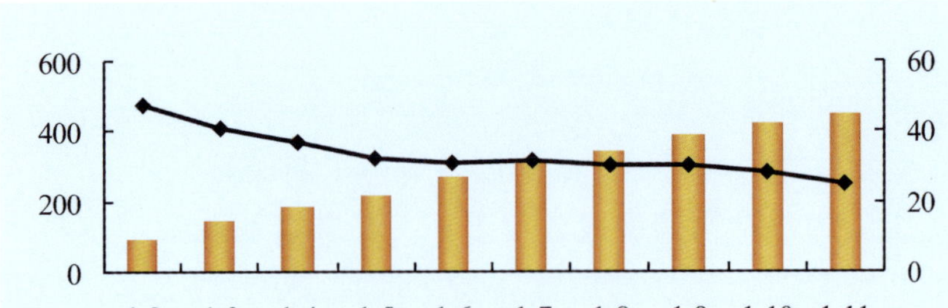

2. 企业效益稳步提高。从1—10月规模以上工业财务数据看，一是实现利润保持较快增长。全市规模以上工业企业实现利润380.5亿元，同比增长28.2%。二是整体盈利能力较高。全市规模以上工业主营业务收入利润率为6.7%，较全省平均水平高出1.6个百分点。

（五）民生持续改善

在坚持经济建设这一中心的同时，市委市政府更加重视改善民生，坚持把民生摆在更加突出的位置，经济发展的成果越来越多地惠及百姓。

1. 城镇就业形势稳定。城镇从业人员总量稳中有升，前三季度，全市城镇单位从业人员84.6万人，同比增加2.2万人。其中企、事业单位从业人员分别增加1.2万人和0.9万人，是从业人员增加的主要流向。全市在岗职工人均工资达到25359元，同比增长17.3%。尤其是企业在岗职工平均工资增长较快，同比增长了23.6%，超过机关事业单位增速，扭转了近几年企业工资增速相对较低的格局。

2. 居民收入稳步提高。据国家统计局石家庄调查队抽样调查资料显示：前三季度，城市居民人均可支配收入15002元，同比名义增长10.8%，扣除价格因素，实际增长4.7%。据农调队抽样调查资料显示：农民人均现金收入7368元，同比名义增长24.1%，扣除价格因素，实际增长17.1%。农民人均现金收入实际增速保持“双超越”，超过同期GDP增速5.1个百分点，超过城市居民人均可支配收入增速12.4个百分点。

二、经济运行中存在的主要问题

（一）工业加快发展还面临着一定的制约

从1—11月工业生产运行情况看，全市工业发展在加快，在全省的位次由2010年同期的第八位上升到了2011年的第七位。但石家庄与先进省会城市相比还有一定差距，长沙、郑州等城市的规模以上工业增加值增速均在20%以上。因此，要实现工业率先跨越赶超，仍需提档加速，但加快发展仍面临着诸多制约。

1. 大中型企业增长乏力。2011年大中型工业企业增速始终在10%以下的低位徘徊。1—11月，大中型工业企业完成增加值665.6亿元，同比增长7.8%，低于规模以上工业增速8.4个百分点。从累计产值超过10亿元的33个较大企业看，有25家产值累计增速低于规模以上工业平均水平。大中型企业拉动力较小，已成为全市工业加快发展的主要制约。

2. 新兴战略产业带动作用较弱。战略性新兴产业的水平，在一定程度上决定着一个国家或地区的产业竞争力。从现状看，石家庄战略性新兴产业规模还较小。1—11月规模以上工业中，医药制造业仅占到全市规模以上工业增加值的5.7%，增速也仅为6.5%，低于全市规模以上工业增速近10个百分点；通信设备、计算机及其他电子设备制造业虽然保持了较高增长，但由于总量较小，占全市规模以上工业增加值的比重尚不到1%，难以有效拉动经济的快速增长。

3. 企业生产经营难度加大。2011年以来工业生产者购进价格指数持续走高，近几个月虽有所回落，但前11个月依然在110左右高位运行；人口红利拐点的逐步临近及通胀压力加大使原来低工资行业和企业出现招工难，人工成本上升，这些都使得企业的经营成本明显上升，效益增速减缓。从全市规模以上工业实现利润分季度累计增速看，一季度为32.7%，上半年为30.4%，前三季度为25.7%，出现回落的迹象，企业的效益受到影响，在企业追求利润最大化的前提下，近期将会影响到企业的生产，同时不利于企业的长远发展。

（二）通胀压力依然较大

国家统计局石家庄调查队提供的数据显示：2011年以来，全市价格总水平持续高位运行，整体呈现涨价面广、涨幅较大、连创新高的特点。11 月份，市区居民消费价格总水平环比上涨 0.2%，涨幅较 10 月份回落 0.1 个百分点；同比上涨 5.1%，涨幅较 10 月份回落 1.0 个百分点；累计同比指数 2011 年以来首次回落，同比上涨 5.8%，涨幅较 10 月份回落 0.1 个百分点。从影响因素看，在 11 月份居民消费价格总水平同比上涨的 5.1%中，翘尾因素影响 0.9 个百分点，新涨价因素影响上涨约 4.2 个百分点，较上月扩大 0.4 个百分点。11 月份，石家庄市工业生产者出厂价格同比上涨 3.1%，购进价格同比上涨 5.6%，比 10 月分别回落 4.4、4.3 个百分点；1—11 月，石家庄市工业生产者出厂价格累计同比上涨 8.2%，购进价格累计同比上涨 10.9%，比前 10 个月分别回落 0.5、0.6 个百分点。尽管 11 月份 CPI、PPI 涨幅出现回落，但从前 11 个月总体累计水平看，居民消费价格同比上涨 5.8%，而且新涨价因素的影响在增加。但仍然处在高位运行的态势，通胀压力依然较大，要保持物价总水平基本稳定，防止价格走势出现反弹，压力犹存。

图 6　2011 年市区居民消费价格指数

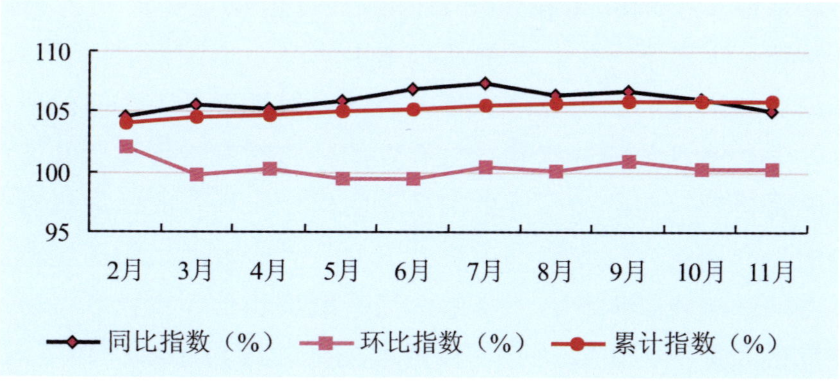

（三）节能降耗形势不容乐观

1—11 月，预计全市规模以上工业企业综合能源消费量同比增长 6.72%，较前 10 个月上升 0.2 个百分点，其中当月能耗增速

(8.64%) 比10月份 (3.83%) 高出4.81个百分点。主要原因：一是高耗能行业能耗持续增长。六大高耗能行业综合能源消费量同比增长7.52%，高于全市平均水平 (6.72%) 0.8个百分点；二是新增综合能源消费量呈稳步增长态势。从行业看，全市新增综合能源消费量主要集中在钢铁行业、水泥制品、热电生产、化学原料及化学制品制造业等四大行业，其中钢铁行业居首位，同比新增综合能源消费量占全市新增总量的52.4%。

三、2012年走势预测

2012年将是全市经济社会发展至关重要的一年，国际、国内经济环境依然复杂，机遇与挑战并存。

（一）不利因素

1. 世界经济增长乏力。2012年，世界经济形势仍然复杂多变，影响国际经济形势的不利因素将持续存在。一方面，欧债危机影响将长期存在。从根本上讲，欧洲主权债务危机是个别欧洲国家的高福利、高消费与本国经济增长乏力之间的矛盾，靠一次次的金融援助不能从根本上消除主权违约风险，只有依靠更加严格的财政制度，从律己上多下工夫，才能从根本上解决入不敷出的问题。而欧盟各国对此达成的共识显然不足，援助国与被援助国之间的博弈激烈，缺乏共渡难关的诚意和行之有效的措施约束。可见，欧债危机的影响将持续，而欧盟作为中国最大的出口市场，欧债危机对中国出口的不利影响在一定时期内难以消除。另一方面，美国经济对世界经济的影响将长期存在。虽然美国采取数轮量化宽松政策后，借欧债危机和美元的避险属性，使资本回流，缓解了本国债务问题，但是导致危机的制度性因素并没有消除，美元作为全球主要的结算、储备货币，美国经济对世界经济的影响将长期存在。此外，2011年以来，地区冲突、粮食安全、能源安全、气候变化、重大自然灾害等全球性挑战日益突出，世界经济发展面临严峻挑战。复杂多变的国际形势对中国出口、乃至中国经济的影响都将长期存在且复杂、深远。尽管石家庄净出口占全市经济的比重较小，但据上半年初步测算，已出现负拉动迹象。在经济一体化的大背景下，出口大省、大市由出口转内销的过剩供给也会对石家庄工、商业等产业实体带来影响。

2. 经济下行风险加大。随着11月CPI的回落和各大城市房屋价格的松动，标志着国家抑制通胀和房地产调控取得了阶段性的成果。但是收紧的货币政策以及房地产行业的降温，对中国经济发展带来的影响也在不断显现：一方面，国家统计局公布的三季度企业景气和企业家信心指数双双回落，而11月中国制造业采购经理指数（PMI）从10月份的50.4降至49.0，更直接表明中国制造业活动出现收缩。另一方面，自11月底以来，人民币对美元汇率多次触及跌停，不断印证了人们对人民币走软的担心。上述迹象间接表明中国经济下行风险正在不断累积。

3. 经济转型升级任务艰巨。国家各项节能减排政策更趋严格，“十二五”期间要求单位国内生产总值能耗、化学需氧量、二氧化硫排放量等指标，均要较“十一五”有显著下降。尤其是减排指标的增加，对全市医药、纺织等传统优势行业产能增长形成一定的制约，对这些行业的技术改造升级提出了更高要求。短期内，势必影响全市经济的较快增长。

（二）有利因素

1. 中央经济工作会议将“稳增长”列为2012年工作的首要任务，继续实施积极的财政政策和稳健的货币政策，保持宏观经济政策的连续性和稳定性，“稳中求进”成为经济社会发展的主基调。

2. 扩大消费拉动经济增长的预期愈发明显。随着世界金融市场的持续动荡，欧债危机的不断深化，中国靠出口拉动经济增长的外向型经济发展方式已难以为继。而为了应对2008年金融危机，国家推出的四万亿投资救助计划，在帮助中国经济渡过寒冬的同时，也遗留下了物价高企、个别行业投资过剩等问题。一段时期内国家对投资拉动经济增长的重点将主要放在优化投资结构上，投资规模将受到控制。可见，拉动经济增长的三驾马车中，只有消费大有可为。一方面，宏观经济政策逐渐转向内需支撑为主。国家、省、市的“十二五”规划中一系列惠农富民以及健全各项保障制度的政策，进一步表明了国家扩大内需、推动经济发展方式向消费拉动为主转型的决心。另一方面，加速城市化进程，也会推动内需的增长。2010 年石家庄城镇化率达到 50.8%，与世界发达国家和全国其他先进城市相比仍有很大的发展潜力。加快城市化进程，大量农民转移到城市和非农产业就业，不仅会推动城市公共服务的发展和各项保障制度的完善，也将带动全市经济结构的优化和消费需求的增长。

3. 冀中南地区列入国家重点开发区域，成为推动全市发展的新引擎。国家出台的《全国主体功能区规划》中，将冀中南地区列为重点开发区域；河北省“十二五”规划中，明确提出要把石家庄打造成为京津冀第三极；全市已经或即将出台的中东西区域协调发展战略和装备制造、生物医药、电子信息等新兴产业发展规划。都将为全市经济增长增添新的动力。“十二五”时期，全市城镇建设三年上水平、保障性住房建设、产业聚集区建设等一大批投资项目将相继建设投产，也会促进全市投资乃至全市经济的增长。

4. 通胀得到初步遏制，有利于企业良性发展。11 月份，全国 CPI 和 PPI 同比涨幅分别为 4.2%和 2.7%，双双创下年内新低。其中 CPI 同比涨幅在 7 月份创下 3 年来的最高值——6.5%，但之后就不断回落。PPI 从 10 月份的 5%降至仅 2.7%，为 2009 年 12 月以来的最小同比涨幅，表明通胀已得到初步遏制。合理的通胀水平和相对稳定的物价水平，对全市企业控制成本、科学生产意义重大，为全市经济健康发展提供了有力保障。

综合以上分析，2012 年全市经济发展还面临许多不确定因素，但总体判断，随着调结构、转方式的深入，经济发展内生动力会逐步增强，全市经济有望继续保持平稳较快增长的态势，但增速小幅回落的可能性较大。

四、2012 年经济工作建议

2012 年，应继续以科学发展为主题，应对挑战，抢抓机遇，着力解决经济社会发展中的突出矛盾和问题，调结构、转方式，不断增强经济发展的内生动力，在保持经济平稳较快发展的同时，不断提高经济运行质量和人民群众生活水平。

（一）调结构，构建现代产业体系

坚持做大做强工业战略。以结构调整为切入点，以工业聚集区建设为抓手，推动全市工业企业上规模、上水平。加大企业自主研发和科技创新的投入，加快全市医药、纺织等传统优势行业技术改造步伐，不断提升技术创新能力和装备技术水平，焕发传统产业的生机和活力，做优存量；加快装备制造、电子信息等新兴战略产业的打造步伐，培育新的经济增长点。加快淘汰落后产能，促进产业结构优化升级，加强跟踪监测和预警分析，控制新增能耗量，有序释放产能，带动全市经济实现转型升级、跨越发展。努力提升服务业发展水平。要立足省会优势，重点推进生产性服务业的发展，要鼓励工业企业做强主业，把服务环节实施外包，推动二、三产业互相促进，实现渗透式发展和增值。

（二）扩消费，增强经济增长内生动力

扩大消费对经济增长的拉动是转变经济发展方式的一项重要内容，而城乡居民消费又是社会最终消费的主体，是拉动经济增长的原始动力。要提高城乡居民的消费需求，就要千方百计提高居民收入水平。加快调整国民收入分配格局，合理调整政府、企业和居民之间的收入分配关系，逐步提高居民从初次分配中获得的收入比重；进一步完善社会保障体系，增加财政与民生有关的支出比例，

解除百姓就业、医疗、教育、养老等方面的后顾之忧，努力提高城乡居民收入，刺激居民消费预期，促进消费对经济增长贡献率的提高。

（三）控物价，提高人民群众生活水平

加强重要商品产销衔接和调运储备，组织好生猪、蔬菜等农产品生产，确保人民群众生活必需品的供应。加强流通环节监管，突出抓好产销对接的引导和支持力度，严格控制流通环节的虚高成本。严厉打击囤积拒售、垄断货源、操纵市场价格等行为，确保物价稳定。继续完善社会救助和保障标准与物价上涨挂钩的联动机制，切实保障和提高人民群众特别是低收入群体生活水平。

（四）强开放，提高经济外向度

要抢抓机遇，优化环境，增强石家庄对国内外客商投资的吸引力，积极有效承接国际、国内“两大”市场、要素转移。充分发挥石家庄区位和商务成本相对较低的优势，切实转变招商引资方式，加大项目招商力度，着力引进世界500强、央企、大型民企，发展总部经济等大项目投资。把好项目“准入关”，重点引进资金技术密集、附加值高的高新技术项目、服务业项目和龙头项目，提升产业层次，延长产业链。拓宽出口领域和出口市场，减少贸易摩擦，提高出口对经济的拉动。

（五）惠民生，提高百姓幸福指数

要坚持更加积极的就业政策，多渠道开发就业岗位。完善社会保障体系，扩大养老等各类社会保险覆盖范围，提高统筹层次和保障水平。高度重视农民工在城镇的工作生活问题，有序引导符合条件的农民工进城落户。继续做好医药卫生体制改革工作，加快推进以县级医院为重点的公立医院改革试点，加快全科医生培养。抓好保障性住房工作，逐步解决城镇低收入群众、新就业职工、农民工

住房困难。有效防范和坚决遏制重特大事故发生，加强食品、药品、生产安全监管，强化社会监督，依法打击违法违规行为。进一步加大对民生的投入，让发展成果与人民共享，切实提高人民群众的幸福指数。

（撰稿：石家庄市统计局局长　徐拥政）

2011 年承德市经济形势与 2012 年展望

“十二五”开局之年，面对复杂的国际国内环境，承德市紧紧围绕国家和省重大决策部署，深入贯彻落实科学发展观，以建设国际旅游城市为目标，突出“加快发展、加速转型”两大任务，把“稳增长、调结构、控物价、惠民生”作为主攻方向和着力点，经济运行呈较快发展态势，质量效益持续向好。中央经济工作会议已明确提出，2012 年要继续实施积极财政政策和稳健货币政策，提高中等收入者比重，保持物价总水平基本稳定，“稳中求进”成为经济社会发展的总基调。

一、2011 年经济形势运行特点

（一）经济运行态势平稳，财政收入快速增长

2011 年，承德市经济运行态势平稳。一季度，全市实现生产总值 192.3 亿元，增长 13%，高于全省平均增速 1.8 个百分点；上半年，实现生产总值 435.6 亿元，增长 12.2%，较一季度回落 0.8 个百分点，高于全省平均增速 1.1 个百分点；前三季度实现生产总值 747.9 亿元，增长 12.0%，增速虽较上半年回落 0.2 个百分点，但仍保持在较快增长区间。其中，第一产业增加值 104.9 亿元，增长 7.5%，较上半年回落 0.5 个百分点；第二产业增加值 438.7 亿元，增长 13.6%，较上半年提高 0.6 个百分点；第三产业增加值 204.3 亿元，增长 11.1%，较上半年回落 0.9 个百分点。总体看，生产总值增速逐季回落，与全国趋势一致。

全市财政收入一直保持较高增长水平，各月累计增速均在 32%以上。前 11 个月，全市完成全部财政收入 143.1 亿元，增长 33.4%，增幅比上年同期提高 14.8 个百分点，比全省和全国平均

增速分别高7.4个和6.6个百分点。其中地方一般预算收入64.8亿元，增长27.8%。财政各项支出稳定增长，推动各项社会事业协调发展，全市一般预算支出165.1亿元，同比增长24.4%。

（二）农业生产稳步增长，粮食喜获丰收

前三季度全市农林牧渔业实现增加值104.9亿元，增长7.5%，比全省平均水平高3.5个百分点，预计全年增长8%。

粮食生产及农副产品再获丰收。初步预计，全市粮食总产量144.3万吨，比2010年增加13.4万吨，增长10.2%；蔬菜产量235.9万吨，增长5.4%；猪牛羊禽肉产量23.3万吨，增长4.5%；禽蛋产量7.1万吨，增长5%；奶类产量8.8万吨，增长3.3%。各种牲畜存栏比上半年均有增长，其中猪存栏142万头、牛存栏71.6万头，分别比上半年增长6.8%和2.4%。农业生产稳定增长为全市经济发展奠定了坚实基础。

（三）工业生产逐渐加快，运行质量不断提升

2011年规模以上工业保持平稳运行态势，2—8月各月增速分别为10.1%、14.7%、13.4%，13.7%、26%、22.5%和14.9%，受2010年基数偏低等因素影响，9月份工业生产出现积极变化，当月增长43.3%，为2010年5月以来月度最高水平，10月、11月仍然呈现快速增长趋势，累计增速位次逐月前移。前11个月，规模以上工业增加值达到440.4亿元，增长16.6%，高于全省平均水平0.4个百分点。从具体行业看，铁矿采选业和黑色金属冶炼及压延加工加工业两大行业贡献突出。到11月末，铁矿采选业实现增加值190.8亿元，同比增长17%，对工业增长的贡献率为为45.5%，拉动工业增长7.6个百分点；黑色金属冶炼及压延加工加工业增加值152.4亿元，累计增速达23.2%，对工业增长的贡献率为42.4%，拉动工业增长7个百分点。饮料制造业、医药制造业分别实现增加值15亿元和3.3亿元，增长1.3%和7%，增速均

低于全市平均水平，对工业增长贡献率较低。

图1 2010年以来规模以上工业增加值增长率

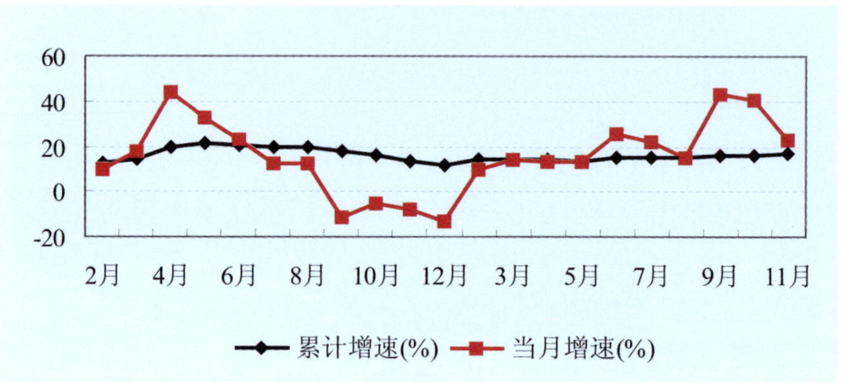

在生产快速增长的同时，工业经济效益持续向好。一是运行质量提升。前10个月，规模以上工业企业综合效益指数为308.2%，高于全省平均水平9个百分点，同比提高13个百分点，比一季度提高18.2个百分点。二是盈利水平增强。前10个月实现主营业务收入1302.4亿元，同比增长32.8%；利税131.9亿元，增长54.3%，高于全省平均水平25.5个百分点，其中利润总额80.5亿元，增长53.8%，高于全省平均水平23.5个百分点，税金总额51.3亿元，增长55.2%。三是亏损面进一步缩小。10月末规模以上工业亏损企业84家，亏损面为19.5%，比一季度缩小7个百分点，亏损企业亏损额4.5亿元，同比减亏1.1%。

（四）固定资产投资快速增长，增速位次前移

前11个月，全市固定资产投资累计完成766.1亿元，增长30.9%，其中，城乡固定资产投资完成627.1亿元，增长27%；房地产开发投资139亿元，增长52.2%。从投资结构看，第一产业完成投资45.3亿元，增长10.5%；第二产业完成投资381.6亿元，增长44.9%，其中工业完成投资380.8亿元，增长51.5%，占全市固定资产投资的49.7%。工业技改投资266.1亿元，增长

64.1%，占工业投资的 69.9%。工业聚集区投资 132.4 亿元，占全市固定资产投资的 17.3%。从投资项目看，1—11 月投资施工项目 1497 个，增长 31.3%，其中本年新开工项目 1163 个，增长 22%，占施工项目的 77.7%。亿元以上项目 207 个，增长 21.8%，比 2010 年同期增加 37 个，比上月增加 10 个，其中本年新开工项目 105 个，增长 16.7%，比 2010 年同期增加 15 个，比上月增加 9 个。

（五）消费品市场活跃，增长态势平稳

前三季度，全市实现社会消费品零售额 207.95 亿元，增长 17.5%，与全省平均增速持平，比上半年加快 0.5 个百分点。从消费形态看，餐饮收入 24 亿元，增长 15.8%；商品零售 183.8 亿元，增长 17.1%。从销售规模看，限额以上单位消费品零售额 49.6 亿元，占社会消费品零售额的 23.8%，增长 27.6%；限额以下单位消费品零售额 158.35 亿元，占 76.2%，增长 14.6%。从城乡市场看，城镇消费快于农村，城镇消费品零售额 149.2 亿元，增长 17.8%；乡村消费品零售额 58.7 亿元，增长 16.5%，城镇比乡村增速快 1.3 个百分点。

前 11 个月消费市场呈现三个特点：一是金银珠宝类零售增速居高不下，累计增长 53.4%，增速远远高于其他商品。二是在汽车优惠政策退出、汽油价格上调等一系列因素影响下，汽车类商品零售额增幅同比大幅回落，汽车类商品零售额累计增长 20.7%，较年初回落 8.7 个百分点，较 2010 年同期回落 48.6 个百分点。三是由于冬季即将到来，服装等消费品零售额增速有所加快。服装、鞋帽、针纺织品类零售额累计增长 21.6%，比三季度末提高 6.9 个百分点。

（六）消费价格高位运行，四季度涨势放缓

2011 年，全市居民消费价格指数逐月走高，3 月份达到 4%的

全年计划目标值，之后涨幅逐月扩大，到 7 月份达到最高上涨 6.9%，并首次超过全国平均水平，进入四季度，全市居民消费价格增势继续放缓，10 月份同比上涨 6.3%，11 月份同比上涨 4.7%，较 10 月指数回落 1.6 个百分点，当月涨幅与全省平均涨幅持平，比全国平均涨幅高 0.5 个百分点。

图 2　2011 年承德市与全省各月 CPI 走势

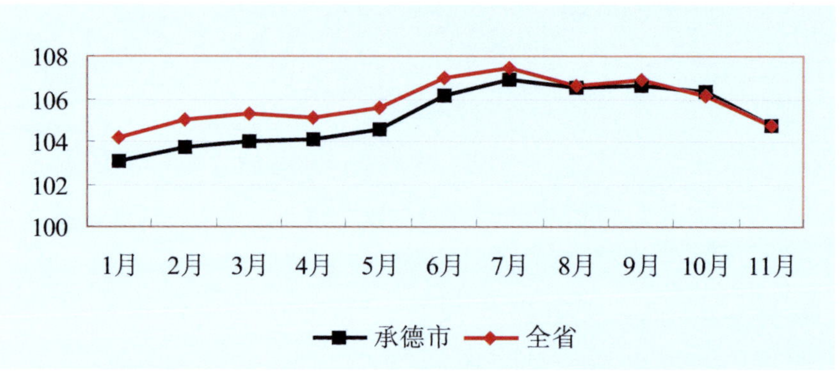

从八大类商品价格看，11 月份呈现“六升二降”态势，除烟酒、娱乐教育文化用品及服务类外，其余六个大类仍呈上涨态势，其中食品类价格在下半年强势上涨以来，继 10 月份之后再度出现回落，环比回落了 0.7%，是半年以来涨幅回落最多的一个月。前 11 个月居民消费价格总水平 105.1%，分别比全国和全省平均涨幅低 0.4 和 0.7 个百分点。

（七）节能降耗出现转机，工业能耗降幅扩大

前三季度，全市规模以上工业企业综合能源消费量为 630.7 万吨标准煤，同比增长 10.98%单位工业增加值能耗同比下降 4.41%；单位 GDP 电耗同比上升 0.68%，比二季度末回落 0.29 个百分点，受此影响，前三季度全市每万元生产总值能耗下降 3.1%，距完成全年下降 3.89%的目标进一步缩小，节能降耗出现新的转机。

1—11 月份，全市规模以上工业企业综合能源消费量为 749.1

万吨标准煤，同比增长 10.56%，比三季度末累计增速回落了 0.42 个百分点。单位工业增加值能耗同比下降 5.18%，降幅较三季度末扩大 0.77 个百分点，较二季度扩大 1.9 个百分点，对全社会单位 GDP 能耗下降拉动作用进一步加强。

（八）就业形势稳定，城乡居民收入增加

9 月末，全市单位从业人员与在岗职工比 2010 年同期略有增长。单位从业人员 26.34 万人，较 2010 年同期增加 0.25 万人，增长 0.96%，其中在岗职工 24.87 万人，增加 0.33 万人，增长 1.33%。1—9 月，单位从业人员劳动报酬 60.49 亿元，比 2010 年同期增加 4.2 亿元，增长 7.46%，其中在岗职工工资 58.74 亿元，比 2010 年同期增加 4.62 亿元，增长 8.53%。

前三季度，城镇居民人均可支配收入 12529 元，增长 12.8%，增速同比加快 2.8 个百分点，人均生活消费支出 7813 元，增长 14.7%；农民人均现金收入 4729 元，增长 16%。

二、重点工作有序推进

（一）旅游市场旺盛，建设国际旅游城市初见成效

2010 年，承德市对城市发展进行了全新定位——建设国际旅游城市，制定了包括 10 大类 52 项指标的《建设国际旅游城市基本标准体系》，确定了“避暑山庄、和合承德”的城市形象标识，提炼了“承传文明、德行天下”的城市精神，强力实施“中疏”战略，重点“疏出”机关、企业等，为景区、景点、游人“让位”。全力构建以休闲旅游产业为战略支撑的特色现代产业体系，把文化有机融入旅游产品的开发制作、经营管理和旅游服务之中，推动旅游产品向世界级休闲旅游精品跨越。《鼎盛王朝·康熙大典》、《帝苑梦华》相继上演，不仅为游客夜间高品位的休闲生活提供了新的载体，同时也推动了全市文化产业建设，加快了建设国际旅游城市

步伐。

2011 年，全市旅游市场出现旺盛景象。1—11 月，全市接待旅游人数 1661.2 万人次，增长 30.2%。其中，接待境内游客 1631.8 万人次，增长 30.4%；接待境外游客 29.3 万人次，增长 21.7%。实现旅游总收入 116.2 亿元，增长 34%。其中，接待境内游客实现收入 110.1 亿元，增长 33.8%；接待境外游客创汇 9393.2 万美元，增长 42.4%。与此同时，也拉动了交通运输、住宿餐饮等行业的发展，前三季度，交通运输仓储和邮政业、住宿和餐饮业增加值分别增长 13.3%和 11.5%，分别高于第三产业增加值增速 2.2 个和 0.4 个百分点。

（二）工业聚集区建设加快，结构调整平台初步构建

2011 年初，市政府编制完成产业聚集区总体规划，出台《承德市重大产业项目引进建设和本地企业再投资政策规定》，对全市 15 家工业聚集区建设扎实推进。截止 11 月底，全市产业聚集区收储土地 2.5 万亩，“七通一平”基础设施建设全面推开，新增入产业聚集区亿元以上项目 100 个，累计达到 202 个，完成投资 132.4 亿元，建成区面积达到 60 平方公里。全市有 5 家工业聚集区列入首批省级工业聚集区，列入数量居全省第六位。

前三季度，承德市省级工业聚集区规模以上工业企业实现快速增长。全市 5 个聚集区 83 家规模以上企业实现主营业务收入 658.5 亿元，同比增长 34.2%。其中，双滦钒钛冶金产业聚集区和宽城县龙城新型材料产业聚集区带动作用强劲，分别实现主营业务收入 309.8 亿元和 222.3 亿元，增速分别高于全市平均水平 1.1 和 6.5 个百分点。

（三）加大力度推进项目带动

承德市落实项目分包责任制，加大协调力度，并通过召开重点项目建设调度会、组织重点项目观摩、项目集中开工等活动加强督

导，强力推动项目建设，全市项目工作取得突破。一是承德市已有 87 个（含子项目 84 个，还有 3 个跨市项目）项目列入 2011 年省重点建设项目计划，争列省重点项目超年度目标 7 个。二是在建项目提前 2 个月实现目标。到 10 月底，全市在建千万元以上项目 1368 个，完成年度计划的 105.2%（计划 1300 个），同比增长 36.6%。其中在建亿元以上项目提前 3 个月实现目标（计划 500 个，9 月份达到 504 个），预计全年在建亿元以上项目 540 个。三是谋划项目提前 4 个月实现目标。8 月底完成 1089 个（计划目标 1000 个），预计全年新谋划投资千万元以上项目 1300 个。四是一批重大项目取得突破性进展。北汽福田发动机部件制造中心项目开工建设；承德民用机场试验段工程进展顺利，计划于年底前进行阶段性验收；京沈客专北京段线路走向已确定；张唐铁路已开工 44 条隧道，其中丰宁三岔口隧道贯通；滦电六期扩建工程完成大部分工程建设；奥体中心项目竣工；双峰寺水库已奠基开工建设。

三、经济发展中存在的主要问题

（一）结构调整成效不明显

从产业结构看，前三季度，全市三次产业增加值比重为 14：58.7：27.3，与 2010 年同期相比，第一、三产业分别下降 0.8 个和 2.4 个百分点，第二产业则提升 3.2 个百分点。从工业内部结构看，重工业比重较 2010 年同期和年初大幅提升。前 11 个月重工业比重近 90%，重工业比重较 2010 年同期提升了 3.2 个百分点，较年初则提升了 4.3 个百分点。主要是由于铁矿采选业和黑色金属冶炼及压延加工业总量大幅扩张，该行业增加值总量达 343.2 亿元，占规模以上工业的 77.9%，比重较 2010 年同期提升了 5 个百分点，其中黑色金属冶炼及压延加工业前 11 个月累计增长 23.2%，高于全市平均水平 6.6 个百分点，发展远快于其他行业。从投资结构看，第二产业投资总量最大，增速最高。前三季度，第一产业完成投资45.3亿元，增长10.5%，第二产业完成投资381.6亿元，增长44.9%，第三产业完成投资339.2亿元，增长20.7%。从引进外资看，主要集中在工业，一产和三产只占引进外资的0.1%，未能发挥出承德市自然资源和旅游资源的优势。

（二）高耗能行业和企业能耗增长依然较快

1—11月，全市累计能耗超万吨的企业已达39家，10万吨以上的企业7家，万吨企业能耗合计688.97万吨标准煤，占全部规模以上工业能耗企业的91.97%，能耗同比增长11.1%，拉动全市规模以上能耗增长10.16个百分点。

六大高耗能行业能耗663.5万吨标煤，增长10.5%，占全部规模以上工业能耗的88.6%。从具体行业单位增加值能耗看，粗钢、火电单位产品能耗指标最高、能耗总量占比最大，这些产品能耗指标高，且行业增加值率低，两因素叠加，导致钢铁、火电行业单位工业增加值能耗指标极高。高耗能行业产品产量的高速增长必将会拉动规模以上工业整体能耗指标的反弹。

（三）新的经济增长点不多

前三季度，规模以上工业增加值总量占全市生产总值的47.6%，增速高于全市生产总值增长水平4.1点个百分点，是拉动经济增长的主要动力，但与省内其他市相比，全市规模以上工业新增入统企业数量少、生产性投资不足。截止到11月底，全省共审批增加当年新投产企业255家，承德市仅有新增工业企业2家，且生产规模偏小，拉动作用不强。这种现状势必会影响工业经济持续快速增长。

（四）利用外资到位率低，进、出口下降

2011年，全市利用外资高开低走，到6月份开始下降，自9月以来，已连续三个月无客商直接投资，导致利用外资增长速度呈

大幅下降趋势。前 11 个月直接利用外资 5235 万美元，占全年计划的 42.3％，同比下降 11.5％。利用外资到位率低的主要原因：一是项目履约率低、进展缓慢。截至 11 月底，全市已签约的 27 个外资项目中，已审批的项目只有 7 个。二是大项目少、项目质量不高。2010 年以来，全市共签约超亿美元的外资大项目 8 个，占已签约外资项目总数的 24％。三是土地制约严重。一些大项目由于用地等问题不能及时解决，致使项目履约进展缓慢，迟迟不能进入审批程序。

受国际市场疲软影响，出口形势比较严峻，除 1、3 两个月累计增速实现增长外，其他月份累计增速均为下降，到 10 月末，全市累计进口 2426 万美元，同比下降 68.6％；在出口产品中，承钢占全市出口总额的 40.5％，2011 年国内钢材价格上涨幅度高于国际钢材价格上涨幅度，导致出口价差小，出口单位利润空间缩小，因此出口量减少，前 11 个月全市累计出口 1.5 亿美元，下降 31.5％，进、出口增速在全省各市中均排在末位。

四、2012 年经济走势展望

（一）从国际经济形势看

2011 年，发达国家失业率居高不下，私人需求疲弱；新兴市场和发展中国家增速回落，宏观调控面临的局面更加复杂；欧洲主权债务危机持续升级，美国长期主权信用评级被下调，国际金融市场反复大幅波动；大宗商品价格高位震荡，全球通胀压力依然较大。因此，全球经济复苏趋缓，下行风险加大，2012 年世界经济形势总体上仍将十分严峻复杂。

（二）从国内经济形势看

中央经济工作会议明确指出，推动 2012 年经济社会发展，要突出把握好“稳中求进”的工作总基调，继续实施积极的财政政策和稳健的货币政策，保持宏观经济政策的连续性和稳定性，增强调控的针对性、灵活性、前瞻性，继续处理好保持经济平稳较快发展、调整经济结构、管理通胀预期的关系。因此加快推进经济发展方式转变和经济结构调整，着力扩大国内需求，着力加强自主创新和节能减排，着力深化改革开放，着力保障和改善民生，保持经济平稳较快发展和物价总水平基本稳定，保持社会和谐稳定仍然是2012年经济工作的主要任务。

（三）从承德市自身看

2012年，在国际经济复苏趋缓，国内有利政策保障的情况下，承德市经济发展机遇与挑战并存。机遇方面，一是区域环境借力。环渤海地区正成为全国的重要增长极。环渤海、环首都经济圈区域发展规划已上升为国家战略，区域间生产要素流动加快，尤其河北省加快环首都绿色经济圈建设，北京大力推进世界城市建设，天津建设国际港口城市和北方经济中心，这些都为承德市承接产业梯度转移、引进战略投资者、拓展和深化区域合作提供了有利条件；二是自身发展具备优势条件。经过近几年的发展，承德市基础设施条件明显改善，主导产业体系基本形成，城市承载力、吸引力、竞争力大幅提升，借助区位优势、资源优势，有效带动相关产业，为实现经济加快科学发展、加速转型提供了坚实基础。挑战方面，一是近几年工业中的冶金矿山行业发展远快于其他行业，经济总量所占比重较大，已成为全市支柱行业，也使承德产业结构较为单一，因此结构调整在短时间内难以得到快速转变；二是承德市的产业结构造成了高耗能行业仍是拉动全市经济增长的主体，能源消费过大，完成节能降耗工作面临巨大挑战；三是工业生产者环比价格持续两个月回落，且回落幅度呈扩大趋势，11月份环比指数下降7.8%，比10月份扩大4.4个百分点，主要受铁矿采选业和黑色金属冶炼及压延加工业价格下降影响，而国际市场铁矿石价格也在持续下降，国内受房地产宏观调控政策影响，钢材需求量减少，短期内将直接影响铁精粉和钢材的市场价格，对全市铁矿采选业和黑色金属冶炼及压延业生产带来负面影响，进而影响全市工业生产；四是 2011 年居民消费价格总水平一直在高位运行，2012 年确保物价总水平基本稳定，保障民生不容忽视；五是居民收入偏低制约了消费增长。承德市城镇居民人均可支配收入和农民人均现金收入比全省平均水平其他市相比相对偏低，居各市末位，居民收入直接影响购买力，对消费增长难以形成有力拉动。

综合上述分析，如没有不可预期因素影响，2012 年全市整体经济运行呈回稳态势，即主要宏观经济指标保持平稳增长势头，增速可能略低于 2011 年。

五、对 2012 年工作的对策与建议

（一）保持经济较快增长

准确判断经济形势，针对经济运行中的主要矛盾，把握好宏观调控的方向、力度和节奏。根据形势变化，提高宏观经济政策的针对性、灵活性、前瞻性，始终把保增长作为经济发展的第一要务，重点把握好工业生产增长和重点投资项目的落地，保证在经济结构调整中保持经济增速不出现大的波动。

（二）加快结构调整步伐

加快结构调整，转变经济增长方式是“十二五”经济发展的主线，转变增长方式，最根本的是要实现行业结构的调整，结构调整既要注重调存量又要注重调增量，短期内应以调存量为主，长期以调增量为主。调存量就是要优化现有行业结构，重点是铁矿采选业和黑色金属冶炼压延业，途径是通过加大重点企业技改投资来实现，具体是通过加强技改投资引导企业改善生产工艺，提高产品附加值，降低生产成本，促进企业增长方式转变，进而带动整个行业、整个产业的增长方式转变。

（三）加强节能降耗力度

高耗能行业既是拉动全市工业经济增长的主要动力，又是能源消费的主要来源。若高耗能产品产量大幅的反弹，会拉动全市经济增长，也将对全市完成节能降耗目标增加难度，应当引起各级领导和有关部门的重视，一方面强化节能减排责任目标管理，进一步加大淘汰落后产能力度，力争上一批新型工业项目，切实转变增长方式，使其成为新的经济增长点；另一方面密切关注高耗能行业企业生产情况，完善应急机制，对完成目标确有困难的县区，暂停审批新上高耗能、高污染的项目。

（四）缓解物价上涨压力

一是保障生产供应。加强农产品生产基地建设，加大产销衔接力度，保障生产供应，稳定市场价格。二是强化市场监管。加大对市场交易和价格行为的监管力度，严厉打击欺行霸市、哄抬物价、囤积居奇等违法行为，积极做好重要商品供求、价格信息、价格政策的发布及价格监测预警，防止物价过快上涨。三是关注弱势群体。建立群众收入增长与物价上涨的联动机制，加大对低收入群众、离退休职工、大学生等群体的价格补贴力度，减轻物价上涨对居民生活的影响，保障社会和谐稳定。

（五）发挥载体作用，提升对外经贸水平

一是抓住承德市所处区位优势，拥有自然资源优势，加大宣传力度，给予一定优惠政策，引导外资向农产品深加工、旅游等优势产业聚集。二是抓好签约项目的落实，对重点项目进行统一协调，促进合约早落实、资金早到位。加强对出口企业的指导帮助，鼓励企业走出去，积极开拓国际新兴市场，扩大出口贸易规模。

（撰稿：承德市统计局局长　王德山）

2011 年张家口市经济形势与 2012 年展望

2011 年，张家口市各级各部门认真贯彻落实市委、市政府决策部署，紧紧围绕全市经济发展战略，同心协力，克服影响经济发展的不利因素，扎实推进工作，使全市国民经济保持平稳较快增长，完成和超额完成年初确定的各项经济目标任务，实现了“十二五”良好开局。

一、2011 年经济运行的主要特点

2011 年，张家口市国民经济运行总体平稳，实现较快增长。一季度，全市生产总值增长 12.0%，上半年增长 12.1%。进入下半年，经济增速略有回落，前三季度全市生产总值实现 806.81 亿元，同比增长 11.5%，低于上半年 0.6 个百分点。其中，第一产业完成增加值 135.30 亿元，增长 9.0%，低于上半年 1 个百分点；第二产业完成增加值 355.21 亿元，增长 14.8%，高于上半年 0.1 个百分点；第三产业完成增加值 316.30 亿元，增长 9.2%，低于上半年 0.5 个百分点。进入四季度全市经济运行特别是规模以上工业增速明显加快，预计全年地区生产总值增长速度将超过前三季度，超额完成年初目标。

图 1　2009 年以来全市地区生产总值分季度累计增速（%）

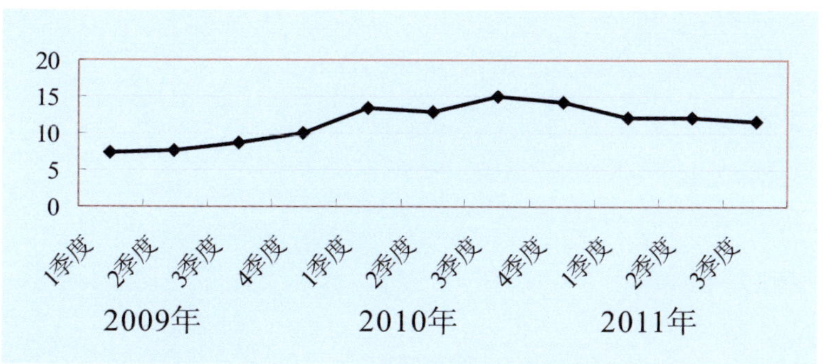

（一）从实体经济看，农业丰产丰收，工业生产运行平稳，服务业呈现良好发展态势

——农业生产丰产丰收。2011年是张家口市种植业的最好年景，粮食作物和经济作物实现丰产丰收，粮食单产创历史最好水平。全市粮食作物种植面积718.7万亩，同比增长3.0%；粮食单产221公斤/亩，同比增长14.0%；粮食总产量158.8万吨，同比增长17.0%。油料总产量4.95万吨，同比增长19.1%。

图2 2006年以来全市粮食产量（万吨）

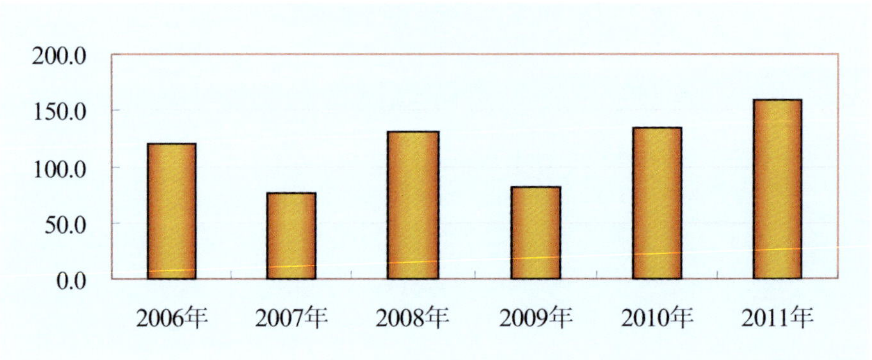

设施蔬菜和畜牧业发展势头良好。前三季度，全市蔬菜总播种面积125.6万亩，同比增加1.5万亩，增长1.2%，总产量448.7万吨，增加20.3万吨，增长4.3%。前三季度，全市生猪存栏155.68万头，同比增长7.4%；牛存栏57.18万头，增长4.4%，其中奶牛存栏34.9万头，增长7.0%；羊存栏223.84万只，增长6.3%；家禽存栏1951.65万只，增长4.1%。

——规模以上工业生产继续保持平稳上升态势。2011年，张家口市规模以上工业增速呈现“W”型平稳上升态势，与全省趋势基本一致，但11月累计增速明显高于全省。前2个月增速15.6%；5月份累计增速最低，增长14.1%；7月份升至15.6%；8月份回落至15.0%，后三个月呈现直线上升态势。

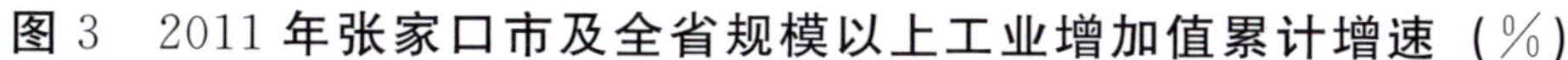
图 3　2011 年张家口市及全省规模以上工业增加值累计增速（%）

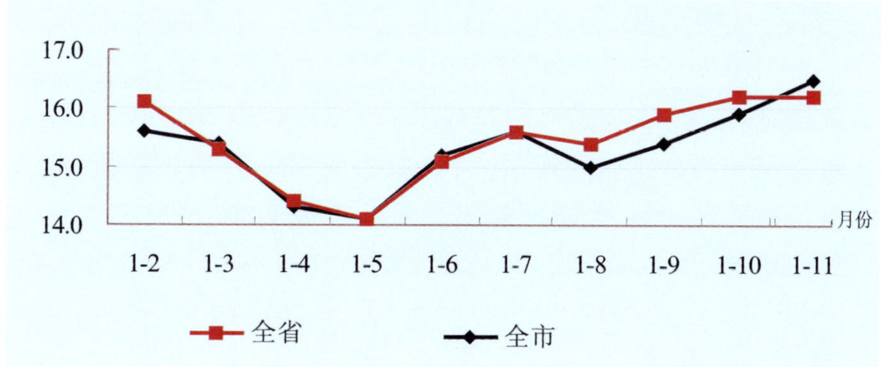

前 11 个月，全市规模以上工业累计完成增加值 325.25 亿元，同比增长 16.5%，增速比上月末提高 0.6 个百分点，高于全省 0.3 个百分点。从轻重工业看，重工业生产持续加快，拉动力强。重工业累计完成工业增加值 248.34 亿元，同比增长 17.1%，拉动全市工业增长 13.3 个百分点；轻工业累计完成 76.92 亿元，同比增长 14.8%，仅拉动全市工业增长 3.2 个百分点。从主导产业看，矿产品及精深加工产业是拉动工业增长的主要力量。前 11 个月，四大产业完成增加值占全市规模以上工业的比重达到 94.7%。其中，矿产品及精深加工产业累计完成 149.69 亿元，增长 15.8%，拉动全市工业增长 8.4 个百分点；装备制造产业增长 13.4%，食品加工产业增长 10.4%，新型能源产业增长 23.5%，三大产业合计拉动全市工业增长 6.8 个百分点。从企业规模看，小型企业对工业增长的贡献最大。前 11 个月，小型企业完成工业增加值同比增长 31.9%，拉动全市工业增长 8.2 个百分点，实现了对全市工业增长近一半的贡献率，达到 49.6%。中型企业完成工业增加值 58.37 亿元，同比增长 19.6%，拉动全市工业增长 3.4 个百分点；大型企业完成工业增加值 159.39 亿元，同比增长 7.8%，增速低于全市 8.7 个百分点，拉动全市工业增长 4.9 个百分点。

——服务业总体呈现良好发展态势，旅游和物流产业支撑作用增强。前三季度，全市 1088 家服务业企业法人单位（不含批发零售和住宿餐饮业、房地产开发经营业）累计实现主营业务收入140.0亿元，同比增长12.6%；实现利润35.0亿元，同比增长20.2%。旅游业接待人数和收入快速增长。前三季度，全市接待游客总量达1125.2万人次，同比增长46.0%；旅游总收入64.8亿元，同比增长50.1%；旅游业增加值达16.8亿元，同比增长48.3%。物流业发展平稳。前三季度，全市物流业总收入120亿元，同比增长11.1%。

（二）从三大需求看，三大动力协调拉动

——固定资产投资实现平稳较快增长。前11个月，全市固定资产投资累计完成944.91亿元，同比增长28.0%，高于全省3.2个百分点。从投资构成看，城乡建设项目投资739.83亿元，同比增长30.5%，高于全省8.3个百分点；房地产开发投资205.09亿元，同比增长19.8%，低于全省17个百分点。固定资产投资主要特点：

一是施工项目个数较快增长。截止到十一月底，全市在建城乡建设项目个数达到1528个，同比增加410个，增长36.7%。其中本年新开工项目1107个，同比增加325个。

二是投资结构进一步优化，二产投资快速增长。前11个月，第二产业投资增速达到67.9%，分别高于一、三产业54.1和60.1个百分点，第二产业投资占固定资产投资的比重达到43.3%，高于2010年7.7个百分点。在二产投资中，电力燃气及水的生产供应业、制造业仍是投资的重点行业，分别完成投资205.36亿元和149.26亿元，同比增长49.7%和93.0%，两个行业分别占建设项目投资的27.8%和20.2%。

三是房地产开发投资、商品房销售面积增速有所回升，但形势仍不容乐观。前11个月，全市房地产开发企业累计完成投资205.09亿元，同比增长19.8%，增速较上月提高4.5个百分点；商品房销售面积增长26.6%，较上月提高14.8个百分点。近年

来，在全市城市化进程不断加快的大趋势下，房地产投资保持了较快发展态势。但 2011 年下半年以来受国家宏观政策的影响增速出现了逐步回落的趋势，尤其九月、十月连续两月增速出现较大的回落，十一月份房地产投资及商品房销售面积有所回升，但形势仍不容乐观。

图 4　2011 年张家口市及全省房地产投资增速（%）

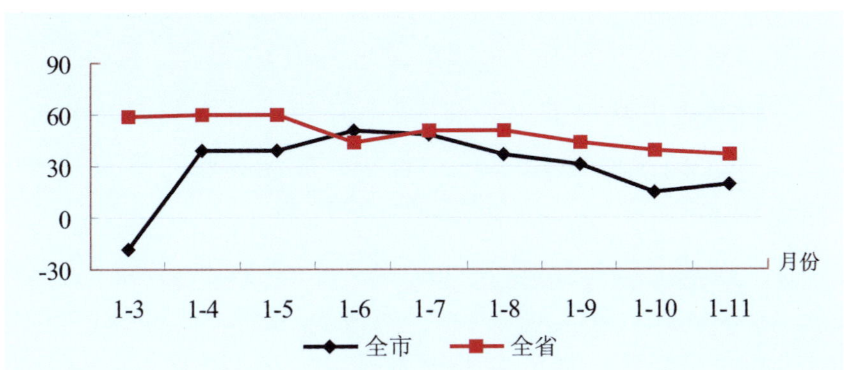

四是工业及工业技改投资快速增长。前 11 个月，工业固定资产投资完成 407.6 亿元，同比增长 70.3%，工业固定资产投资占城乡建设项目投资的比重达到 55.1%。工业技改完成投资 216.29 亿元，同比增长 1.36 倍，工业技改投资占工业固定资产投资的比重为 53.1%。

——消费品市场平稳发展。前 11 个月，全市限额以上消费品零售额实现 73.36 亿元，同比增长 29.6%。限额以上批发、零售、住宿、餐饮企业分别累计实现销售额和营业额 174.1 亿元、51.6 亿元、6.0 亿元、2.5 亿元，同比分别增长 32.0%、27.7%、26.9%、5.4%。从县区看，县区限上零售额发展不平衡，超过 5000 万元的有十个县；增速超过全市平均水平的有九个县区，分别是康保县、怀安县、涿鹿县、尚义县、桥西区、蔚县、怀来县、赤城县、桥东区。

——外贸出口快速增长。前 11 个月，全市进出口总额完成 26109 万美元，仅占全省进出口总值的 0.6%，同比增长 5.2%，低于全省 24.6 个百分点。其中出口总值实现 20717 万美元，占全省出口总值的 0.9%，同比增长 33.7%，高于全省 5.4 个百分点。

——利用外资实现大幅增长。前 11 个月，全市利用外资累计实现 16737 万美元，超额完成省下达的 12000 万美元目标任务，同比增长 63.3%。其中外商直接投资 11799 万美元，同比增长 17.5%。

（三）从运行质量看，集体、企业、个人收入实现较快增长

——财政收支状况良好。前 11 个月，全市全部财政收入完成 164.41 亿元，同比增长 24.2%。地方一般预算收入完成 75.99 亿元，同比增长 35.7%。在地方一般预算收入中，税收收入完成 59.57 亿元，其中增值税完成 6.28 亿元，增长 10.1%，企业所得税完成 4.79 亿元，增长 32.1%，营业税完成 23.89 亿元，增长 25.0%。前 11 个月，全市全部财政支出 208.30 亿元，同比增长 30.7%。

——企业经济效益进一步趋好。前 11 个月，全市规模以上工业企业累计实现主营业务收入 920.45 亿元，同比增长 29.8%，比前 10 个月高 0.3 个百分点；累计实现利税总额 122.27 亿元，增长 23.6%，其中实现利润总额 56.41 亿元，增长 33.7%。七成以上行业累计实现利润同比增加。前 10 个月，全市 32 个大行业中，有 23 个行业累计实现利润同比增加，占全部行业七成以上。

——城乡居民收入增加。前三季度，城市居民人均可支配收入 12189 元，同比增长 12.9%，增速比上半年提高 1 个百分点，高于全省 0.6 个百分点，与上半年持平。农民人均现金收入 5224 元，同比增长 19.7%，增速比上半年提高 1.4 个百分点，低于全省 0.2 个百分点。

（四）从经济发展环境看，金融运行平稳，市场物价高位回落

——金融运行平稳。前 11 个月，全市各项存款余额 1464.3 亿

元，比年初增长 12.7%。其中，单位存款 483.7 亿元，比年初增长 14.8%；个人存款 947.6 亿元，比年初增长 11.7%。各项贷款余额 1051.7 亿元，比年初增长 15.0%。其中，短期贷款 359.8 亿元，比年初增长 7.1%；中长期贷款 672.7 亿元，比年初增长 20.9%。

——市场物价高位回落。前 11 个月，全市居民消费价格指数（CPI）累计上涨 5.3%，与 1—10 月份持平。11 月份，由于市政府出台的“惠民蔬菜直销”政策持续作用，居民消费价格指数小幅回落，当月上涨 5.1%，比 8 月份最高点涨幅回落了 1.6 个百分点。食品类和居住类价格持续高位运行，是物价上涨的主要原因。

图 5　2011 年张家口市及全省居民消费价格涨幅（%）

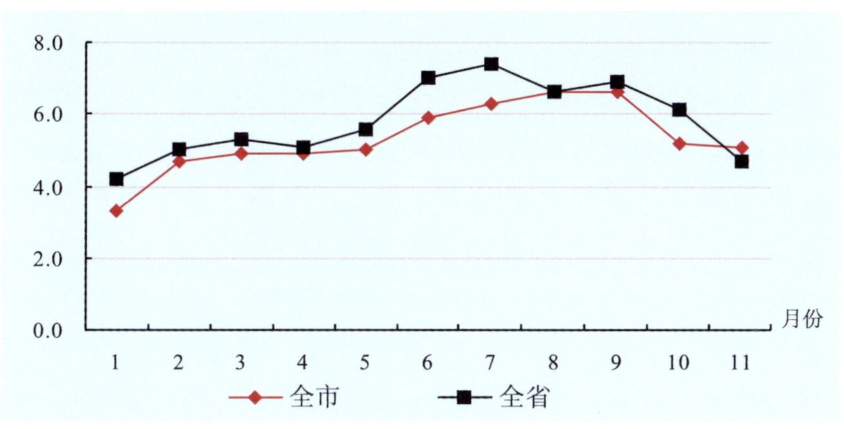

二、制约经济发展的主要问题

近几年来，张家口市经济运行基本保持了平稳较快发展势头，“十一五”期间年均增速达到了 12.2%，2011 年经济增长也将保持在 12%左右，但经济运行中一些制约发展的矛盾和问题还没有得到根本解决，经济发展单纯依靠几个大型企业支撑的局面、发展方式粗放、产业行业技术水平低等状况还没有从根本上改变，主要表现在以下几方面：

一是经济结构还不够合理，发展方式仍显粗放。从近几年发展情况看，张家口市三次产业结构中，第二产业所占比重明显偏低，且呈缩小趋势，全市经济正处在工业化中级阶段，但工业对经济增长的支撑作用还不够强。2010 年，全部工业增加值占生产总值的比重，也就是工业化率仅为 36.7%，比全省低 10.6 个百分点，规模以上工业占生产总值比重仅为 31.3%，低于全省 9.2 个百分点，工业化进程明显偏慢，是制约全市整体经济发展的主要因素。第三产业中，传统服务业仍居主导地位。2010 年，第三产业中交通运输和邮政业、批零住餐业、公共管理和社会组织等传统服务业增加值所占比重为 62.6%，较全省高出 5.5 个百分点，其他 10 个行业所占比重仅为 37.4%。同时，具有高知识含量和高附加值的生产性服务业尚未形成规模，信息传输、计算机服务和软件业、租赁和商务服务业、科学研究、技术服务和地质勘查业等现代产业发展滞后，所占比重仅为 5%。

二是城乡结构不合理，区域发展不均衡。张家口市主城区处在中心地位，集聚了大量资本、技术、人才、科技等生产要素，而县城和农村却明显处于弱势地位。市区生产总值占全市生产总值的比重近 40%。城乡居民收入差距不但没有缩小，反而还在不断扩大。2006—2009 年，全市城镇居民人均可支配收入与农民人均纯收入相差分别达到 6183 元、7197 元、8768 元、9687 元，2010 年收入相差突破万元，达到 10530 元。与城镇居民收入相比，农民增收步伐缓慢，城乡差距进一步拉大。此外，受收入水平及基础设施条件的限制，农民的消费需求与城镇居民相比仍有较大差距。2010 年，全市乡村消费品零售额只占全市全社会商品零售额的 22.5%，占 70%的乡村人口消费支出明显偏小，购买力偏低。

三是制造业投资量不足，制约全市工业产业优化升级。作为传统支柱性产业，张家口市装备制造业的产业基础比较雄厚，有广阔的发展空间。但从近几年投资情况看，对制造业的投资仍显不足，2010 年投资 105.8 亿元，仅占全社会投资的 11.7%，与全国和全省平均水平相差 10 多个百分点，与发达地区的平均 50%的投资比例相比差距更大。制造业吸附就业能力强，技术资金密集，关联度大，带动性强，是实现产业升级、技术进步的重要保障，制造业投入的不足是造成张家口市工业发展不快，后劲不足的主要因素，且对全市产业体系的构建和优化升级极为不利。

四是产业行业技术水平低、高新技术产业落后。张家口市工业企业多数以劳动密集型的基础原材料加工业为主，产品结构单一，缺少高、精、尖等高附加值的产品，产品低技术和趋同化特点突出，容易受到市场的冲击。高新技术覆盖面与全国全省相比明显偏小，全国全省高新技术一般可覆盖100多个行业，而张家口市仅覆盖了24个行业，在全市规模以上工业企业中开展科技活动的企业仅占6%左右。科技投入明显不足。2010年企业科技活动经费支出仅占主营业务收入的1%，与全世界通用的3%以上的最低标准相差甚远，R&D投入强度不足。高新技术产业产值仅占规模以上工业产值的10%左右。

五是县域整体经济实力弱，产业结构升级缓慢，工业化水平低。在2009年全省140个县域经济发展综合评价排位中，张家口市排在前50位仅有怀来一个县，其余县均排在70位以后，其中排在100位以后的县有7个，且全省最后两位均来自张家口市。总体上看，全市县域产业结构仍处于低级化水平，产业结构落后。县域发展潜力还没有全面激活，全域发展的格局还没有真正形成。农业与农村经济结构战略性调整虽然成效明显，但与市场化要求还有较大差距。多数县仍属于农业县，县域经济互补性差，工业化进程相对迟缓。从产业内部结构看，种植业仍然占据主导地位，产业结构趋同化、农产品品质不高、低水平恶性竞争导致县域经济整体效益较低；工业化落后，工业基础仍显薄弱。以原材料加工、资源性开发为主的传统工业所占比重偏高，低产出、低效益对总体工业制约较大，新兴产业、支柱产业比较薄弱，产业集成度不高，企业规模较小，发展后劲不足，缺乏主导产业，经济增长乏力。张家口市县域工业化水平也就是工业化率仅为25%左右，低于全省20多个百分点。

三、2012 年经济走势展望

综合分析国际、国内经济形势及全省和全市经济情况，预测 2012 年全市经济仍能保持平稳较快增长态势，但增速将有所趋缓。

一是从国际形势看，欧债危机继续加深，社会动荡，欧元贬值，全球经济活力正在减弱。发达国家正在步入滞胀的泥潭，一方面，主要国家普遍面临主权债务压力和金融稳定风险，私人需求尚未接过拉动经济增长的接力棒，经济增长动力仍然不足；另一方面，由于货币政策依旧宽松，甚至存在出台新的量化宽松政策的可能，通胀压力相对较大。新兴经济体面临着外部环境复杂多变，大量热钱冲击以及政策紧缩对经济增长的抑制等问题，其经济增速将继续呈放缓态势。根据 IMF《世界经济展望》秋季报告预测，2012 年世界经济将增长 4%，与 2011 年基本持平。其中，发达经济体将增长 1.9%，新兴和发展中经济体将增长 6.1%。

二是从国内经济形势看，国内生产总值增幅在理性回落。据中国社科院发布的《2010 经济蓝皮书》透露，在世界经济复苏乏力、货币政策转向稳健、消费刺激政策逐步淡出等多重因素影响下，2011 年我国国民经济增长速度将有所放缓，预计 GDP 全年增长速度将达到 9.2%左右，比前三季度回落 0.2 个百分点。2012 年 GDP 增长率还会继续回落，预计达到 8.9%。由此看出，GDP 经过三年来的高位走势，出现了回落放缓的态势。2012 年 CPI 将会在 4%左右。经济增速略减、物价温和上涨将是 2012 年经济的总态势。

三是从全市三次产业看，第一产业，全市农业连续两年丰产丰收，实现高速增长，即使 2012 年农业丰收，但增长空间有限，预计 2012 年一产增幅不会太高。第二产业，虽然工业投资增加，能够形成一定的生产能力，2012 年工业生产将保持平稳增长态势，但由于固定资产投资增速特别是房地产投资增速将趋缓，房地产与建筑业关联度紧密，依存度高，张家口市房地产市场和全国一样受调控政策的影响，开始降温，而且由于近两年张家口市房地产增速偏高，降幅快于全国和全省。2012 年将会影响开发商的投资意愿，导致商品房开工面积减少，从而影响建筑企业的生产。同时高房价也抑制刚性需求，导致资金链的断裂也会给建筑企业的资金回笼增加难度。预计建筑业产值增速也将趋缓，二产增速将略低于 2011 年。第三产业，随着全市物流业的发展，交通运输业发展加快，增速提高；旅游业的大力发展，将会带动全市住宿和餐饮业等相关产业增长；金融业随着存款准备金率的下调，存贷款余额增速将会提高；机关事业等单位增资，将会拉动教育、卫生、科研、水利等行业增加值的增长，还可拉动一般公共服务管理支出增长。预计 2012 年第三产业增速将好于 2011 年。

四是从三大需求看，我国促进经济增长主要由依靠投资和出口拉动，向依靠消费、投资、出口协调拉动转变，对于像张家口市这样以投资拉动为主的后发地区来讲，保持经济较快增长的难度将进一步加大。首先，受宏观调控政策影响房地产市场受到冲击，近几年张家口市房地产投资保持了高速增长，2010 年增速高达 79.7%。从这几年全市商品房销售情况看，销售面积增加较多，2010 年增速高达 1.03 倍。2011 年下半年开始商品房由于受国家宏观调控政策影响，到十月底仅增 11.7%。受以上因素影响，预计 2012 年房地产投资将有所回落。其次，张家口市近几年投资率偏高，考虑到对投资率的控制，投资增速也将受到影响。综合分析，张家口市投资将比 2011 年有所趋缓。

综合国内外形势及张家口市发展条件，对 2012 年全市经济发展的预期是：经济增长将稳中趋缓，经济运行质量将逐步提高。

四、2012 年经济工作建议

2012 年是实施“十二五”规划关键之年，全市各级各部门要认真贯彻落实省市党代会精神，着力调整经济结构，推进新型工业化、新型城镇化和农业现代化发展，加快经济发展方式转变步伐，实现经济平稳较快增长。坚持把工业作为全市经济发展的重要支撑，切实加强工业运行调节，着力培育一批市场前景好、带动力强、经济效益高的知名企业；坚持把现代服务业发展程度作为衡量城市现代化水平的重要标志，积极发展生产性服务业，丰富消费性服务业，强势推进现代服务业规模扩张、结构优化、档次提升；坚持把“三农”工作作为重中之重，统筹城乡发展，壮大县域经济；坚持把全民创业作为富民强市关键举措，激发民营经济内在活力。全市要紧紧围绕“科学发展，跨越赶超，实现绿色崛起、打造强市名城”主题，针对经济生活中的突出问题，强化调控、狠抓落实。

（一）加快转变经济发展方式，全力推进产业结构优化升级

要依据国家的产业政策，充分发挥比较优势，进一步调整优化产业结构，构建以工业为主导、三次产业协调发展的产业支撑体系。经济发展的实践经验证明，第一产业比重下降、第二产业比重上升、第三产业比重稳中有升有利于经济持续、快速发展。全市三次产业发展方向应该是：立足现有基础条件，巩固和加强第一产业，提高和改造第二产业，积极发展第三产业。

（二）加快制造业优先发展步伐，实现工业化和生态化的有机结合

张家口市工业化阶段的基本市情，客观上要求必须把优先发展制造业、加快工业化进程做为经济发展的首选目标，同时充分考虑特定的资源条件和生态要求，应注重工业化过程中的生态保护，实现工业化和生态化的有机结合。要进一步深入研究和探讨全市生态化工业的发展与产业集群、产业集聚建设三位一体的发展模式，结合国家产业政策、国际国内产业分工和产业转移以及资源禀赋和现有产业结构特征，加快对能源、装备制造、食品加工、冶金矿产业的空间布局的调整和产业集群的壮大。应通过项目资金、资源配

置、政策倾斜等手段，扶持自主核心技术和优势产品的研发和升级换代。在引进与研发高新技术的同时，立足现有工业基础和资源条件，加快引资重组和技术改造步伐，通过招商引资，打造承接发达地区产业转移的现实基础，通过发展制造业，缩短与发达地区的差距，融入区域经济一体化。

（三）加快推进项目建设力度，保持对经济增长的拉动

把项目建设放在经济工作的首要位置，围绕促进经济社会发展转型，引导重点项目投资向“4＋3”产业发展集中，向重大基础设施和公益设施建设集中，向民生领域和公共服务领域集中。围绕提升经济发展后劲和活力，加大生产性项目谋划和建设力度，实施一批立市立县的高科技、高附加值项目。进一步优化投资结构，为经济发展提供新的动力。

（四）加快完善和健全社会保障体系，提高内需对经济增长的拉动作用

一是继续完善和实施平抑物价、保障供应等稳定市场的有效政策和举措，进一步规范市场秩序，着力推进“放心肉”、“放心菜”等流通体系建设，营造良好的消费环境。二是不断完善和健全社会保障体系，促进居民购买力提高。完善医疗、养老社会保障制度，尽快扩大农村合作医疗覆盖范围，健全最低生活保障等措施，解除居民后顾之忧，提升居民消费信心。三是不断增加城乡居民收入，提高消费水平。四是大力实施各项惠农政策，进一步拓展农村市场消费潜力。

（五）加快城乡统筹发展战略步伐，着力缩小城乡收入差距

要强化龙头企业的产业支撑作用，通过龙头带动，调整和优化城乡产业布局，构筑城乡经济共同体，为城乡一体化提供强有力的产业支撑。要依托农产品加工龙头企业，巩固发展以特色农业为主

导的基础产业；要依托旅游三产龙头企业，促进市场繁荣和经济发展。充分发挥旅游业的辐射带动作用，积极落实各项惠农政策，不断加大财政支农、反哺农村的力度，在经费投入上向“三农”倾斜，在规划实施重点项目和工程时要优先考虑农业和农村，解决农村剩余劳动力的转移，增加农民收入，保持农村社会稳定，实现农业和农村经济的可持续发展。

（六）加快推进县域工业化发展进程，增强县域经济实力

坚持把推进工业化作为加快县域经济发展的根本途径，着力培植县域发展的支柱，通过工业化解决农业问题。以工业化为突破口，增强县域经济实力、增加发展后劲。要通过发展工业促农业、围绕农业上工业，提高工业与农业之间的关联度，拉长农业深加工产业链，变农产品资源优势为经济发展优势。要针对县域农业产业化龙头数量少、规模小、布局分散、规模效益不明显、加工链短、农产品利用率低等特点，积极招商引资，大力发展农畜产品加工业制造业、矿产开发及精细加工业。

（撰稿：张家口市统计局局长　靳永旺）

2011 年秦皇岛市经济形势与 2012 年展望

2011 年是“十二五”开局之年，面对复杂多变的国际国内形势，全市上下紧紧围绕科学发展主题和加快转变经济发展方式主线，认真落实中央、省、市经济工作会议及市第十一届党代会精神，在稳增长、调结构、控物价、惠民生等方面取得了一定成效，经济总体保持了平稳发展态势，结构调整取得一定进展，民生不断改善。但是经济运行中还存在工业回升基础不稳、企业成本高导致盈利空间减小、资金紧张、通胀压力依然存在和节能减排压力增大等诸多困难和问题，需要采取有力措施加以解决，巩固扩大调控效果，促进经济又好又快发展。

一、2011 年经济运行的主要特点

（一）总体经济实现平稳增长

前三季度，全市实现生产总值 780.6 亿元，比上年同期增长 11.2%。面对世界经济和全国经济增长放缓的格局，秦皇岛市经济也呈现出增速回落趋势，GDP 增幅较上年同期回落了 1.8 个百分点，比上半年回落 0.4 个百分点。分产业看，第一产业实现增加值 84.5 亿元，同比增长 5.5%；第二产业实现增加值 301.4 亿元，增长 14.1%，第一、二产业增速分别比上半年回落 0.8 和 1.5 个百分点；第三产业实现增加值 394.7 亿元，增长 10.3%，增速比上半年提高 0.9 个百分点。一、二、三产业贡献率分别为 5.1%、48.2%和 46.7%。

图 1　2010 年以来 GDP 各季累计增长速度（%）

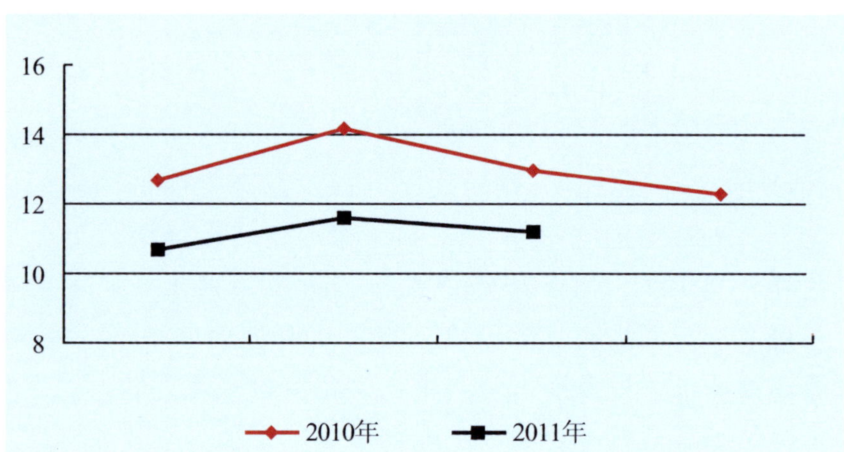

（二）从实体经济看，农业生产总体态势良好，工业生产增速前降后升，服务业实现平稳较快增长，对经济增长的贡献率加大

农业总体保持稳定增长。2011 年，秦皇岛市认真贯彻落实中央、省市农村工作会议精神和党的强农惠农政策，把转变发展方式、提高农业综合生产能力、促进农民增收作为“三农”工作的重点，积极采取有效措施，促进农村各项工作顺利开展。前三季度全市实现农林牧渔业总产值 147.7 亿元，同比增长 5.3%。粮食生产获得丰收，全年粮食作物播种面积 14.8 万公顷，同比增长 0.5%；预计总产量 91.6 万吨，增长 5.5%。蔬菜生产稳定增长，前三季度蔬菜播种面积 2.6 万公顷，增长 3.7%；总产量 125.8 万吨，增长 5.3%。畜牧业生产势头趋缓，猪肉、牛肉、羊肉、禽肉产量小幅增长，增幅分别为 2.2%、1.9%、6.3%和 9.7%。渔业生产实现较快增长。前三季度渔业总产量达到 2.4 万吨，增长 11.0%。

工业生产增速有所回升。2011 年，秦皇岛市克服宏观经济环境复杂多变和周边地区经济下行等不利因素影响，紧紧围绕市委、市政府提出的“大力推动结构调整、构建现代产业体系”的发展要求，工业经济呈现较为理性的发展态势，10 月份以后扭转了年初以来增速逐月下滑的局面，回升势头增强。1—11 月，全市规模以上工业实现增加值 295.1 亿元，同比增长 15.4%，增幅较 1—10 月提高 0.2 个百分点。重工业拉动格局不变，轻工业增速缓慢回升。前 11 个月，重工业完成增加值 250.5 亿元，占全部规模以上工业的 84.9%，累计增长 17.5%，拉动全市规模以上工业增长 14.6 个百分点，贡献率达到 94.5%；轻工业完成增加值 44.6 亿元，同比仅增长 5.0%。多数行业生产保持增长，金属冶炼及压延业和装备制造业带动作用强劲。在统计的 33 个行业大类中，有 25 个行业保持增长，其中有 12 个行业增速高于全市平均水平，食品加工、玻璃制造、金属冶炼及压延、装备制造四大支柱行业完成增加值 206.5 亿元，同比增长 15.6%，对工业经济增长的贡献率达到了 71.2%，贡献率分别比前三季度和上半年提高 5.2 和 12.2 个百分点。

图 2　2010 年以来规模以上工业增加值各月累计增长速度（%）

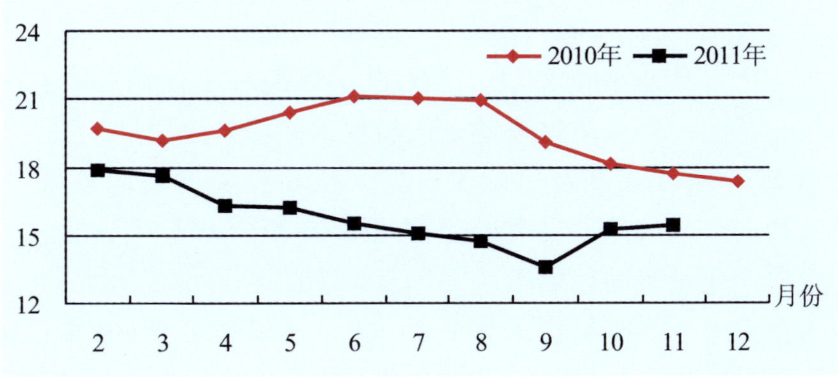

服务业运行态势良好。前三季度，秦皇岛市服务业对经济增长的贡献率达 46.7%，比上半年提高 4.1 个百分点。交通运输仓储和邮政业、批发和零售贸易业等传统支柱行业实现快速增长，交通运输仓储和邮政业、批发和零售贸易业实现增加值占服务业增加值的比重达 46.7%，比上半年提高 3.8 个百分点；两行业增幅分别为 11.5%和 14.5%，对服务业增长的贡献率达 56.6%。

港口货物吞吐量实现稳步增长。前11个月，全市港口货物吞吐量为2.6亿吨，同比增长8.4%，并于12月初提前近一个月完成年度吞吐量任务。集装箱吞吐量为39.1万箱，增长26.2%。公路客运量增长平缓，货运量增长较快。1—11月，全市公路客运量为2138万人，同比增长2.1%；公路货运量4033万吨，增长11.1%。电信邮政行业稳步发展。前11个月，全市电信业务收入21.7亿元，同比增长9.3%；邮政业务收入2.3亿元，增长18.8%。旅游业发展势头强劲，年接待国内外游客突破2000万人次，1—11月达到2088.8万人次，实现旅游总收入169.5亿元，分别增长12.6%和17.0%。

（三）从发展动力看，固定资产投资实现较快增长，消费品市场较为活跃，对外贸易增势平稳

固定资产投资实现较快增长。前11个月，全市固定资产投资累计完成549.5亿元，同比增长27.1%。其中城乡建设项目投资完成400.2亿元，增长25.2%；房地产投资149.3亿元，增长32.5%。承秦高速秦皇岛段、大巫岚循环经济工业园综合项目二期、火车站前广场及道路改造、山船重工修船扩建项目、宏启胜有限公司PCB项目等重点建设项目成为拉动投资增长的主要力量。投资结构调整力度加大，第三产业投资在投资增长中占据主导地位，三次产业投资的比例关系为3.1∶30.5∶66.4，第三产业投资所占比重比上半年提高1.2个百分点。高新技术产业投资大幅增长，1—11月份，全市高新技术产业投资完成39.3亿元，同比增长71.8%。其中，先进制造业完成投资14.8亿元，增长66.6%；电子信息产业完成投资10.5亿元，增长26.7%；新材料产业完成投资7.0亿元，增长2.1倍；新能源产业完成投资5.7亿元，增长1.4倍；生物技术与现代医药产业完成投资1.3亿元，增长18.2%。

图 3　2010 年以来固定资产投资各月累计增长速度（%）

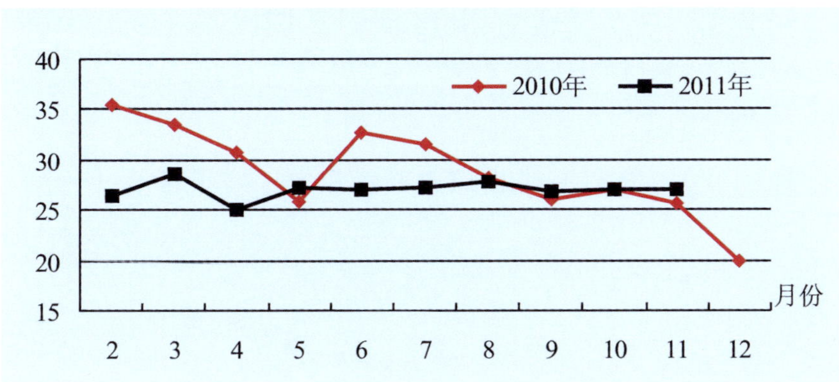

消费品市场较为活跃。前三季度，全市消费品市场稳步发展，零售总额实现平稳增长，累计实现社会消费品零售总额 278.2 亿元，同比增长 17.7%，增幅较上半年提高 0.8 个百分点，高于全省平均增幅 0.2 个百分点。乡村市场加快发展，实现零售额 47.2 亿元，同比增长 21.0%，对拉动全市消费市场平稳较快发展发挥了积极作用。城镇市场实现零售额 231.0 亿元，增长 17.0%。部分消费热点持续活跃，金银珠宝类、体育娱乐用品类、家用电器和音响器材类、电子出版物及音像制品类等商品销售持续旺销，商品零售额同比分别增长 35.2%、27.2%、22.5%和 48.3%。受房地产调控和汽车市场消费政策调整的影响，住房、汽车消费增幅减缓。1—9 月汽车类商品零售额增幅为 17.7%，同比回落 7.7 个百分点。家具类、家用电器和音像器材类等商品零售额增幅均有不同程度回落。

对外贸易增势平稳。前 11 个月，全市累计完成进出口总值 38.4 亿美元，同比增长 20.5%，增幅比 1—10 月提高 2.9 个百分点。其中，出口 19.9 亿美元，增长 17.3%，比 1—10 月份加快 2 个百分点；进口 18.5 亿美元，增长 24.1%，比 1—10 月加快 3.8 个百分点。从出口产品看，轮毂、煤炭、钢铁为三大主要出口商品，增幅分别为 42.5%、－17.7%和 14.1%。从出口市场看，对亚洲市场出口仍占较大比重，出口额达 12.1 亿美元，同比增长 8.9%；对美国、东盟、欧盟出口增长较快，增幅分别为 39.0%、

57.3%和33.6%。从出口贸易方式看，一般贸易出口完成16.4亿美元，增长23.9%，占全市出口总额的82.4%；加工贸易出口3.2亿美元，下降11.0%。黄大豆、铁矿砂、钢铁为三大主要进口商品，增幅分别为－8.7%、126.9%和12.9%。

图4　2010年以来进出口总额各月累计增长速度（%）

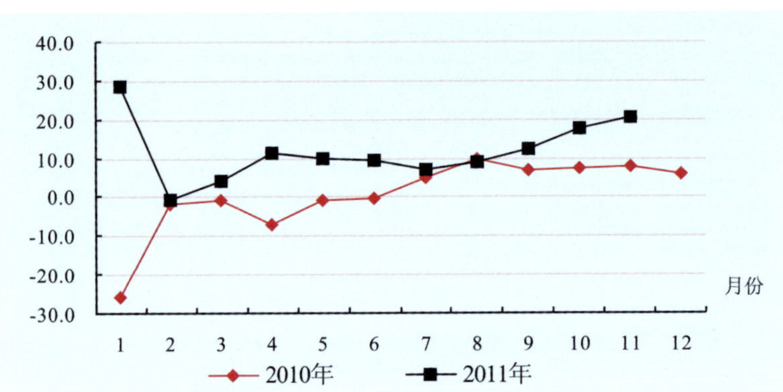

（四）从运行质量看，财政收入呈现前高后低走势，工业企业效益明显改善，城乡居民收入平稳较快增长

财政收入呈现前高后低走势。2011年全市财政收入持续较快增长，但增幅逐月回落。前11个月全市实现全部财政收入157.77亿元，同比增长22.7%，增速比前三季度回落3.3个百分点，比一季度回落19.1个百分点。其中地方一般预算收入80.84亿元，增长24.2%，增速比一季度回落7.5个百分点。

图5　2010年以来全部财政收入各月累计增长速度（%）

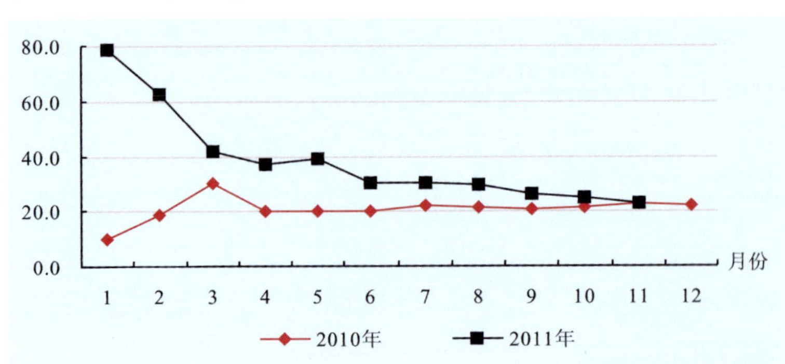

工业企业效益明显改善。进入2011年以来，受市场逐步回暖、产品价格不断回升影响，企业生产经营状态明显好转，盈利能力、创税能力双双得到提高。前11个月，规模以上工业企业实现利润总额36.80亿元，同比增长18.7%，其中，黑色金属矿采选业实现利润总额同比增长74.3%，专用设备制造业增长40.5%。实现税金总额29.27亿元，同比增长19.6%，其中，黑色金属矿采选业增长65.9%，石油加工炼焦及核燃料加工业增长81.4%。

城乡居民收入平稳较快增长。前三季度，城镇居民人均可支配收入14347元，同比增长13.8%，增幅高于上年同期3.5个百分点，较上半年提高1.1个百分点。城镇居民收入多元化趋势明显，从居民家庭收入构成看，呈现全面增长的态势，其中工资性收入的增长仍是拉动居民家庭收入增长的主要因素，拉动可支配收入上涨了7.1个百分点。农村居民人均现金收入7567元，同比增长23.2%。其中，工资性收入快速增长，增幅为41.6%，成为拉动农民现金收入大幅增长的主要因素。

（五）从要素保障看，财政重点支出保障较好，金融市场运行稳健，利用外资实现较快增长，市场物价高位回落

财政重点支出保障较好。前11个月全市累计财政支出213.0亿元，同比增长26.9%，其中一般预算支出147.7亿元，增长26.7%。在一般预算支出中，用于农林水事务支出、交通运输支出、文化体育和传媒支出、医疗卫生和科学技术支出实现快速增长，增幅分别为27.4%、1.5倍、42.3%、32.9%和69.2%。

金融市场运行稳健。截至11月末，金融机构各项存款余额1649.4亿元，比年初增长8.1%。其中个人储蓄存款余额971.2亿元，增长11.6%；单位存款余额647.3亿元，增长2.6%。金融机构各项贷款余额1066.9亿元，比年初增长14.2%，其中，中长期本外币贷款余额648.0亿元，增长11.7%；短期贷款余额390.9亿元，增长17.3%。

利用外资实现较快增长。随着投资环境的不断改善，外商直接投资总体增长较快。前 11 个月全市实际利用外资 5.6 亿美元，同比增长 30.9%。其中，直接利用外资 5.6 亿美元，增长 30.2%。来自亚洲的外资占据主导地位，外商直接投资 4.2 亿美元，占全市外商直接投资的 75.4%，其中来自香港的投资达 3.4 亿美元，占外商直接投资总额的 60.4%。外资项目储备不断增强，前 11 个月全市新批三资项目 10 个，合同外资金额 4.5 亿美元，同比增长 1.1 倍。

居民消费价格涨幅高位回落。1—11 月全市居民消费价格指数为 106.8%，涨幅比 1－10 月份回落了 0.1 个百分点。居民消费的八大类商品（服务）呈七升、一降的态势。其中，食品、居住、烟酒、家庭设备及维修服务、医疗保健和个人用品、娱乐教育文化用品及服务价格涨幅较大。食品类仍然是八大类消费品中上涨幅度最高的，涨幅达 14.3%，是近两年以来的最高点，拉动价格总水平上涨 4.5 个百分点。居民消费价格月同比涨幅仍处于高位运行，11 月当月居民消费价格指数为 105.4%，比 10 月份涨幅回落 1.8 个百分点，但仍比年初高 1.4 个百分点。环比指数波动下行，11 月份居民消费价格环比较 10 月下降 0.1 个百分点。

图 6　2010 年以来当月居民消费价格走势（%）

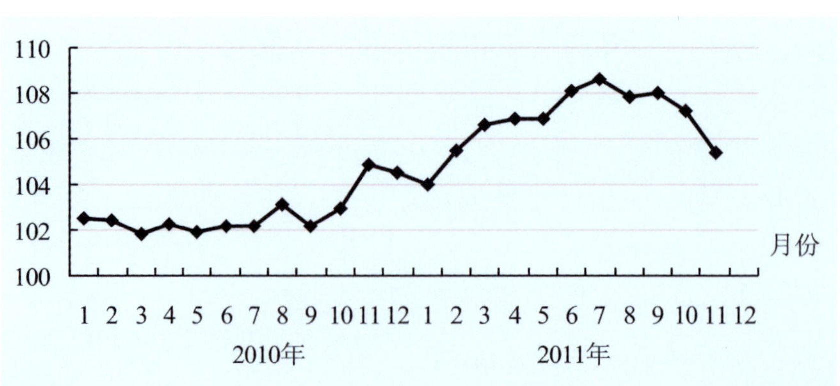

住宅价格上涨得到遏制。国家日益紧缩的房地产调控政策取得

成效，住宅价格快速上涨势头得到有效遏制。2011 年以来，全市新建商品住宅价格同比涨幅逐渐回落。7 月份同比上涨 8.3%，8 月份上涨 7.7%，9 月份上涨 5.4%，10 月份上涨 4.1%，11 月份上涨 2.7%。从环比情况看，7 月份上涨 0.1%，8 月份下降 1.5%，9 月份持平，10 月份下降 0.2%，11 月下降 0.3%，呈逐月回落态势。二手住宅价格同比涨幅呈波动性回落态势，从 7 月份的上涨 3.1%回落为 11 月份的下降 0.2%。

工业生产者出厂价格高位回落。1—11 月份，全市工业生产者出厂价格同比累计上涨 8.9%，涨幅较 1—10 月回落 0.9 个百分点、较前三季度回落 1.6 个百分点。其中生产资料上涨 7.4%，涨幅较 1—10 月回落 0.6 个百分点；生活资料上涨 15.8%，涨幅较 1—10 月回落 1.9 个百分点。

二、经济运行中需要关注的问题

（一）工业生产回升基础尚不稳固

2011 年前 9 个月，规模以上工业生产增长速度呈现了持续回落态势，虽然四季度以后增速明显回升，但国际市场对实体经济的影响尚未消除，企业内在发展动力仍显不足，工业生产持续回升基础尚不稳固。一是部分行业仍处于低速增长。前 11 个月，在统计的 33 个行业大类中，有 8 个行业为负增长，有 12 个行业增速为一位数。四大支柱行业中，受通胀压力大、原材料价格攀升、企业亏损增加等因素影响，食品加工业和玻璃制造业完成增加值仅比上年同期增长 2.9%和 1.6%。二是企业偿债压力加大。货币政策紧缩力度的不断加深，加大了企业债务压力，推高了企业融资成本。前 11 个月全市规模以上工业企业利息支出达 17.0 亿元，同比增长了 37.1%。三是国外需求有所下降。2011 年下半年以来，受国际市场变化影响，当月实现出口交货值明显减少，由上半年的月均 11.0 亿元下降到 9.9 亿元，同比累计增速由 2 月的 73.6%下降到

11 月的 30.5%。

（二）节能降耗形势严峻

前三季度，全市单位 GDP 能耗 1.1915 吨标准煤/万元，与上年持平，降幅在全省排最末位，较全省平均降幅小 3.29 个百分点，要完成全年下降 3.66%的目标难度非常大。影响单位能耗下降的主要原因：一是规模以上工业单位增加值能耗下降幅度小，前 11 个月规模以上工业单位增加值能耗仅下降 0.76%；二是全社会用电量增速居高不下，1—11 月全社会用电量同比增长 18.19%，用电量大幅增长的势头没有得到有效的控制，若按年度 GDP 增长 12%测算，单位 GDP 电耗上升 5.53%，增幅较前三季度扩大 0.75 个百分点。分析深层次的原因仍是工业产业结构优化度低，重型化严重的状况没有大的改观。1—11 月全市规模以上工业中高耗能行业累计增长速度达 16.0%，高于规模以上工业平均增速，对全市规模以上工业增长贡献率达 44.6%。其中黑色金属冶炼及压延加工业综合能源消费量占规模以上工业综合能源消费量的比重高达 40.6%，直接拉动单位工业增加值能耗大幅上升。

（三）通胀压力仍然存在，相关影响不容忽视

由于上年翘尾因素的减弱和物价调控政策的进一步实施，全市 CPI 呈现平稳回落态势，11 月全市居民消费价格上涨 6.8%，比 10 月下降 0.1 个百分点。但是市场依旧存在着一些影响价格上行的因素，新涨价因素的影响难以预料，价格形势比较严峻，不排除持续高位运行态势的可能。价格过快上涨将加大实现居民增收目标的难度，并对生产、消费、市场预期、社会稳定等产生不利影响。

三、2012 年全市经济形势展望

展望 2012 年，全市经济面对的国内外发展环境更为复杂多变，受美、欧债务危机冲击，市场信心动摇，国际经济环境有所恶化。

我国出口、投资需求面临下行压力，潜在风险在增加。但同时秦皇岛市面临的一系列机遇也是前所未有的，这些难得的、叠加的机遇，为全市经济加快发展、加速转型提供了巨大动力。需要在防范、化解风险中把握机遇，积极推动结构调整，确保 2012 年全市经济平稳较快发展。

（一）国际、国内经济环境

世界经济有可能再度衰退。2011 年 12 月 1 日联合国发布的《2012 年世界经济形势与展望》报告指出，受发达国家经济增长疲弱、欧元区主权债务危机、财政紧缩措施以及各国应对危机的政策缺乏协调等因素影响，世界经济未来两年将继续减速，甚至有可能再度衰退。由于美国、欧洲等发达国家的情况持续恶化，未来经济前景存在很大的下行风险。目前缺乏强有力的全球行动来解决世界面临的问题，特别是欧洲的问题，因此发达国家不具备强劲复苏的基础。同时由于发展中国家越来越偏重外向型增长，对出口的依赖越来越强。随着出口机会的减少，预计发展中国家将出现非常不利的情况。

国内经济保持平稳较快增长，但增速可能放缓。2011 年在国内物价上涨压力较大、国际经济持续动荡的背景下，党中央、国务院坚持既定宏观调控方针，在控物价、稳增长和调结构中寻求平衡，既有效遏制了物价过快上涨，又保持了经济平稳较快发展，但是也应看到，工业生产、出口、PMI 等一些指标增速出现持续较大幅度回落，预示着经济增速将可能放缓。2012 年我国将继续实施积极的财政政策和稳健的货币政策，增强调控的针对性、灵活性、前瞻性，这些宏观调控措施将有助于经济继续保持平稳发展。在全球各国实体经济下行的背景下，中国物价上涨的压力将不断降低。由于发达国家经济复苏动力受阻、汇率冲突以及贸易摩擦不断升级等因素，将对我国经济增长产生不利影响。

（二）秦皇岛市经济发展面临的机遇

2012 年，秦皇岛市经济发展的各种有利条件、内在优势和长期向好趋势没有改变。全省、全市经济发展正处在快速提升的区间，京津冀区域经济一体化纳入国家“十二五”规划，河北沿海地区发展规划上升为国家战略，特别是秦皇岛市被列为国家首批服务业综合改革、旅游综合改革、创新型城市试点、公共文化服务体系示范区和河北统筹城乡一体化发展试点市，先行先试为秦皇岛带来了难得的、大有可为的重要机遇，为破解秦皇岛市总量不大、结构优化度偏低、发展方式转变不快等深层次矛盾和问题，促进更好更快发展提供了重大契机。

四、实现 2012 年经济平稳较快发展的建议

（一）加强对经济运行的监控和调度，确保经济平稳运行态势

各相关部门要密切关注经济走势和运行态势的变化，加强对经济运行的调节和监控，特别是对重点行业的跟踪监测力度，增加工作调度的频率，加大分析的深度，对苗头性问题和新情况，及时研究，采取有效措施加以解决，避免经济出现大起大落。

一是稳定农业生产，切实抓好各项惠农政策的落实工作。认真贯彻落实中央一号文件精神，着力加强农田水利建设，全面提高农业用水效率，持续改善农业水利基础条件，不断提高农业综合生产能力，为农业生产创造有利条件。针对农资价格上涨过快问题，大力加强农用生产资料市场管理，有效降低农业生产成本，增加农民收入。

二是抓好工业运行调控与监测。有关部门应认真谋划，及时捕捉和分析重点行业、重点企业、重点产品的倾向性问题，增强调控的针对性和预见性，坚持分级负责、分类施策，通过增量较大的县区多贡献一点、重点企业多增长一点、重点行业多带动一点、投产

达产项目多拉动一点等“四个一点”，确保实现工业经济的增长。

三是加大对服务业的投入和调度力度。抓住服务业试点城市和旅游业试点城市的契机，积极开展旅游、贸易促销，承揽会议和展览，挖掘现有服务业的发展潜力，提高服务业对全市经济增长的贡献率。密切关注房地产市场发展态势，积极采取措施，加强和改善房地产市场调控，加快保障房建设，促进房地产市场健康稳定发展。各级政府和相关职能部门，积极研究制定相关政策，不断提升农村消费能力，扩大农村消费，使其成为促进经济增长的强大动力。

（二）加强重大项目建设，强势推进招商引资

继续实施项目带动战略，加快重点项目建设进度，加大对重点项目倾斜和扶持力度。针对在手重大项目不多的实际，强势推进招商引资，切实做好招商成果的巩固和跟踪工作，实现重大项目新突破。要进一步开拓招商视野，拓宽引资渠道和领域。加快推进农业和服务贸易领域的招商引资，结合秦皇岛市产业发展和城市发展规划，推介一批有地方特色的生态效益农业、公用事业、城市基础设施、商贸旅游、现代物流、科技教育、文化卫生事业等项目，力争利用外资有新的突破。突出产业招商重点，紧紧围绕秦皇岛市的支柱产业，突出产业链招商。加大龙头企业、配套企业和上下游企业的引进力度，形成产业的集聚效应，培育产业链。

（三）加大节能降耗力度，优化产业结构

一方面在保持经济快速增长的同时，要抓住节能降耗工作不放松。进一步加大节能降耗考核目标管理工作力度，加大对县区节能降耗工作的考核督导力度，确保完成目标考核任务。加大监管力度，对重点能源消耗大户进行定期监督和评估。严格执行节能标准，积极开展节能技术改造，坚决淘汰高耗能、高污染的落后工业技术，提高能源利用率。另一方面积极优化产业结构。要围绕新兴

产业、高新技术无污染产业、文化、旅游产业、物流产业、体育产业、会展经济、休闲产业等服务业的发展做好文章。

（四）强化市场监管，保持物价稳定

加强对粮食、原材料等源头产品的供应调节，强化市场运行监测。加强价格执法，严格规范市场价格行为，维护市场价格秩序，确保全市市场稳定。密切监控价格走势，关注物价变动对低收入群体、企业效益和整体经济的影响，加大财政补贴力度，确保物价上涨补贴联动机制良好运行，维护社会和谐稳定。

（撰稿：秦皇岛市统计局局长　黄汝新）

2011 年唐山市经济形势与 2012 年展望

2011 年，全市上下牢固树立科学发展观，紧紧围绕“科学发展、争先进位”目标，以“转方式、调结构”为中心任务，认真贯彻落实市委、市政府各项决策部署，着力发展沿海经济，全力推动由制造业大市向制造业强市转变，迎难而上，奋力拼搏，全市经济在国际国内环境极其复杂多变的形势下实现了平稳较快增长，主要经济指标完成或超额完成了全年目标。结构调整扎实推进，经济增长动力继续改善，为全市加快经济发展方式转变和结构调整，全面完成“十二五”规划目标任务奠定了良好基础。

一、2011 年全市经济运行特点

（一）经济平稳较快增长，三次产业渐趋协调

前三季度，全市完成地区生产总值 4030.43 亿元，同比增长 11.6%，增速同比回落 2.0 个百分点，比一季度和上半年均提高 0.1 个百分点，经济增长保持了平稳较快的发展态势。其中，第一产业完成增加值 400.15 亿元，增长 4.4%；第二产业完成增加值 2462.19 亿元，增长 13.4%；第三产业完成增加值 1168.09 亿元，增长 10.8%。

1. 工业生产保持平稳较快发展，企业效益增速加快。1—11 月份，规模以上工业完成增加值 2569.84 亿元，同比增长 15.7%，各月累计增速始终保持在 13.9%以上。在全市 37 个入统行业中有 32 个行业保持增长，增长面达 86.5%，比上年提高 8.7 个百分点。一是主导行业支撑作用明显。钢铁、能源、化工、建材、装备制造五大行业累计完成增加值 1903.38 亿元，占规模以上工业的 74.1%，同比增长 12.9%，拉动工业经济增长 8.6

个百分点。主导产品产量保持快速增长。在全市重点监测的46种产品中，有40种实现增长，增长面达到87%，其中27种产品增速超过10%。铁矿石、粗钢、钢材产量分别达到12696万吨、7497万吨和7583万吨，分别增长38.3%、15.2%和11.5%；原煤、焦炭、水泥产量分别达到4745万吨、2370万吨和3738万吨，分别增长18.9%、23.1%和20.3%；减速机增长10.5%，挖掘机增长76.2%，输送机械增长1.4倍。二是装备制造业迅速成长。1—11月份，装备制造业完成增加值309.80亿元，增长45.8%。在五大主导行业中，装备制造业增加值10月份首次超过能源产业，位居五大行业第二，占规模以上工业的12.1%，比重同比提高3.0个百分点，拉动工业增长3.1个百分点。其中：通用设备制造业增长80.8%，专用设备制造业增长32.7%，增速分别高于规模以上工业65.1和17.0个百分点。三是产销衔接良好，企业盈利能力保持较高水平。1—11月份，规模以上工业产销率为97.8%，同比提高0.8个百分点。企业效益快速提升。1—10月份，工业经济效益综合指数为367.2%，同比提高67.4个百分点。全市规模以上工业实现利税653.69亿元，实现利润403.73亿元，同比分别增长45.5%和51.5%，增速分别提高21.1个和29.1个百分点，利润增速高于销售收入增速17.8个百分点。其中，钢铁行业实现利润70.54亿元，同比增长37.3%，黑色金属矿采选业实现利润223.27亿元，增长69.5%，通用设备制造业利润增长58.5%，化学原料及化学制品制造业利润增长1.2倍。

工业品价格涨幅回落。1—11月份，工业生产者出厂价格指数为109.3%，比1—10月份涨幅回落0.9个百分点，同比回落4.5个百分点。下半年以来，工业生产者出厂价格回落趋势明显，连续6个月环比涨幅回落。其中，钢铁行业出厂价格累计上涨11.7%，11月份比10月份环比价格回落4.0个百分点。

唐山市2010年以来规模以上工业增加值增长率（%）

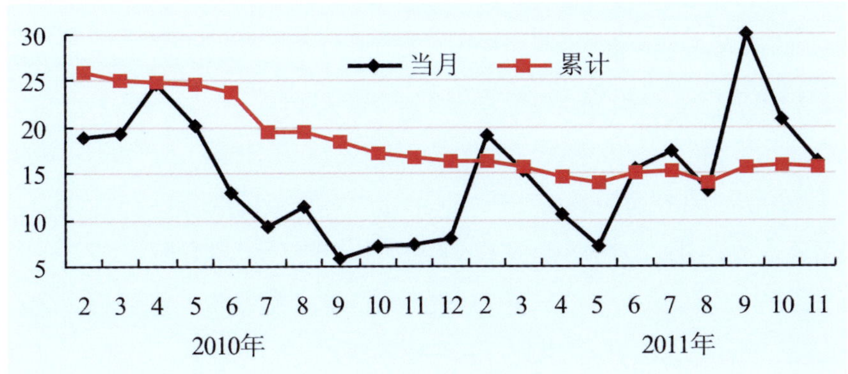

2. 粮食生产再获丰收，农业基础地位进一步巩固。粮食生产连续8年获得丰收，总产量达326.2万吨，比2010年增长5.2%，为2000年以来最高水平。粮食亩产445公斤，增长3.1%，连续8年创历史新高。其他主要农产品产量基本保持稳定增长。前三季度，蔬菜产量1057.2万吨，同比增长4.1%；肉类总产量46.4万吨，增长4.5%；牛奶产量138.9万吨，增长5.5%；禽蛋产量26.9万吨，增长4.5%；水产品产量下降5.6%。

3. 服务业加快发展，港口物流对经济拉动作用凸显。前三季度，第三产业增加值增长速度比一季度和上半年分别加快0.8和0.4个百分点。其中，交通运输和仓储邮政业增加值同比增长13.2%，批发和零售业增长9.6%。港口物流持续快速增长。1—11月份，唐山港全港完成货物吞吐量2.82亿吨，同比增长26.4%。其中，曹妃甸港区完成货物吞吐量1.58亿吨，增长38.4%；京唐港区完成货物吞吐量1.25亿吨，增长14.0%。唐山港完成煤炭吞吐量1.23亿吨，增长21.0%；矿石吞吐量1.08亿吨，增长23.9%；钢材、集装箱吞吐量分别增长31.7%和27.1%。航空运输实现新突破。截止11月底，唐山三女河机场开通航线9条，保障飞行2241架次，旅客吞吐量13.56万人次。

（二）三大需求拉动呈现积极变化，消费需求动力增强

1. 固定资产投资增速回落。1—11月份，全市完成固定资产投资2324.92亿元，投资增速呈逐月回落态势，从1—2月份的增长29.6%回落到1—11月份的增长7.5%。其中第一产业完成投资43.85亿元，同比增长47.3%；第二产业完成投资961.58亿元，增长18.6%；第三产业完成投资1319.49亿元，下降0.2%。房地产开发投资高位运行。1—11月份，房地产投资完成477.93亿元，同比增长55.5%，其中商品住宅投资增长54.6%。房地产开发企业房屋施工面积增长45.8%，其中新开工面积增长59.1%。截至11月底，全市在建项目2433个，在建项目平均规模2.78亿元，同比增长0.8%，其中新开工项目1585个，新开工项目计划总投资1933.07亿元。

2. 居民消费平稳快速增长，消费结构升级步伐加快。前三季度，全市实现社会消费品零售总额937.00亿元，同比增长17.4%，增速同比回落1.0个百分点。在社会消费品零售总额中，城镇零售额和乡村零售额均增长17.4%。家电"以旧换新"、"家电下乡"等刺激政策推动消费结构进一步升级。在限额以上商贸企业销售额中，家用电器和音像器材类商品增长36.5%，金银珠宝类商品增长56.4%，同比分别提高2.9和29.3个百分点；家具类增长61.2%；化妆品类增长35.2%；通讯器材类增长30.3%；汽车增长14.7%。住房消费保持旺盛，全市商品房销售面积435.60万平方米，同比增长37.1%，其中商品住宅销售面积391.20万平方米，增长30.6%。消费品价格维持高位，1—11月份，居民消费价格总水平同比上涨5.5%，达到2009年以来的最高水平。其中，食品类价格上涨13.1%，拉动居民消费价格上涨2.7个百分点。

3. 对外经济快速增长。1—11月份，全市直接利用外资9.64亿美元，同比增长22.7%。批准外资合同项目20项，同比下降9.1%，合同外资额5.44亿美元，增长56.1%。对外出口在2010

年高增长的基础上仍保持了快速增长。1—10 月份，全市进出口总额 86.97 亿美元，同比增长 39.7%，其中出口额 32.23 亿美元，增长 26.0%。在出口总额中，钢铁产品出口 15.71 亿美元，增长 40.5%，占出口总额的 48.7%；机电产品出口 4.05 亿美元，下降 24.8%；各类陶瓷产品出口 3.30 亿美元，增长 1.4%。进口总额 54.74 亿美元，增长 49.2%。

（三）结构调整继续扎实推进，高耗能行业得到有效抑制

1. 投资结构继续向合理协调方向改变。一是第三产业投资比重保持较高水平。三次产业投资结构由 2010 年 1—11 月份的 0.7∶33.9∶65.4调整为 2011 年 1—11 月份的 1.9∶41.3∶56.8，第三产业投资比重在 2009 年 2 月份首次超过第二产业并在 2010 年 4 月份以后始终保持在 55%以上，投资对产业结构调整的引领作用明显增强，三次产业投资结构更加注重质量和协调性。二是装备制造业投资快速增长。2007 年以来，唐山市装备制造业投资持续高速增长，到 2010 年 8 月份装备制造业投资额超过钢铁行业，占工业投资比重达 27.5%。2011 年 1—11 月份，在第二产业投资中，钢铁行业投资 185.71 亿元，同比下降 9.3%，占工业投资的比重为 19.4%，比重同比下降 5.9 个百分点；装备制造业完成投资 277.18 亿元，同比增长 30.6%，占工业投资的比重为 29.0%，同比提高 3.7 个百分点。三是工业技改投资比重明显提高。1—11 月份，技术改造完成投资 534.47 亿元，同比增长 25.1%，占工业投资的 55.9%，比重同比提高 3.2 个百分点。

2. 工业增长动力结构显著改善。一是现代工业不断发展壮大。装备制造业继续保持高速增长。1—11 月份，装备制造业增速高于规模以上工业增速 30.1 个百分点，高于五大主导产业增速 32.9 个百分点，对规模以上工业增长的贡献率达 19.7%，同比提高 2.6 个百分点。唐山轨道客车产值同比增长 30.5%；住友建机产值增长 79.1%；住友重机产值增长 30.8%。二是高耗能行业得到有效

抑制。1—11月份，钢铁、化工、电力、炼焦、非金属矿物制品（水泥、陶瓷）、煤炭开采六大高能耗行业实现增加值1504.4亿元，同比增长8.6%，占规模以上工业的58.5%，对规模以上工业的贡献率为35.1%，比重和贡献率同比分别回落4.3和8.7个百分点。其中钢铁工业完成增加值999.87亿元，同比增长5.2%，占规模以上工业的38.9%，对规模以上工业的贡献率为14.5%，比重和贡献率同比分别回落5.2和6.7个百分点。三是战略性新兴产业发展势头良好，产品结构不断优化。1—11月份，冷轧薄板、冷轧薄宽钢带、动车组等高科技含量、高附加值产品产量快速增长，同比增速分别达到49.1%、18.3%和7.3%。时速380公里高速动车组创新研制及产业化、开元电器焊接机器人及自动焊接装备、矿用抢险探测机器人、冀东风力发电设备制造等科技创新项目工程为全市工业产业结构升级提供了坚实动力。

（四）经济运行质量稳步提高，居民收入保持较快增长

1. 财政质量进一步提升。1—11月份，全市全部财政收入完成530.49亿元，同比增长28.3%。其中一般预算收入241.67亿元，增长32.5%。全部财政收入和一般预算收入分别占全省的19.1%和15.3%，增速分别高出全省平均水平2.3和1.7个百分点。前三季度，全部财政收入占GDP的比重达11.4%，同比提高0.5个百分点；一般预算收入占全部财政收入的比重为45.8%，同比提高1.6个百分点；1—11月份，第三产业实现税收170.94亿元，占全部税收比重为30.1%；企业所得税完成88.26亿元，同比增长42.3%；现代装备制造业完成税收23.62亿元，同比增长37.6%。县域财政实力总体较强。1—11月份，20个县（市）区中有11个县（市）区全部财政收入增幅超过30%；有18个县（市）区收入总量达到10亿元以上，其中迁安市、迁西县、丰南区、丰润区、路北区、路南区超过30亿元。

2. 居民收入较快增长，民生支出力度加大。前三季度，全市

城镇居民人均可支配收入 16109 元，比上年同期增长 11.2%；农民人均现金收入 9857 元，增长 19.3%，农民人均收入增速连续 3 年超过城镇居民收入增速。在城镇居民可支配收入中，工资性收入 9849 元，同比增长 37.3%；城镇居民人均消费支出 10578 元，增长 7.7%，其中食品支出 3783 元，增长 19.6%，衣着支出增长 45.5%，设备用品及服务支出增长 23.3%。在农民人均现金收入中，工资性收入和家庭经营收入分别为 4516 元和 4137 元，分别增长 32.6%和 12.6%。从业人员报酬平稳快速增长。前三季度，在岗职工平均工资 29075 元，同比增长 13.2%，增速同比提高 2.2 个百分点，比一季度和上半年分别回落 2.0 和 2.3 个百分点。地方财政用于公众服务支出快速增加。1—11 月份，全市一般预算财政支出 387.74 亿元，同比增长 33.9%。其中，医疗卫生支出增长 60.2%，城乡社区事务支出增长 43.0%，教育支出增长 20.1%，社会保障和就业支出增长 20.5%。

二、制约经济发展的结构性矛盾依然比较突出

（一）投资后劲有待增强

2011 年以来，唐山市固定资产投资持续下滑，特别是 8 月份以后，投资增速回落加快，预计全年增速仍将在 10%以下，为近 8 年来最低点。在城镇固定资产投资中，如果扣除房地产投资，1—11 月份项目投资完成额同比下降 8.3%，低于固定资产投资增速 15.8 个百分点，特别是曹妃甸工业区投资同比下降 49.6%，对全市固定资产投资增速下拉作用十分明显。规模大档次高的项目偏少，对现代产业体系建设的拉动支撑作用后劲不足。1—11 月份，总投资亿元以上项目投资额 1381.01 亿元，同比下降 18.0%；全市施工项目个数仅增长 3.5%，其中本年新开工项目增长 0.6%，总投资亿元以上项目增长 2.0%。预计到年底项目个数还会出现下降。转变观念、拓展领域特别是新兴产业和新兴领域投资的工作应

着力加强。

（二）市场适应能力有待加强

金融危机以来，唐山市传统主导产业钢铁行业基本进入了“高成本、低利润、强竞争”时代，部分企业时常处于保本甚至亏损状态。11 月份钢铁价格同比下降 2.7%，H 型钢下降 273 元/吨，工字钢下降 118 元/吨，带钢下降 169 元/吨，中厚板下降 190 元/吨，同时，铁矿石价格上涨 0.9%。唐山市工业主要能源原材料铁矿石、石油、煤炭等价格持续高位徘徊，加之用工成本、融资成本、运输成本的加速上涨，主导行业利润空间越来越小。1—10 月份，规模以上工业利润总额占全省的比重为 24.4%，比 2010 年下降 3.1 个百分点。因此，全市主导产业急需转变长期以来的传统增长模式，加强技术创新和制度改革，提升市场适应能力。

（三）平稳增长和节能减排的矛盾依然突出

前三季度，唐山市单位生产总值能耗降低率为 2.98%，与全年 4.13%的目标尚相差 1.15 个百分点；单位工业增加值能耗同比下降 3.14%，其中六大高耗能行业上升 1.67%，与规模以上工业平均能耗水平相比相差 4.81 个百分点。受保节能减排目标所采取各项措施影响，全市 11 月份钢材、水泥等主要产品产量比 10 月份明显下降，其中生铁产量比 10 月份下降 35.2%，粗钢产量下降 31.6%，水泥产量下降 28.2%，钢材产量下降 18.4%。11 月份全市完成规模以上工业增加值 225.13 亿元，为下半年以来单月最低值，增速比 10 月份降低 4.4 个百分点，比全省平均增速低 1.1 个百分点。从根本上解决经济平稳较快增长和完成节能减排目标的矛盾还需要付出长期的艰苦努力。

（四）现代服务业发展较慢

从第三产业内部结构看，前三季度，唐山市传统服务业占据绝对优势的状况尚未明显改观。2010 年，金融保险业、信息传输计算机服务和软件业、租赁和商务服务业等新兴服务业仅占第三产业的 11.3%，低于石家庄市 6.8 个百分点，而全国仅金融业一个行业就占第三产业增加值的 12.1%。

三、对 2012 年经济形势的展望

从国际看，2012 年的世界经济形势和环境仍存在极大的不确定性和不稳定性。欧债危机仍无好转，美国失业率居高不下，欧洲和日本经济呈现负增长。一些权威机构已下调了欧元区及主要发达国家 2012 年增长预期，国际货币基金组织表示全球经济面临严峻形势。国际经济低迷，欧美等发达国家会有可能通过货币政策、贸易壁垒等手段向外转嫁危机，对我国经济增长将造成较大影响。同时，局部地区政治局势持续动荡，加剧了石油等大宗原材料商品价格的波动，增加了世界经济复苏的不确定性和曲折性。

从国内看，中央经济工作会议确定 2012 年的宏观调控主基调是“稳中求进”，宏观经济调控政策将趋于宽松，保增长目标可能有所突出。一方面，欧美经济低迷使我国出口受到较大影响，导致外需不足；2011 年 11 月份，我国制造业采购经理指数为 49%，比 10 月份回落 1.4 个百分点，是 32 个月以来首次降到临界点 50%以下，制造业前景不容乐观；房地产政策仍无松动迹象，将会在很大程度上影响经济增速，特别是在四季度通胀压力减弱的情况下，中国经济面临的减速压力凸显。另一方面，随着中央稳增长、控物价、调结构一系列政策措施的实施，国内物价较快上涨的趋势得到遏制，居民消费价格 2011 年 11 月份已经回落到 4.2%，12 月 5 日，央行下调国内银行业存款准备金率 50 个基点以促进国内经济增长，货币政策开始微调；同时，中央针对中小企业融资难的问题，研究确定了支持小型和微型企业发展的一系列金融、财税政策措施。从 2012 年 1 月 1 日起，在部分地区和行业开展深化增值税制度改革试点。综合判断，2012 年宏观经济将以“稳”字当头，同时更加注重结构调整和高质量的增长。

从唐山看，国际、国内宏观环境的变化可能对全市某些行业产生较为明显的影响。2012 年宏观经济减速主要表现为受房地产深度调控和部分公路、铁路等基础设施项目停工影响导致的宏观市场对钢材、水泥等投资品需求的减弱，全市五大主导产业占地区生产总值的比重在 40%左右，其中，钢铁、化工、能源和建材四大产业受国家房地产调控和节能减排等政策的影响相对更大，发展空间受限；装备制造业中重型装备业还将受到国家调控房地产、基础设施建设资金投放力度的影响，预估难以保持前两年的持续高速增长。需要关注的是，国家房地产业调控政策的效果将在 2012 年进一步显现，唐山市钢铁、焦化、建材等相关产业面临的环境可能比 2011 年更困难。而第三产业中生产性服务业占 50%，工业经济的放缓也势必影响第三产业的发展。从有利因素看：一是国务院正式批准实施河北沿海地区发展规划给唐山市发展带来新机遇，中石化 1000 万吨炼油和首钢二期、唐山港和铁路建设等一批重大项目有望加快实施，唐山市承接产业转移的步伐将进一步加快。二是国家财税和信贷政策的结构性调整有利于全市中小企业、小型微利企业特别是小型服务业企业的发展。三是新一届省委要求唐山市“走在全省改革发展的前面”，省委、省政府对唐山市发展将给予更多的关注和支持。四是 2012 年将有迁钢公司 120 万吨冷轧硅钢、春兴集团 100 万吨冷轧薄板和三友集团 16 万吨粘胶短纤维技改工程等一批重大项目建成投产，形成新的经济增长点。同时，唐山市主导产业集中于钢铁等上游产业，表现出经济运行具有波动幅度滞后且明显大于全国和其他地区的特点。基于此，初步判断：2012 年全市整体经济增长速度可能略低于 2011 年，特别是 2012 年上半年工业生产可能会遇到一些市场方面的困难。在三次产业方面，第一产业将继续保持平稳增长；工业生产增速可能继续小幅回落，且波动性加大；第三产业增速平稳，但超过工业和 GDP 增速的可能性不大。在投资方面，2012 年首钢二期及石油炼化等大项目有望开工建设，房地产投资增速将回落，2011 年曹妃甸投资基数较小，总体上仍将保持适度增长。在消费方面，随着各项消费刺激政策淡出，消费市场增长趋于平缓，特别是随着价格涨幅的回落，以市场价格表示的社会消费品零售总额指标增速回落幅度将更加明显。2012 年仍是加快结构调整十分有利的时期，市场自然淘汰压力将有所加大，只要抓住机遇，特别是充分利用好国家批准的《河北沿海地区发展规划》中的各项优惠政策，就可以实现结构调整与经济平稳较快增长的双目标。

四、2012 年工作建议

2012 年是“十二五”时期承上启下的一年，也是结构调整的关键年，应在各项制度改革创新上迈出历史性的重大步伐。加强事前调控，充分估计可能出现的各种市场和政策上的变动，未雨绸缪，保持全市经济平稳较快增长。

一是继续狠抓生产调控不放松。保持冬季电煤供应充足和恶劣天气运输畅通，保证冬季企业生产和居民生活正常进行；加强企业市场信息服务，努力保持企业订单量；充分利用国家扩大中小企业融资政策，能落实的尽快落实，提振中小企业生产和投资的信心。

二是下大力抓好项目谋划。立足本地发展实际和产业结构特点，努力加快项目谋划，特别是加快以沿海经济带和工业聚集区为支点的新型产业项目谋划。2011 年固定资产投资增速达到了近年来的最低点，但也为 2012 年较快增长提供了一个较小的基数，应利用这个有利条件，努力加快改革的谋划。

三是加快推进现代服务业发展。明确产业定位，利用唐山市制造业优势，重点发展服务于制造业的生产性服务业，强化政策引导，抓好管理服务，提高生产性服务业的发展质量；利用港口优势，大力发展物流、航运、旅游等现代服务业，增强聚集度和辐射能力；积极谋划新兴服务业项目，制定优惠政策，吸引项目、吸引人才，建立服务业发展平台，提高现代服务业可持续发展能力。

四是加大技术创新力度。以工业聚集区建设为契机，加大技术改造资金投入，建立技术创新奖励机制，对科技创新贡献突出集体或个人实施重奖，鼓励创新，尊重创新人才，形成良好的社会氛围。

（撰稿：唐山市统计局局长　郑汉军）

2011 年廊坊市经济形势与 2012 年展望

2011 年是“十二五”的开局之年，全市人民在市委、市政府的正确领导下，紧紧围绕“京津冀电子信息走廊、环渤海休闲商务中心”的发展定位，深入贯彻落实科学发展观，加快转变经济发展方式，加强和改善宏观调控，努力应对诸多复杂因素，全市宏观经济稳健运行，实现了“十二五”的良好开局。

一、2011 年廊坊经济运行特点

2011 年全市宏观经济经历了一季度稳步高开、二季度小幅回落，三季度有所回升的过程。前三季度，全市实现地区生产总值 1166.2 亿元，比上年同期增长 10.9%，与上半年相比回升 0.2 个百分点，与 2010 年同期相比回落 2.4 个百分点。预测 2011 年全市经济增速将不高于 2010 年，总体保持稳健运行态势。

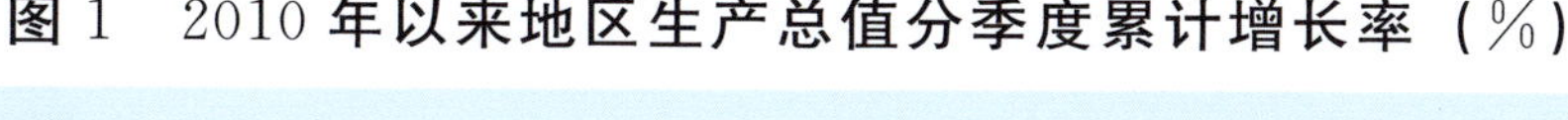
图 1　2010 年以来地区生产总值分季度累计增长率（%）

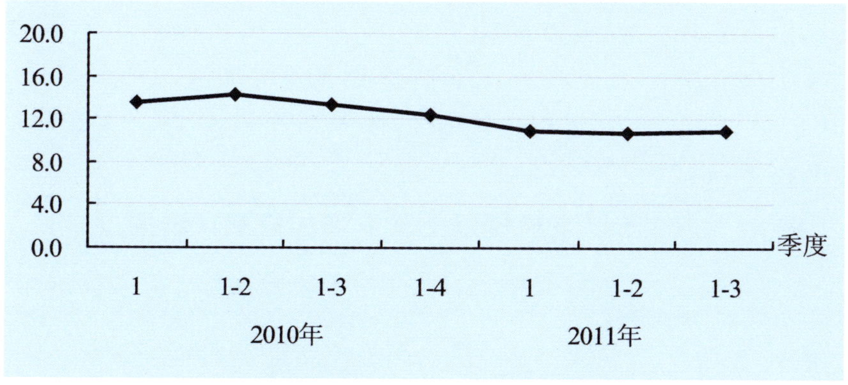

（一）三次产业基础稳固

1. 农业生产平稳。前三季度，全市农林牧渔业总产值 243.3 亿元，增长 3.3%，与 2010 年同期相比提高 1.3 个百分点。其中，农业、牧业和农林牧渔服务业分别增长4.5%、1.2%和4.5%。全年粮食总产量达到197.6万吨，增长2.7%，实现四连增，是历史上的第五个高产年。蔬菜总产480.1万吨，增长4.7%，与2010年同期相比提高3.4个百分点。

图2 2007年以来粮食产量（万吨）

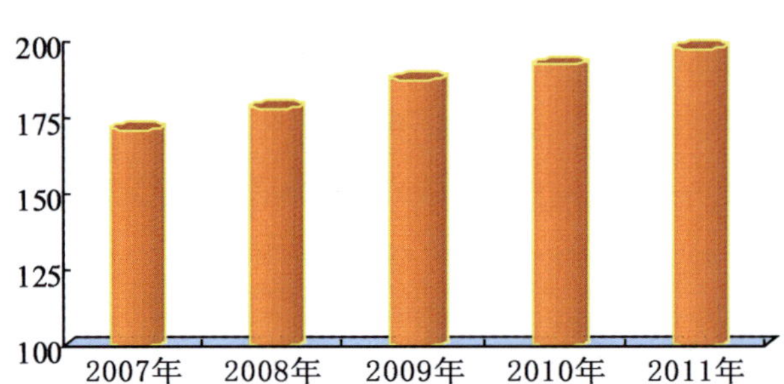

2. 工业稳步回升。前11个月，规模以上工业完成增加值602.5亿元，增长16.8%，分别比一季度、上半年和前三季度加快1.4、0.8和0.6个百分点，为年初以来的最高增速。从支撑因素看：一是重工业增速提高。重工业增长17.3%，高于全市规模以上工业增速0.5个百分点，快于轻工业2.2个百分点，与前三季度相比加快1.2个百分点。二是主要行业增速提高。黑色金属冶炼及压延加工业、金属制品业、通用设备制造业和交通运输设备制造业与前三季度相比，增速分别加快4.6、5.9、0.6和0.3个百分点。三是大中型企业增速提高。大中型企业实现增加值302.2亿元，增长10.2%，与前三季度相比增速加快0.7个百分点，占规模以上工业的比重达到50.2%。

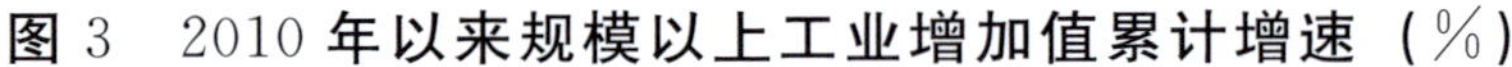
图3 2010年以来规模以上工业增加值累计增速（%）

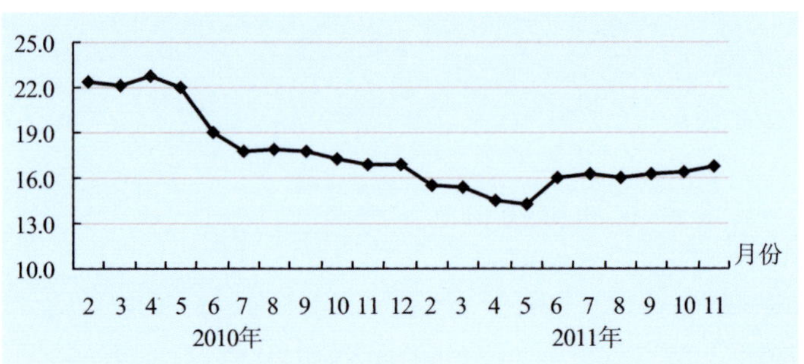

3. 服务业稳中趋缓。前三季度，第三产业完成增加值318.1亿元，增长10.6%，对经济增长的贡献率为27.6%，拉动经济增长3.0个百分点。分行业看，租赁和商务服务业、居民服务和其他服务业、文化体育和娱乐业、公共管理和社会组织4个行业的增速均高于全市第三产业增速。

（二）内外需求稳定拉动

1. 投资较快增长。2011年，固定资产投资增速保持较快增长，总体围绕30%上下小幅波动。前11个月，全市完成固定资产投资962.1亿元，增长29.0%。主要特点：一是项目个数多。全市施工项目个数1428个，同比增加117个，其中亿元以上项目307个，同比增加68个，增长28.4%；二是三次产业全面增长。一、二、三产业分别完成投资10.7亿元、459.8亿元、491.6亿元，分别增长48.6%、51.8%和12.8%；三是工业投资比重提高。完成工业投资453.0亿元，占固定资产投资的比重为47.1%，与前三季度相比提高2.6个百分点，其中工业技改投资占工业投资的比重达到54.8%，比前三季度提高4.4个百分点。

2. 消费稳定增长。社会消费品零售总额总体呈现稳定增长态势。前11个月，限额以上企业消费品零售额103.8亿元，增长24.9%，与前三季度相比回落0.8个百分点，与2010年同期相比提高4.1个百分点。主要是城镇限额以上消费比重大、增速快。城镇实现限额以上企业消费品零售额103.3亿元，占全市限额以上消费品零售额的99.5%，增长25.6%。

3. 对外经济增长放缓。从对外经济累计增速变化看，剔除变化剧烈的月份外，实际利用外资整体速度高于上年同期，但在年初高开之后呈波动放缓势头。前11个月，实际利用外资实现48081万美元，增长2.4%，与前三季度相比提高12.2个百分点，与2010年同期相比提高0.8个百分点。一是大项目拉动明显。全市超千万美元的大项目9个，到位外资达37448万美元，占全部外资的比重为 77.9％；二是外商投资贡献突出。在实际利用外资中，外商投资 37511 万美元，港澳台投资 10570 万美元，占比重分别为 78.0％和 22.0％。从进出口贸易看，前 10 个月，全市进出口总值 44.8 亿美元，增长 14.9％，其中出口 22.0 亿美元，增长 26.1％，与前三季度相比分别回落 2.8 和 0.4 个百分点，与 2010 年同期相比分别回落 27.1 和 23.6 个百分点。

图 4　2010 年以来对外经济各月累计增速（％）

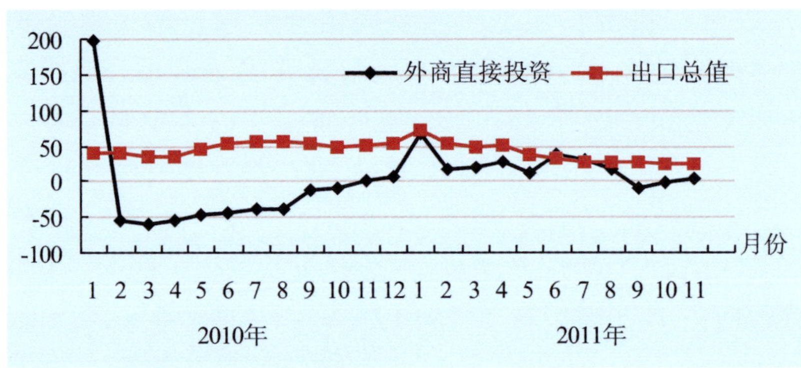

（三）质量提高实力彰显

1. 经济运行质量提高。前 11 个月，全市实现财政收入 236.3 亿元，增长 29.4％，其中地方一般预算收入 133.0 亿元，增长 33.0％，与前三季度相比分别回落 1.1 和 1.3 个百分点，与 2010 年同期相比分别回落 9.6 和 22.4 个百分点。前三季度财政收入占 GDP 的比重为 18.3％，与 2010 年同期相比提高 0.9 个百分点。

图 5　2010 年以来财政收入各月累计增速（％）

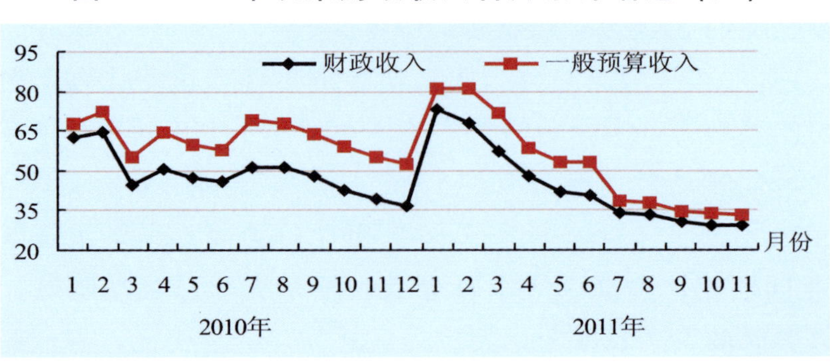

2. 城乡居民收入增加。前三季度，城镇居民人均可支配收入 17197 元，同比增加 1874 元，增长 12.2%，与 2010 年同期相比提高 2.3 个百分点；在岗职工平均工资 28789 元，同比增加 3568 元，增长 14.1%，与 2010 年同期相比回落 2.4 个百分点；农民人均现金收入 9842 元，同比增加 1886 元，增长 23.6%，与 2010 年同期相比提高 11.4 个百分点。

3. 金融存贷同步增加。截至 11 月底，全市本外币各项存款余额 2232.9 亿元，比年初增加 236.5 亿元，其中城乡居民储蓄存款余额 1324.3 亿元，比年初增加 156.0 亿元；各项贷款余额 1572.1 亿元，比年初增加 229.7 亿元。

（四）六县领唱环首都经济圈

从前 10 个月环首都绿色经济圈 14 个县（市、区）主要经济指标情况分析，廊坊 6 个县（市、区）在这些地区中占举足轻重的地位，八项指标所占份额均超五成以上，最高的限额以上消费品零售额和外商直接投资占比重高达八成，表明廊坊 6 个县（市、区）领唱环首都绿色经济圈的势头明显。从另一角度映射出廊坊争取省级项目和土地、资金相对具备一定的优势。

1—10 月份廊坊环首都 6 县（市、区）主要指标

指标名称	单位	14 个县（市、区）合计	廊坊 6 个县（市、区）合计	廊坊 6 县所占县比重（%）
GDP（前三季度）	亿元	1133.3	638.3	56.3
规模以上工业增加值	亿元	409.0	254.0	62.1
规模以上工业利润总额	亿元	83.7	42.3	50.6
固定资产投资	亿元	997.0	527.1	52.9
房地产开发投资	亿元	305.2	216.8	71.0
社会消费品零售总额（前三季度）	亿元	387.1	217.7	56.2
限额以上企业(单位)消费品零售总额	亿元	94.0	75.3	80.1
外商直接投资	万美元	14195	11373	80.1

二、存在的主要问题

2011 年全市整体发展势头良好，但有些问题还应引起关注。

（一）物价依然高位运行

前 11 个月，全市居民消费价格指数 105.6，同比上涨 5.6%，涨幅与 2010 年同期相比提高 2.6 个百分点，超过全年控价目标 1.6 个百分点。食品价格上涨仍是 CPI 维持高位的主要因素。前 11 个月，食品价格同比上涨 13.3%，与 2010 年同期相比涨幅扩大 5.1 个百分点，拉动 CPI 上涨 3.8 个百分点，占 CPI 总涨幅的 67.9%，成为全市 CPI 上涨的主要推手。其中涨幅较大的是肉禽及其制品、蛋类、油脂类，同比分别上涨 26.9%、20.5% 和 14.3%。

图 6　2010 年以来居民消费价格涨幅（%）

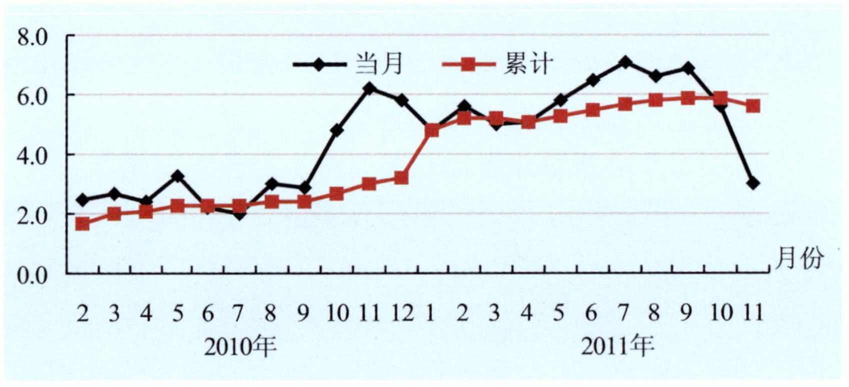

（二）农村消费水平需进一步提高

全市乡村消费市场需求低位徘徊，主要表现在：一是增速慢。前三季度实现乡村消费品零售额 133.8 亿元，增长 12.0%，低于全市社会消费品零售总额增速 5.4 个百分点，与 2010 年同期相比增速回落 5.8 个百分点。二是比重低。前三季度乡村消费占社会消费品零售总额的比重为37.0%，与2010年同期相比降低1.8个百分点。随着“家电下乡”、“汽车下乡”等刺激农村消费政策时间的延长，刺激消费的作用有弱化迹象。农村居民的购买力、消费理念和消费环境均有待进一步提高。

三、2012年面临的形势和展望

（一）国际环境因欧债危机和美债危机相互交织叠加从而扑朔迷离，经济复苏乏力

欧元区债务危机不断发酵，越来越多的国家陷入了由经济危机引发的政治危机；美国经济复苏乏力，居高不下的失业率让世界经济前景更加不明。美国与其他发达经济体的出口数据也显示，消费需求进一步萎缩，全球经济形势不乐观，复苏前景黯淡。众多业内人士认为，2012年将会是世界经济最艰难的一年。欧元区国家窘境已经蔓延至东欧和新兴经济体，欧洲2012年的形势是避免较大的金融危机发生导致全球金融危机，但是很难避免一个很弱的经济衰退。世界经合组织在2011年11月28日公布的全球经济展望中也预计，美国国会债务委员会削减赤字谈判失败后，其将实行一系列支出削减及增税措施，同时欧洲问题依然得不到解决，这些因素可能导致美国经济濒临衰退边缘。该组织还将其对2011年和2012年全球GDP增长的预期由5月份报告中的4.2%和4.6%分别大幅下调至3.8%和3.4%。这些无疑都将给中国的经济增长造成影响。

（二）国内环境受国际冲击影响较大，短周期内下行风险加大

2011年下半年以来，欧债危机从边缘国家向核心国家扩散，从公共财政领域向银行体系扩散，引发全球金融市场大幅动荡，进而冲击实体经济。对中国资本市场而言，欧债危机也通过金融渠道影响资本流入，进而影响到对未来经济增长的信心。11月，中国制造业采购经理指数（PMI）为49.0%，这是该指数自2009年3

月以来首次降至临界点 50％以下，并低于历史同期均值 2.9 个百分点。这表明国内外制造业市场需求趋缓，企业生产动力不足，制造业经济总体有所回落，尤其是大型企业回落明显，生产指数为 50.9％，虽然高于临界点，继续位于扩张区间，但已降至 2009 年 2 月以来的最低点。新订单指数为 47.8％，为 2009 年 2 月以来新低，并首次跌落至临界点以下。出口订单指数为 45.6％，连续两个月位于临界点以下。从业人员指数为 49.0％，连续两个月位于临界点以下，低于历史同期水平。需求疲软将导致 2012 年出口和投资等经济增长引擎动能减弱，经济增速存在下行风险。12 月 7 日中国社科院报告预测：2012 年 GDP 增速预计在8.5％—8.7％之间。

（三）积极因素效应后期会逐步显现，有利于稳定信心

一是 11 月 30 日全球六大中央银行罕见联手出招，协同采取行动支持全球金融系统，同意将现有的临时美元流动性互换安排的成本下调 50 个基点，意图稳定金融市场，缓解债务危机的冲击。二是中央人民银行宣布从 2011 年 12 月 5 日起，下调存款类金融机构人民币存款准备金率 0.5 个百分点，此举为近三年来首次下调。此次下调存款准备金率一定程度上释放出宽松信号，有可能会改变市场预期。有专家预计，央行此举将释放银行存款准备金 3600 亿元至 4000 亿元之间，也会为新一轮结构调整带来机遇。三是切实减轻小型、微型企业负担的政策将逐步实施，这些都将成为推动企业发展的有利因素。四是形势虽然复杂，但中国已有针对性地加强和改善宏观调控举措，国民经济正朝着宏调预期方向发展：CPI 在 7 月达到年内峰值后逐月回落，10 月已由高峰期的 6.4％回落至 5.5％，11 月份当月 CPI 为 4.2％；GDP 三季度增长 9.1％，依然在合理波动区间。2012 年 GDP 与 CPI 增速将有可能呈平缓“双降”态势。有关专家认为，这符合既定的宏观调控目标。经济平稳放缓，为调结构和经济转型提供了难得机遇，顺势而为，促进中国

经济更平衡和可持续发展，可以产生更多新的经济增长点。

（四）展望 2012 年全市经济仍将稳健运行

一是从全市经济发展的规律看，处于稳健增长的经济周期。纵观全市改革开放以来 33 年的 GDP 增长变化，廊坊和全省、全国趋势保持高度吻合，大体经历了三个经济周期。1978—1988 年，为改革开放推动全市经济快速发展的阶段。这一阶段我国处于改革开放初期，全市经济受国家各项政策的影响，增速起伏波动较大。1989—1999 年，廊坊地改市后经济的起步阶段。这个周期波幅明显小于前一轮，经济的运行更加稳定。2000—2010 年，全市经济的稳健增长阶段。这个阶段产业结构更加优化，波幅进一步减小，经济运行更加稳健。2006 年、2007 年在本轮周期置顶，2008 年受国际金融危机和经济周期的影响下行，2010 年有所回升，预计 2011 年和 2012 年全市经济有所放缓，但稳健运行的趋势没有改变，增长的内生动力依然较强。

二是从全市的发展目标看，站位高端且长远。市委五次党代会站位高端，着眼长远提出聚焦“京津冀电子信息走廊、环渤海休闲商务中心”发展定位，明确实施实力、生态、智能、休闲、商务、人文、和谐、幸福的“八大廊坊”建设，努力实现“两个率先”奋斗目标。“十二五”时期，在京津冀加快融合发展的大潮中，抢抓机遇，实施精良管理，追求高端发展，强势崛起，勇当京津冀城市群科学发展先行军。科学合理的目标定位，为全市“十二五”时期的经济发展指明方向，吹响前进的号角。

三是从廊坊实际情况看，发展机遇千载难逢。展望 2012 年，廊坊发展压力虽大但同时也面临着千载难逢的“廊坊机遇”。其一李克强副总理的视察指导，将推动保障房建设的新高潮，产生相关投资领域的拉动效应。其二以万达集团为代表的 30 多家世界 500 强企业的入驻必将形成一定辐射效应。其三独特的区位优势更是廊坊长期制胜的法宝，北京东扩南括的机遇直指廊坊，廊坊便捷的交通条件使空港经济蓄势待发。其四廊坊较轻型的经济结构将有利于在一定程度上缓冲大环境的震荡。以上这些都将给廊坊2012年经济注入勇气、信心和能量。

综上各种复杂的因素，预测2012年全市经济仍将在本轮经济周期中朝着宏观预期的方向进行调整，继续保持稳健运行态势，发力的时机和程度依赖于国际国内环境的好转及相关政策的出台。

四、实现四个聚焦，增添经济发展动力

冷静分析，全市面临的机遇与压力并存，面对当前复杂多变的形势，必须增强忧患意识，但同时也要坚定发展的信心，找准聚焦，为全市经济发展整合资源增添力量，多措并举保证经济社会持续稳健运行。

（一）聚焦科学发展，凝聚思想添合力

省第八次党代会和市第五次党代会给全市下一步及“十二五”的发展提出了更高的要求。市、县两级换届又为全市经济发展注入新的血液。一是要以此为契机，加速推进建设“欣欣向荣、生机勃勃”的实力廊坊。二是继续以科学发展为主题，解放思想、抢抓机遇、高端错位、强势崛起，加快科学发展和富民强市的步伐，勇当先行军，创新思维、凝聚合力，把“两个率先”作为一切工作的思想引擎，贯彻于“十二五”的工作始终。

（二）聚焦结构调整，强化运行添实力

结构调整是加速产业结构升级的有效途径，经济放缓期是最好的经济结构调整机遇期。要坚持“同中求特、特中求好”的基本方略，走产业化高端发展之路。一是加大对农业的投入，完善农业基础设施配套建设，提高农业综合生产能力。二是加强工业经济运行调节和跟踪监测，重点加强对高耗能企业的监测，鼓励和引导企业技术改造，提升工艺水平，培育新的增长点。三是对全市新兴服务

业进行引导，形成高端发展的龙头，引领全市产业结构升级。四是认真落实和营造优良的信贷环境，完善银地、银企对接机制，切实帮助企业生产回暖，力争尽快见效，从而增强经济发展实力。

（三）聚焦产业园区，谋划项目添动力

园区是承接产业转移的重要平台和载体，项目工作是提升园区质量的重要抓手。一是大上高端项目。全市要以“工业聚集区”为重要引擎，有针对性地引进关联度大、带动力强、辐射面广、集约化高的优势产业集群项目，对科技含量高、绿色优势产业一定要重点扶持，重点培育，重点繁殖，达到带动一批、辐射一片的效应。二是打造集成优势。要打造产业园区的软环境建设，丰富信息载体，实行高端管理，要在产业集群的基础上进行“二次创业”，构成横向和纵向的系统集成，做好铺路和引路的工作，更好地为客商提供优质服务，使园区建设成为全市加快崛起的动力源。

（四）聚焦百姓生活，提高质量添活力

一是稳定市场物价。要加强市场监管，巩固好物价回落趋势，防止反弹。根据市场供求变化，加大对生活性和生产性重要商品的监管力度，确保大宗生产生活资料的供应，严厉打击哄抬物价等不法行为，保障节日期间的食品安全和物价稳定。二是千方百计增加城乡居民收入，解决好低收入群体的生活，加快推进新型城镇化，深入实施保障性安居工程，提高社会保障水平。同时，努力改善民生环境，引导居民即期消费，活跃百姓精神文化生活，提升百姓生活质量。

（撰稿：廊坊市统计局局长　张建明）

2011 年保定市经济形势与 2012 年展望

2011 年，在市委、市政府的正确领导下，全市上下认真贯彻落实胡锦涛总书记“四个着力”的总要求，紧紧围绕又好又快发展、强市兴县富民中心任务，合力唱响突出抓发展、重点抓项目、持续保稳定、着力惠民生主基调，深入实施三大战略，积极应对经济增长下行、物价上涨的双重挑战，锐意进取，创先争优，保持了经济平稳较快发展，实现了“十二五”良好开局。

一、2011 年经济运行的主要特点

（一）经济总体平稳增长

全市生产总值一季度增长 12.1%，上半年增长 11.7%，前三季度增长 11.8%。受世界经济复苏乏力、货币政策转向稳健、消费刺激政策逐步淡出等综合因素的影响，2011 年全市经济发展比 2010 年有所放缓，但总体保持了平稳增长。

农业喜获丰收，单产持续提高。全市加大农业投入和管理，“稳面积、攻单产、增总产”发展成效显著，夏粮和秋粮单产分别提高 31 公斤和 26 公斤，粮食总产实现“九连增”。同时蔬菜生产保持较快增长，肉、禽蛋、奶等主要畜产品持续增长也为保障居民消费、稳定物价做出了积极贡献。

工业实现较快增长。前 11 个月，全市规模以上工业完成增加值 790.8 亿元，同比增长 16.7%。统计的 36 个行业大类均保持了增长。股份制企业继续壮大。股份制企业个数占全部规模以上工业企业的 73.6%，同比提高 3.6 个百分点；实现增加值 617.9 亿元，占全部规模以上工业的比重为 78.1%，同比增长 17.7%，高于全部规模以上工业增速 1 个百分点。汽车、新能源、纺织、食品和建

材等五大工业主导行业支撑作用明显。五大主导行业增加值占全部规模以上工业的比重达到 50.1%，拉动规模以上工业增长 7.6 个百分点。装备制造业增加值占全部规模以上工业的比重达到 43.2%。工业产品产销率为 97.7%，同比提高 1.1 百分点。

图 1　2011 年全市规模以上工业增加值累计增长率（%）

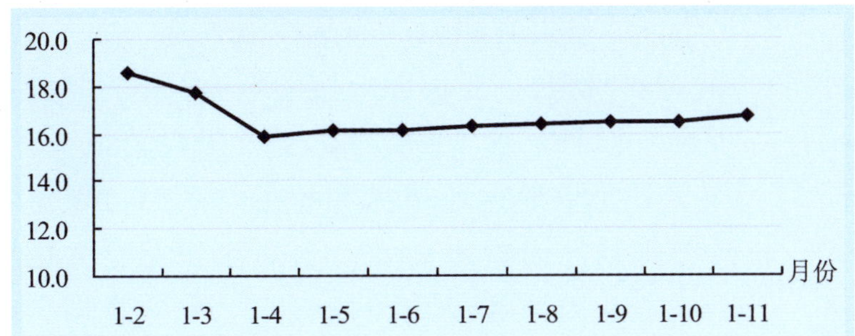

服务业继续保持平稳增长。前三季度服务业增加值增长 11.9%。其中，在服务业中占份额较大的交通运输仓储和邮政业增长 16.7%，批发和零售业增长 11.3%，金融业增长 10.6%。

（二）投资、消费和出口保持较快增长

固定资产投资结构不断优化，持续保持较快增长。前 11 个月，全市固定资产投资完成 1443.3 亿元，同比增长 28.0%。亿元以上项目投资占在建项目投资的比重达到 75.7%，同比提高 2.3 个百分点；高新技术产业投资占城乡建设项目的比重达到 21.6%；城镇三年上水平推动城市基础设施投资力度加大，同比增长 36.2%。

图 2　2011 年全市固定资产投资累计增长率（%）

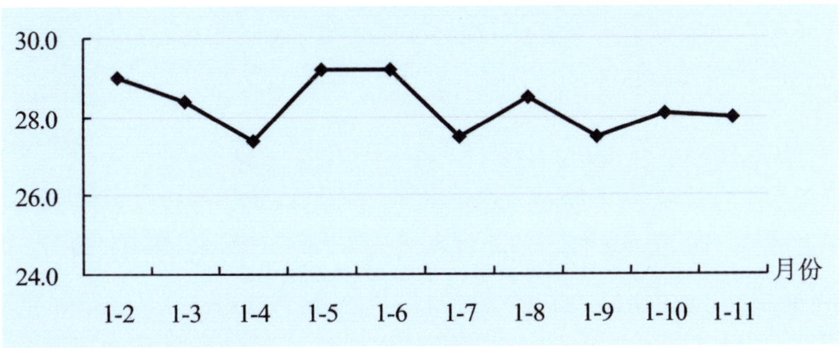

城乡消费品市场活跃。前三季度，全市社会消费品零售总额完成707.7亿元，同比增长17.6%。其中，城镇市场实现543.8亿元，增长17.8%；乡村市场实现163.9亿元，增长16.8%；城乡市场基本实现同步增长。月度数据显示，限额以上企业（单位）零售额增速逐月加快。前11个月增长29.4%，其中家用电器和音像器材类等与居民生活质量提高相关的商品增幅居前。

对外出口保持较快增长。受国际环境的影响，出口增速逐月回落，但仍保持了较快增长。前11个月，全市出口总值49.3亿美元，增长27.5%。工业主导行业产品和特色产品出口保持较快增长，纺织原料及纺织制品出口增长23.4%，车辆及有关运输设备出口增长50.5%，金属及其制品出口增长53.2%，机器、机械器具、电气设备出口增长18.8%，皮毛及其制品出口增长20.3%。对外开放继续扩大，全市实际利用外资完成4.34亿美元，其中外商实际投资完成4.29亿美元。

图3 2011年全市出口总值累计增长率（%）

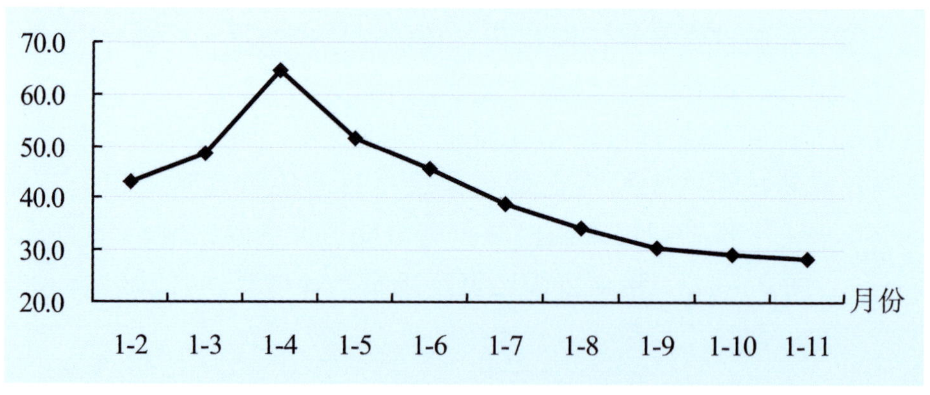

（三）财政收入增长较快，金融市场保持稳定

财政收入增长较快。前11个月，全市全部财政收入完成241.3亿元，同比增长25.6%。其中一般预算收入突破百亿关，达到116.1亿元，同比增长32.2%。

图 4 2011 年全市全部财政收入累计增长率（%）

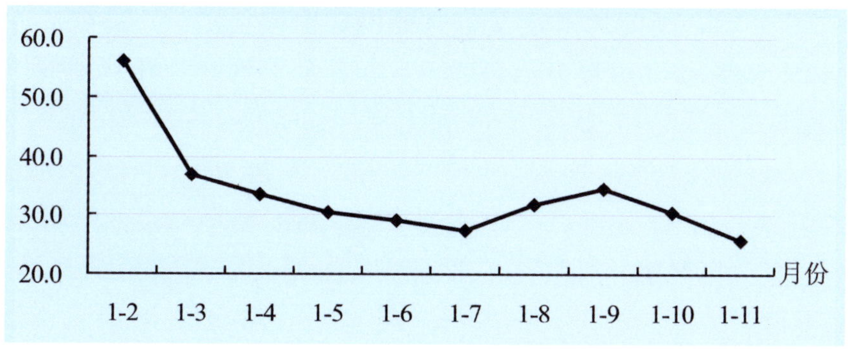

金融市场保持稳定。11 月末，金融机构各项存款余额 3150 亿元，比年初增加 271 亿元，增长 12.5%，其中储蓄存款 2230 亿元，比年初增加 206 亿元，增长 10.2%。各项贷款余额 1336 亿元，比年初增加 178 亿元，增长 15.4%。

（四）城乡居民收入稳步提高，就业形势基本稳定

前三季度，城市居民人均可支配收入 12382 元，同比增长 12.1%；农民人均现金收入 6303 元，同比增长 29.9%；城镇单位在岗职工平均工资 22708 元，同比增长 14.2%。9 月末，全市城镇登记失业率 4.07%，控制在年度目标之内；全市农村劳动力转移就业净增 18.5 万人，城镇新增就业 8.2 万人，下岗失业人员再就业 2.9 万人，企业养老保险参保人数达到 45.4 万人，均超额完成年度目标任务。

二、经济运行的主要问题

（一）工业生产压力加大

2011 年，全市规模以上工业总体呈现平稳较快增长态势，但受国际国内环境复杂多变、企业成本上升和产品价格下降等因素的影响，从 4 月份开始，全市五大主导行业增加值增速呈现回落态势，累计增速均低于全部规模以上工业平均水平。其中：前 11 个

月汽车及零部件行业增加值同比增长12.6%，低于规模以上工业4.1个百分点；新能源及输变电行业增加值同比增长10.4%，低于规模以上工业6.3个百分点。前11个月全市规模以上工业企业实现利税增长15.8%，比一季度和上半年分别回落33和21.6个百分点，其中利润总额增长11.0%，比一季度和上半年分别回落55.2和34.1个百分点。全市主导产业增速回落、带动作用减弱，经济效益下滑明显，对整体工业经济持续增长形成较大压力。

（二）新开工项目偏少、规模偏低

前11个月，全市新开工项目1007个，同比减少74个。其中，亿元以上新开工项目227个，同比减少16个。在建亿元以上项目平均规模为5.7亿元，低于全省平均水平0.3亿元。其中，10亿元以上项目平均规模为24.6亿元，低于全省平均水平1.8亿元。新开工项目作为下一轮投资增长的基础，个数减少、规模偏低势必对投资持续较快增长带来压力，也对经济发展后劲产生不利的影响。

（三）物价涨幅仍然较高

一季度、上半年和前三季度居民消费价格同比分别上涨5%、5.4%和6%。八大类消费品价格一季度“五升三降”，上半年“六升二降”，7、8月份“七升一降”，9月份全面上涨。从10月份开始回落，11月份居民消费价格指数同比上涨4.9%，比9月份、10月份分别回落2.7、1.9个百分点。11月份环比价格下降0.5%，物价持续上涨势头得到有效抑制，但累计涨幅为6.0%，仍然较高。

同时，经济发展中一些突出矛盾和问题还没有得到根本解决。全市经济总量小、人均水平低的基本市情仍未根本改变；传统产业比重大，新兴产业比重小，高附加值产业比重低，结构调整任务依然艰巨；主导产业份额小，产业集中度不高，缺少具有规模优势的大企业集团，抵御市场风险的能力还不够强；工业化、城镇化和农业现代化发展相对滞后，县域经济实力比较薄弱、竞争力不强等问题依然突出。

三、2012 年走势预测

2012 年全市经济形势既面临空前机遇，又面临严峻挑战，综合分析有利因素和不利因素，可望保持平稳较快的发展势头。

（一）有利因素分析

从外部环境看，世界经济在曲折中复苏，国际范围内产业结构调整和转移持续推进，新一轮科技革命蕴育重大突破，新能源等战略新兴产业不断扩张发展的趋势不会改变；我国新兴工业化、城镇化和农业现代化激发的动力持续增强，经济发展的内在动因和长期向好的趋势没有改变；京津冀区域经济一体化、首都经济圈开发战略纳入国家“十二五”规划，北京建设世界城市和实施南城计划，对周边地区辐射带动作用不断增强，项目、人才等高端生产要素外溢趋势日益明显，必将为保定经济社会发展起到极大地促进作用。

从自身环境看，经过近年持续不断的努力，全市多力驱动、东西互动、融入京津、城乡统筹的发展格局加快形成。一主三次战略铸造区域发展引擎，正在催生新的经济增长极；工业西进战略加速释放资源优势，后发崛起势头强劲；对接京津战略推动全方位借力提升，区位优势正变为现实优势。特别是省第八次党代会和市第十次党代会为“十二五”发展描绘了宏伟蓝图，中央和全省经济工作会议为做好经济工作指明了方向，极大地激发了全市广大干部群众谋发展的热情和干劲，为 2012 年经济保持平稳较快发展提供了有力的保障。

从产业发展看，一产抓特色、夯基础，大力发展安全高效农业。粮食生产稳面积、攻单产、增总产、提品质，可望实现十连增。特色蔬菜基地加快建设。畜禽良种繁育、动物疫病防控、质量安全检测、饲料兽药保障四大体系逐步完善，标准化养殖规模不断扩大。蔬菜和畜牧业保持较快增长的基础不断增强。二产抓提升、壮实力，做大做强主导产业。精心组织实施工业提升计划，“产业、项目、园区、创新”一体化推进，努力构建大企业支撑、创新型引领、链条式集聚的产业发展新格局。三产抓拓展、增活力，努力繁荣城乡经济。改造提升传统服务业，大力发展现代服务业，积极拓宽服务业新领域，不断提高服务业发展水平。三次产业协调发展为确保经济平稳较快发展提供了现实基础。

（二）不利因素分析

世界经济形势总体上仍将十分严峻复杂，欧债危机深层次问题仍未解决，全球协同支持经济增长困难重重，需求疲软、贸易保护主义抬头，融资困难，粮食等国际大宗商品价格高位波动，外部经济环境更加严峻复杂。汽车和新能源两大行业受市场变化的影响可能持续较长的一段时间，对全市工业增长形成了较大压力。经济增长下行压力和物价上涨压力并存，工作中不可预见的困难可能要更多。对此，全市要加强战略谋划，增强应对能力，扬长避短，趋利避害，力促经济保持平稳较快增长。

四、2012 年经济工作建议

2012 年是全面贯彻省第八次党代会和市第十次党代会精神的第一年，是奋进“十二五”、实现新跨越的关键一年，也是国内外经济形势错综复杂的一年。实现经济保持平稳较快增长，任务非常艰巨。必须准确把握形势变化，科学统筹，突出重点，着力抓好以下方面的工作。

（一）强力推进项目建设，持续增强投资拉动力

保持经济平稳较快发展，扩大和优化投资是关键。要把项目建设作为经济工作总抓手，努力扩大投资规模，保持投资较快增长。

加强项目谋划储备。要抓紧选择一批优质项目，争取列入省重点。使用好、管理好土地指标，严格按照投资率、容积率、回报率高低依次供地。要完善重大项目梯级储备，强化对重点项目的跟踪对接、配套服务，做深做实前期工作，实现重点项目储备一批、成熟一批、转化一批。加快重点项目建设。切实抓好在建、续建和新开工项目，要加强全过程管理，积极解决项目建设中的实际问题，保开工、保进度、保工期、保质量。着力优化投资结构。要把项目建设的重点转移到提高项目质量和规模上来，转移到大型企业、央企合作和新兴战略骨干项目上来，严格准入门槛，提高项目水平。要加强政府投资对结构调整的引领作用，加大对产业结构升级、保障民生、推动科技创新、保护生态环境等领域的投资力度。坚决把好土地、信贷、节能、环保、产业政策等审核关，严格控制高耗能、高排放和产能过剩行业的新上项目。落实国家房地产调控政策，促进房地产市场健康发展。要正确引导民间资本投资方向，鼓励传统产业资本向战略性新兴产业转移，防止在传统产业上低水平重复建设。要制定鼓励引导民间投资的优惠政策，在市场准入、政府采购、金融财税等方面提供无差别政策待遇，进一步拓宽民间投资渠道和领域。

（二）加快工业强市步伐，培育多元支撑产业体系

要坚持以质量效益为核心，精心组织实施工业提升计划，“产业、项目、园区、创新”一体化推进，努力构建大企业支撑、创新型引领、链条式集聚的产业发展新格局。实施产业提升工程。要加快做大做强汽车、新能源战略支柱产业，尽管这两大产业 2011 年受到市场变化影响，但长期向好的趋势不会改变，抓住汽车、新能源纳入省级发展战略的机遇，集中资源要素，支持长城、中兴、巨力、风帆等重大生产基地建设，优化产品结构，扩张发展规模，全力打造“新能源之城”和“汽车之城”。改造提升纺织服装、食品加工、有色金属加工等传统产业，重点抓好整合重组、产品升级。

发展壮大电子信息、生物制药等战略性新兴产业，加快培育成为全市新的经济增长点，特别是要把新兴建材产业突出出来。做大产业发展平台。坚持把园区建设作为吸引项目、集聚要素、培育产业集群的核心抓手，按照做园区就是做城市的理念，高标准推进园区建设。突出抓好园区基础设施建设、项目引进和园区管理，推进路、水、电、气等基础设施和公共服务设施建设，为项目入园创造条件。切实抓好保定高新区、大王店产业园、保定工业园等 31 个市级以上产业园建设，积极引导项目、企业入区入园。要盯紧做好省级开发区（园区）、工业集聚区报审工作，每个县（市）都要建成一个市级以上产业园区。要健全园区组织机构，理顺管理体制，提升管理水平。加强技术改造和自主创新。坚持对标先行，技改跟进。切实抓好创新平台建设，把中国电谷打造成国家创新型特色产业园区。落实省“百企千人技术创新能力提升工程”，加大人才培养引进力度。发挥财政资金引导作用，设立企业创新专项基金，加强研发投入，实施一批重大科技专项和科技示范工程，突破一批对产业发展影响大、带动力强的核心关键技术，推动保定制造向保定创造转变。

（三）积极推进农业现代化，大力发展服务业，进一步繁荣城乡经济

增强农产品供应保障能力。提高农业产业化经营水平，进一步改善农村生产生活条件，大力发展特色农业、生态农业，促进农业增效、农民增收。改造提升传统服务业，大力发展现代服务业，重点发展商贸物流业、金融服务业、旅游产业和文化产业，积极拓宽服务业新领域，不断提高服务业发展水平。

（四）振兴县域经济，增强经济发展活力

保定市大县多，县兴则市兴，县强则市强。加快县城建设，成为县域经济的重要载体。加快基础设施建设和功能配套，促进资源

要素、民间资本、民营企业向县城聚集。结合产业园区建设、重点项目建设，统一规划、统筹安排，推动产业、资金、人流、物流向县城集中，实现县域经济的集聚集约发展。培育特色经济，成为县域经济的重要抓手。加大对特色产业集群的支持力度，加快建设一批县域特色产业园区，推动企业向园区聚集，培育壮大特色产业集群。每个县（市）都要培育一个知名特色产业、建设一个知名特色园区、形成一批知名特色企业、打造一批知名特色品牌。壮大中小微企业，成为县域经济的重要支撑。坚持放开、放宽、放活，制定优惠政策，推进全民创业。进一步加强服务体系建设，逐步建立健全中小微企业创业辅导、融资担保、科技信息、技术服务平台，着力解决好中小微企业资金、技术、用地等实际问题，切实保障企业顺利健康发展。

（撰稿：保定市统计局局长　梁瑞萍）

2011年沧州市经济形势与2012年展望

2011年，全市人民紧紧围绕市委、市政府提出的发展目标和工作思路，以科学发展观为指导，以转变经济发展方式为主线，强力推进沿海地区开发开放，加快新型工业化、新型城市化和农业现代化步伐，整体经济保持了平稳较快发展，经济发展方式积极转变，经济结构加快调整优化，经济综合实力显著增强，经济运行质量明显提高，人民生活水平稳步提升，经济和社会取得了新发展、新变化和新突破，在全面建设小康社会和构建和谐社会的征程上迈出了更加坚实有力的步伐。

一、2011年沧州市经济运行态势

从主要经济指标的增长情况看，沧州市经济呈现出高开稳走、持续向好的发展态势，总体运行情况良好。

2011年前三季度，沧州市地区生产总值完成1950.3亿元，同比增长12.2%，增速居全省第一位，高于全省0.9个百分点，高于全国2.8个百分点。其中，第一产业增加值265.3亿元，增长5.5%；第二产业增加值990.1亿元，增长14.6%；第三产业增加值695亿元，增长11.6%。三次产业结构比例为13.6：50.8：35.6，三次产业对经济增长的贡献率分别达到6.3%、56.8%和35.6%。投资需求仍是经济增长的主要拉动力量，对经济增长的贡献率为61.4%，消费需求贡献率为37.4%，净流出贡献率为1.2%。三次产业呈现“一稳两快”全面发展态势，即第一产业稳步发展，第二、三产业较快发展。

（一）农业生产形势稳定

2011年前三季度，小麦总产突破200万吨大关，达到205.1

万吨。蔬菜完成产值为67.96亿元，增长6.6%。蔬菜播种面积为57971公顷，增长4.5%；蔬菜总产量322.8万吨，增长7.4%；蔬菜单产55676公斤/公顷，增长2.8%。

农林牧渔业完成总产值446.42亿元，同比增长5.4%。其中种植业产值288.6亿元，增长5.9%；林业产值0.65亿元，增长4.2%；牧业产值111.2亿元，增长4.2%；渔业产值8.3亿元，增长15.7%。

（二）工业生产增长较快，经济效益稳步提高

1—11月，沧州市1453家规模以上工业企业，完成增加值940.89亿元，居全省第四位，同比增长16.7%，增速居全省第三位。1—10月，完成主营业务收入3050.85亿元，增长47.4%，增速高出全省12.4个百分点，位居全省第一。完成利税总额364.5亿元，居全省第三位，增长25%，增速居全省第八位；其中实现利润总额173.13亿元，增长18.2%，增速居全省第八位，工业效益稳中趋好。

1—11月，石油和化工、管道装备及冶金、机械加工、食品加工、纺织服装五大主导产业完成工业增加值838.22亿元，占全市规模以上工业的89.1%，同比增长16.5%，是全市规模以上工业增加值及增速提高的主要推动力量。

1—10月，石油和化工、管道装备及冶金、机械加工、食品加工、纺织服装五大主导产业实现主营业务收入2315.75亿元，占规模以上工业的86.7%，拉动全市工业主营业务收入增速39.4个百分点，贡献率高达90.9%；实现利税293.89亿元，拉动全市工业利税增速19.8个百分点，贡献率高达86.5%。主导产业对规模以上工业经济的支撑作用显著。

表1　五大主导产业主要经济指标

单位：亿元

行业名称	主营业务收入		实现利润		税金	
	绝对值	增速（%）	绝对值	增速（%）	绝对值	增速（%）
石油化工	1026.91	40.7	56.62	－11.0	139.21	29.1
管道装备	606.45	54.1	31.76	69.6	6.04	8.8
机械制造	485.52	48.1	36.52	38.2	9.34	28.9
纺织服装	106.15	37.0	6.66	27.7	1.50	11.3
食品加工	90.73	31.4	4.45	30.7	1.79	15.4
合　　计	2315.75	45.0	136.01	15.8	157.88	27.8

（三）第三产业快速发展

2011年前三季度，交通运输、仓储和邮政业完成增加值165亿元，增长13.8%，较上半年高出2个百分点，对经济增长的贡献率为10.5%，拉动GDP增长1.3个百分点，拉动第三产业增长3.3个百分点。客货运周转量达到745.6亿吨公里，同比增长32.5%，黄骅综合大港的高效运营，使得港口吞吐量增长较快，三季度同比增长21.8%。

消费品市场持续活跃。前三季度，社会消费品零售总额完成476.4亿元，同比增长17.5%。批发和零售业增加值完成111.4亿元，同比增长13.8%。城镇市场消费仍居主导地位。城镇实现消费品零售额340.9亿元，占全市社会消费品零售总额的71.6%，同比增长17.9%；农村实现消费品零售额135.5亿元，同比增长16.3%。城市市场增长高于农村市场增长1.6个百分点，比上年同期扩大1个百分点。随着企业规模的不断扩大和聚集度的不断提升，全市限额以上企业发展较快，拉动消费作用不断增强。限额以上批发零售业和住宿餐饮业实现零售额93亿元，同比增长

27.2%，增速高于社会消费品零售总额增幅9.7个百分点。大中型商业企业商品零售增长明显高于限额以下企业及个体，规模效应持续显现。

前三季度居民服务业增加值实现47.9亿元，同比增长11.8%，对经济增长的贡献率为2.6%，拉动GDP增长0.3个百分点。居民服务业实现营业税8320万元，同比增长29.9%。

房地产业实现增加值123.8亿元，同比增长15.9%，对经济增长的贡献率为8.3%，拉动GDP增长1个百分点。

（四）固定资产投资较快增长

1—11月，固定资产投资完成1411.3亿元，同比增长27.1%。投资额居全省第五位，占全省投资完成额的9.6%；增速高出全省2.3个百分点，居全省第9位。房地产完成投资145.23亿元，增长38.1%。固定资产投资增长呈现两个特点：一是工业技改投资增长较快。工业固定资产投资完成937.8亿元，同比增长26.1%，占全市固定资产投资的比重为66.4%。其中工业技改投资566.2亿元，增长55.1%，占工业投资的比重为60.4%。二是亿元以上项目完成投资快速增长。亿元以上在建项目486个，比上年同期增加142个，完成投资674.4亿元，增长21.9%。其中亿元以上新开工项目208个，比上年同期增加8个，增长4%。

（五）财政收支增长较快，金融运行呈现平稳态势

1—11月，沧州市全部财政收入完成298.1亿元，同比增长22.1%。其中，一般预算收入完成103.1亿元，增长27.8%。一般预算支出完成234.6亿元，同比增长30.9%。用于保增长、保民生、保稳定等方面的支出增长较快，交通运输、节能环保、医疗卫生、教育、社会保障和就业支出分别增长88.2%、35.1%、36.4%、13.0%、32.0%，这五项支出共完成114.0亿元，占地方财政一般预算支出的48.6%。国税收入完成200.90亿元，增长

16.3%；地税收入完成91.99亿元，增长27.18%。

11月末，金融机构存款余额2242.06亿元，比年初增加214.46亿元。其中，个人存款1505.92亿元，比年初增加152.56亿元。贷款余额1082.69亿元，比年初增加185.04亿元。

（六）利用外资平稳增长，进出口步伐逐步加快

引资渠道进一步拓宽，利用外资平稳增长。1—11月，全市直接利用外资完成2.45亿美元，同比增长80.7%，总量居全省第八，增速居全省第一。一、二、三产业利用外资分别为346万美元、16035万美元和8117万美元，所占比重分别为1.4%、65.5%和33.1%。

出口贸易方式及商品结构进一步优化，出口企业开拓国际市场的能力逐步提高。1—10月，全市进出口总值17.05亿美元，同比增长22.93%。其中出口完成14.87亿美元，增长29.0%；进口完成2.18亿美元，同比降低6.7%。

（七）城乡居民收入快速增长

前三季度全市城市居民人均可支配收入达到13074.8元，增长11.6%。城市居民人均消费性支出达到8230.27元，同比增长15.6%。城市居民收入和支出都达到了两位数的增长。农民人均现金收入6553元，同比增长22.9%。在农民收入的四大主体构成中，有三部分增长迅速。其中，工资性收入2887元，增加616元，增长27.1%；家庭经营现金收入3212元，增加535元，增长20.0%。转移性收入375元，增加96元，增长34.5%。

（八）物价上涨势头得到初步抑制

物价高位回落。2011年前7个月，居民消费价格各月同比涨幅总体呈走高态势，7月份同比涨幅达到7.0%的最高点后出现回落，8月份同比上涨6.0%，9月份又有所上升，达到6.8%，11

月份回落到 5.0%，低于 7 月份水平。11 月份工业生产者出厂价格累计上涨 8.0%，比 10 月份回落 0.2 个百分点。物价涨幅扩大的势头得到初步抑制。

图 1　2011 年 1—11 月沧州市居民消费价格涨幅（%）

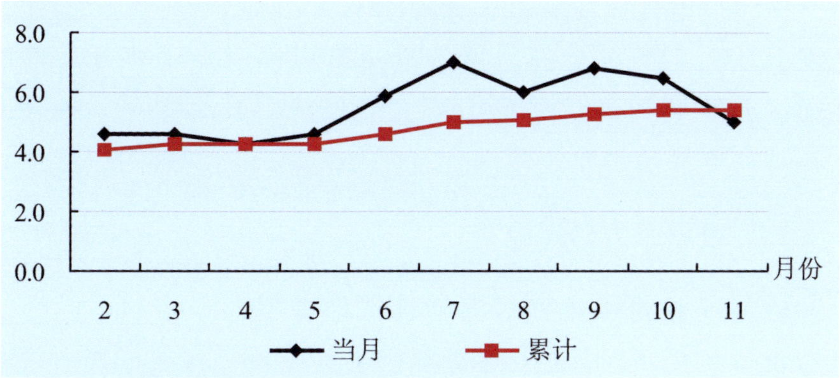

二、经济运行中应关注的问题

（一）工业经济面临诸多不利因素

一是工业生产形势严峻。能源、资源等大宗商品的国际市场价格波动幅度不断加大，国内货币信贷趋紧，企业生产成本上涨，新投产竣工项目后劲不足，采油行业政策性限产，炼油行业效益滑坡等不利因素制约沧州市工业快速发展。石油化工业占沧州市规模以上工业的 45.9%，1—11 月同比仅增长 9.2%（上年同期增长 15.1%），低于沧州市工业平均增速 7.5 个百分点。二是工业生产效益下滑。规模以上工业企业主营业务收入增幅比上年提高了 47.36 个百分点，但主营业务成本增幅比上年提高了 50.12 个百分点，两者相差 2.76 个百分点，企业利润空间大大降低。特别是市重点行业——石油和化工业整体利润下滑严重，其利润同比下降 11.0%。成本居高不下，产品市场又竞争激烈，企业无法通过提高产品价格来消化成本上涨因素；通过改进生产技术，采用节能设备等又面临融资困难、融资贵等问题，企业普遍反映经营困难。

（二）节能降耗压力依然较大

“十二五”期间单位 GDP 能耗下降任务为 17%，年均下降 3.66%。要完成任务，对应规模以上工业万元增加值能耗下降 6%左右。按允许电耗比能耗高 5 个百分点的规定，全年万元 GDP 电耗允许上升 1.34%。前三季度，沧州市规模以上工业万元增加值能耗同比下降 1.51%，万元 GDP 电耗同比上升 2.99%，能耗下降幅度不足，电耗超出允许范围。

（三）通胀压力仍然较高

2011 年 7 月份以来，尽管物价涨幅得到初步控制，但物价涨幅仍然较高。1—11 月居民消费价格累计上涨 5.4%，其中，城市上涨 5.7%，农村上涨 4.8%。居民消费价格的走高，对城乡居民生活尤其是低收入群体带来不同程度的影响。生产领域价格高位运行。工业生产者出厂价格同比上涨 5.5%。随着原油、铁矿石、有色金属等国际贸易中的大宗商品继续延续 2010 年以来的上涨势头，国内工业生产者出厂价格和购进价格上涨势头不减，导致农业生产资料价格上升，直接推高农产品价格，或间接经过工业加工进入消费领域，推高居民消费价格。

三、2012 年沧州市经济发展形势展望

2012 年经济发展既有许多有利条件，也面临极为复杂的形势。总体上看，沧州市经济将保持稳定较快增长。

从不利因素看，经济运行中面临一些可以预见和难以预见的困难和挑战，外部环境仍比较复杂。

第一，国际经济运行环境依然严峻。当前，世界经济正处于低增长、缓复苏的后危机时代，全球经济格局面临着大调整、大洗牌。世界经济虽继续缓慢复苏，但复苏的动力不强。主要发达经济体经济增长缓慢，失业率居高不下。部分国家债务沉重，由此引发

的主权债务危机隐患仍未消除。全球金融体系大量有毒资产还有待消化，全球流动性继续增加，国际大宗商品价格高位震荡，新兴市场资产泡沫和通胀压力加大。国际贸易保护主义继续升温，国际市场竞争更加激烈，不稳定不确定因素仍然较多，国际金融危机并没有结束，甚至可能出现反复。国际经济和国际市场的波动对沧州市经济发展将带来不容忽视的负面影响。

第二，沧州市经济发展仍面临诸多矛盾和问题。经济运行环境中不确定、不稳定因素依然很多，仍面临诸多矛盾和问题。经济发展长期形成的结构性矛盾尚未根本改变，经济发展方式仍较粗放，资源环境承载压力加大，可持续发展受到严峻挑战；部分行业和企业生产经营尚处于困境，流动资金紧张和融资难问题仍未缓解，产能过剩、价格高进低出等因素制约产能发挥；制约消费增长的长期因素仍未得到根本性解决，社会保障能力和保障程度依然不高。此外，影响科学发展的一些体制机制性障碍依然存在，经济自主增长动力仍显不足。

从有利因素看，随着世界经济缓慢曲折地复苏，国内经济仍处于大有作为的重要战略机遇期，促进沧州经济平稳较快发展的积极因素也在不断增加。

第一，国内经济保持平稳较快发展态势。我国通过加强完善各项宏观调控政策措施的方向、力度、节奏，坚定不移地促进经济发展方式的转变，积极处理好扩大内需与稳定外需的关系，协调好增加投资与扩大消费的关系，增强经济发展的内生动力，进一步稳固经济回升的基础，经济总体保持平稳较快发展形势，仍处于大有作为的重要战略机遇期，经济发展长期向好的趋势没有改变，各种有利条件依然存在。

第二，全球第四次产业转移不断加速，临港重化工业大规模向我国沿海地区转移，国内“南资北移”也呈加快趋势，为沧州市扩大开放、借力发展提供了广阔空间。环渤海经济圈、京津冀都市圈快速崛起，河北省沿海地区发展上升为国家战略，为沧州市发挥

“两环”优势、打造环渤海区域新的增长极提供了重大政策机遇。黄骅综合大港通航，京沪高铁通车，沧州市的区位优势愈加明显。

第三，沧州经济积极向好较快增长格局基本形成。2011 年沧州经济发展实现了平稳较快增长，积极向好较快增长的格局基本形成。从三次产业看，在国家一系列强农惠农政策的推动下，农业发展形势持续向好，将继续保持平稳增长。从工业关联指标和运行环境看，市场需求仍处于回暖状态，需求对工业的拉动力依然较强，工业生产有望保持平稳较快增长。服务业投资力度不断加大，投资比重持续提高，为服务业的持续较快发展奠定了基础，服务业仍将保持较快增长。从国内外需求看，扩大内需的政策效果继续显现，国内需求保持旺盛势头；外需在国家和省积极经济政策刺激和世界经济缓慢复苏的双重推动下，将保持平稳发展。投资方面，民间投资活跃，全社会投资将保持适度较快的增长势头；房地产业在优化住房有效供给结构、加大保障性住房建设等有利措施的促动下，仍能呈现平稳发展态势。消费方面，宏观经济稳定向好，提升了居民消费信心；消费政策的大力引导，旅游业的迅猛发展，都进一步促进了消费市场繁荣发展，消费需求稳中趋强，对经济增长的贡献份额将进一步加大。

综合上述，2012 年，促进沧州经济发展的有利因素仍占主导，沧州将全面优化经济发展的战略布局，以扩大内需为战略基点促进经济平稳较快发展，以结构调整为主攻方向加快转变经济发展方式，以实施重点带动战略为总抓手促进区域协调发展，沧州经济有望继续保持平稳较快、积极向好的发展态势，转方式调结构将逐步推向深入。

四、促进沧州经济平稳较快发展的对策建议

（一）以农业生产为根本，夯实经济增长基础

一是要以改善农田灌溉条件和提高耕地质量为重点，加强农业基础设施建设，进一步完善农业补贴政策，提高农民种粮收益。二

是健全农业风险防范体系，完善农业保险体系，健全农业保险制度，建立再保险和巨灾保险制度。三是促进畜牧业持续健康发展。加强对生猪等畜禽产品价格预警及市场需求分析，指导和帮助农民稳定畜牧业生产，避免畜禽产品价格出现大的波动。

（二）加强对重点工业企业及工业投资项目的支持力度，跟踪工业生产态势的变化，狠抓重点行业和大中型企业生产和调度，及时解决企业生产经营中的困难

加大产业结构调整力度，加快传统优势产业改造升级，大力发展优势特色产业和战略性新兴产业，努力形成高端产业聚集区，培育新的增长点。切实加大对民营中小企业扶持力度，尤其要关注中小企业的融资难题。加强对内对外开放步伐，积极与其他省区市对接各项合作发展事宜，实现共同发展和互利双赢。同时，要在严守国家相关政策的基础上，加快工业企业项目的审批、环评等手续，促使工业投资项目尽快上马，尽快开工，尽快投产。

（三）以促进就业、完善保障、增加收入为突破口，扎实推进民生工程

一是继续落实就业政策，拓宽就业渠道。加大劳动密集型产业特别是中小企业和服务业的发展力度。向就业困难群体，特别是零就业家庭提供长期帮扶，如组织职业培训、提供政府公益岗位、创建再就业基地等，继续保持零就业家庭动态为零。做好高校毕业生就业工作，在政策、资金等方面提供有力支持，鼓励企业吸纳高校毕业生；完善高校毕业生深入基层工作的优惠政策；为高校毕业生提供创业环境，研究执行税费减免、创业补贴、创业基金、小额担保贷款等优惠扶持政策，鼓励高校毕业生以创业实现就业。二是完善社会保障体系。健全覆盖城乡居民的基本医疗保障体系，健全医疗保险关系转移接续制度；继续实施保障性住房建设和农村危房改造工程，保障低收入群众住房需求。三是千方百计提高居民收入。

既要提高居民收入在初次分配的比重，又要注重社会保障和公共服务在二次分配的比重；用好国家扶持政策和措施，拓宽低收入群体收入渠道，注重提高低收入群体收入水平。

（四）积极管理通胀预期，保持物价总水平基本稳定

密切关注粮油、生猪、禽蛋等与居民生活息息相关的市场物价变动情况。继续落实稳定价格优惠政策措施，完善补贴制度，确保供给。搞好价格的预测预警，进一步扩大监测的品种和范围，把重要农业生产资料、工业生产资料、建材和部分日常生活用品纳入监测的范围，提高监测的准确性、及时性和预见性。坚决打击囤积居奇，人为投机炒作，维护正常的价格秩序。

（撰稿：沧州市统计局局长　李兰枫）

2011 年衡水经济形势与 2012 年展望

2011 年，在衡水市委、市政府的正确领导下，全市上下认真贯彻省委、省政府的决策部署，抢抓机遇，奋发图强，以加快发展、富民强市为中心任务，以项目建设为重点，大力推进工业化、城镇化和农业现代化，全市经济显现了较快发展的良好态势。

一、2011 年经济运行情况

（一）全市经济总体上实现较快增长

前三季度，全市实现地区生产总值 743.0 亿元，同比增长 11.8%，高于上半年增速 0.3 个百分点。分产业看，第一产业实现增加值 172.4 亿元，增长 6.0%；第二产业实现增加值 378.5 亿元，增长 15.0%；第三产业实现增加值 192.1 亿元，增长 10.3%。从三次产业对经济增长的贡献和拉动情况看，第一产业贡献率为 11.4%，拉动 GDP 增长 1.3 个百分点；第二产业贡献率为 65.0%，拉动 7.7 个百分点，其中工业贡献率为 54.4%，拉动 6.4 个百分点；第三产业贡献率为 23.6%，拉动 2.8 个百分点。

（二）农业生产稳定增长

前三季度，全市实现农林牧渔业总产值 302.3 亿元，同比增长 6.1%。其中，农业产值 208.8 亿元，增长 5.8%；畜牧业产值 85.5 亿元，增长 6.9%，占农林牧渔业总产值的比重达到 28.3%，同比提高 2.6 个百分点。夏粮总产达到 36.8 亿斤，同比增加 1.8 亿斤，增长 5.0%，实现连续八年增产；秋粮总产首次突破 40 亿斤，达 41.0 亿斤，同比增加 3.8 亿斤，增长 10.2%。1—9 月份，全市蔬菜播种面积达 87.6 万亩，同比增加 2.8 万亩，增长 3.3%。

蔬菜总产达到305.8万吨，同比增加21.4万吨，增长7.5%，增速高于全省2.7个百分点。农业产业化经营取得新突破，蒙牛、首农、上好佳、巴迈隆等知名产业化龙头企业入驻衡水，116个投资超千万元农业产业化项目开工建设，全市农业产业化经营率达到53%，同比提高2.4个百分点。

（三）工业持续快速增长

1—11月份，规模以上工业实现增加值288.6亿元，同比增长17.2%。三大主导产业拉动力较强：石化、装备制造、食品这三大主导产业完成工业增加值172.7亿元，占规模以上工业增加值的59.8%，对工业增长的贡献率达到63.8%。骨干企业快速膨胀，80家重点监测企业实现销售收入485亿元，上缴税金20亿元，分别增长45.3%和32%。春风、冀衡、京华制管、老白干入选2011河北制造业百强企业。列入省重点技术改造项目100项，占全省12.2%，争取省技改资金1.15亿元，占15.4%。工业效益不断提高，1—11月，全市规模以上工业企业累计实现利税总额89.37亿元，同比增长40.7%，其中实现利润总额63.7亿元，同比增长42.7%。园区建设成效显著，2011年新批省级工业聚集区、开发区10个，全市省级开发区达到10个、省级工业聚集区达到4个，各县市区都拥有一个省级工业园区。全市省级工业园区预计全年上缴税金占全部财政收入的近一半。

图1　2011年1—11月衡水市与全省规模以上工业增加值增长率（%）

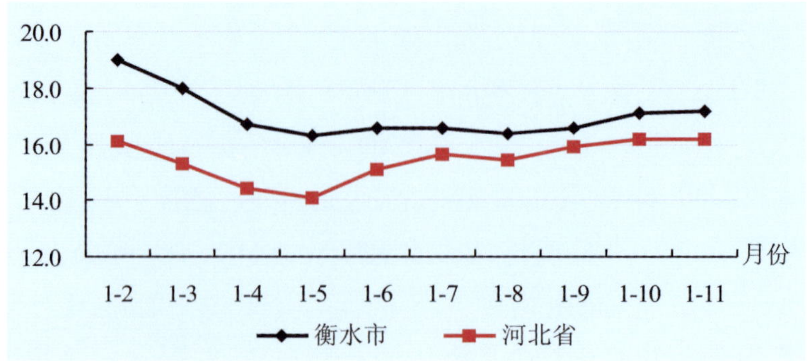

（四）项目建设投资增势强劲

1—11 月份，全市固定资产投资完成 481.5 亿元，同比增长 29.6%。其中，城乡建设项目完成投资 367.3 亿元，增长 24.5%；房地产开发投资 114.3 亿元，增长 49.1%。分产业看，第一产业完成投资 3.9 亿元，下降 0.1%；第二产业完成投资 306.6 亿元，增长 30.6%；第三产业完成投资 171.0 亿元，增长 28.6%。全市工业投资完成 304.6 亿元，增长 30.4%，占全市固定资产投资的比重为 63.2%。其中，工业技术改造投资 188.7 亿元，增长 77.2%，占工业投资的比重达到 62.0%。亿元以上施工项目 183 个，同比增加 81 个，增长 79.4%。其中亿元以上新开工项目 115 个，同比增加 73 个，增长 173.8%。亿元以上项目完成投资占城乡建设项目投资的比重为 47.9%，同比提高 6.5 个百分点。

图 2　2011 年 1—11 月衡水市与全省固定资产投资增长率（%）

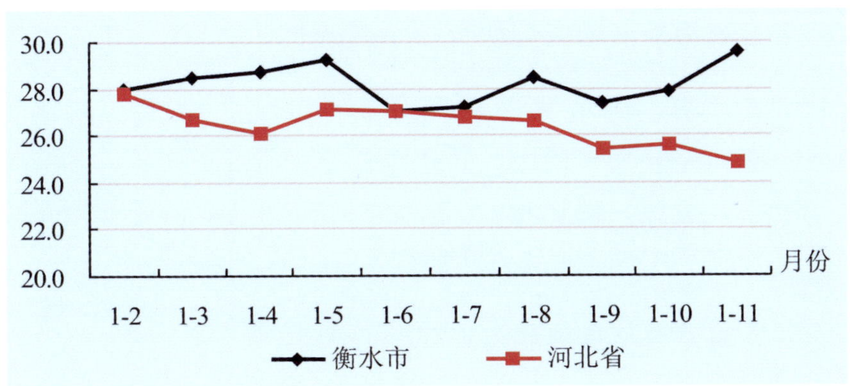

（五）消费品市场平稳运行

前三季度，全市累计实现社会消费品零售总额 258.3 亿元，同比增长 17.5%。按城乡分组看，城镇市场发展平稳，实现社会消费品零售总额 185.6 亿元，同比增长 17.6%，其中，城区市场实现社会消费品零售总额 124.1 亿元，同比增长 19.1%；乡村市场实现社会消费品零售总额 72.7 亿元，同比增长 17.4%。

（六）财政收入较快增长

1—11 月份，全市完成全部财政收入 69.46 亿元，同比增长 31.4%；其中地方一般预算收入完成 33.02 亿元，增长 34.6%。

图 3 2011 年 1—11 月衡水市与全省全部财政收入增长率（%）

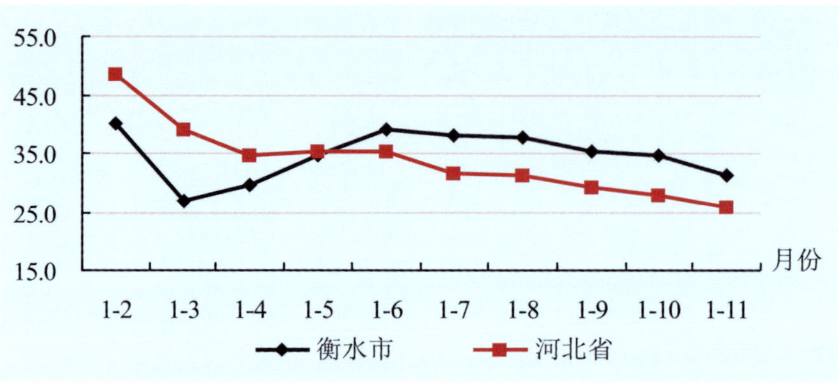

（七）利用外资增速较快

1—11 月份，全市实际利用外资 16114 万美元，同比增长 36.1%，提前完成全年任务，并超出任务额 114 万美元；直接利用外资 13833 万美元，同比增长 64.4%。新批三资企业合同外资额 15423 万美元，三资企业外方注册资本 15366 万美元。

（八）对外贸易保持快速增长

1—11 月份，全市累计完成外贸进出口总额 26.7 亿美元，同比增长 44.5%。其中，出口 22.5 亿美元，增长 42.5%，提前超额完成省、市两级全年出口目标；进口完成 4.2 亿美元，增长 56.2%。

（九）居民消费价格平稳回落

1—11 月份，全市居民消费价格同比上涨 5.3%，其中，11 月份同比上涨 4.6%，涨幅比上月回落 1.4 个百分点。

图4 2011年1—11月衡水市与全省月度CPI增长率（%）

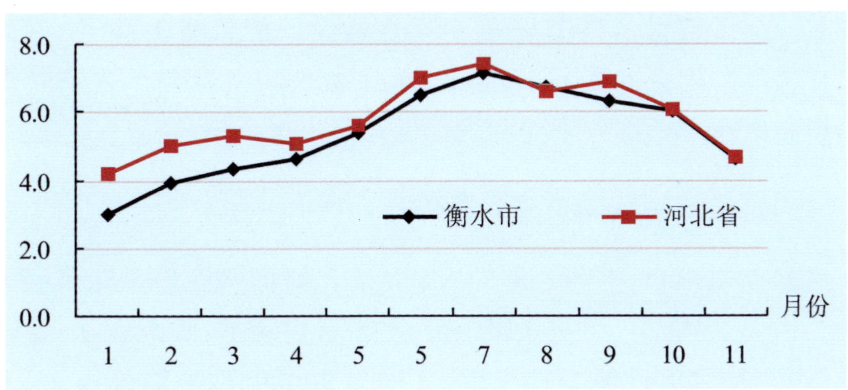

二、应关注的问题

全市经济在平稳较快发展的过程中，也存在一些不容忽视的问题，如在工业发展、项目建设、固定资产投资以及服务业发展等方面存在的问题需要引起关注。

（一）关注制约工业发展的问题

尽管全市工业总体保持了平稳较快发展态势，但综合分析前11个月全市工业运行情况，仍存在一些不容忽视的问题。一是企业规模小。全市入统工业企业增加值平均水平在3700万元左右，与河北省入统工业企业增加值平均水平在7000万元左右相比仍有不小的差距。二是科技含量低。2010年，全市规模以上高新技术产业增加值实现30.1亿元，仅占全省规模以上工业高新技术产业增加值的3.7%，所占重比较低。这充分说明全市企业仍以粗放型经济为主，企业产品技术含量低。三是各种因素制约明显。由于全国宏观经济发展形势趋紧，全市中小企业发展面临“两荒”、“一高”的局面。首先是资金荒。通过对全市从事装备制造、化工、医药等行业的59家企业进行调查，有30家企业流动资金周转面临困难，资金缺口达15亿元。其次是用工荒。全市机械加工、现代服务业等劳动密集型企业对于专业技术型人才和管理人员的需求逐渐增大，出现了“技工难求”的局面，初步估算全市技术人才缺口达万人。“一高”是指成本高。全市钢材价格上涨了22%左右、原棉价格上涨了61.4%、化工材料磷矿价格上涨了47%、工人工资平均上升20%左右，原材料价格高位运行，部分企业利润降低甚至出现负增长。

（二）关注制约项目建设和投资的问题

虽然全市项目建设取得了一定成绩，但仍然面临着许多困难和问题。一是总量小。1—11月份全市固定资产投资仅占全省的3.3%。二是大项目偏少。全市83项省重点项目平均规模15.1亿元，全省平均规模是26.5亿元，单体规模超50亿元的大项目仅有5个，还没有超百亿的大项目。三是土地制约严重。全市235项省市重点项目用地缺口近2万亩。由于用地制约，导致部分重点项目开工时间推迟甚至年内无法开工，直接影响重点项目年投资计划的完成。四是建设速度较慢。虽然2011年项目投资增速明显，并提前超额完成年度投资计划，但投资完成仅占项目总投资的20%，一些投资超10亿元的大项目离市政府提出的“三年竣工投产”要求相距甚远。全市重点推进的28个10亿元以上在建项目中，仅有4项实现了竣工或部分竣工。五是引进央企（名企）项目少。2011年在建重点项目中，与央企合作的项目仅有13项。江浙、北京举办的两次项目招商会上，签约的275个项目中，与央企合作的项目仅有4项，而且这些项目合作方均为央企下属子公司或控股公司。受上述因素影响，全市固定资产投资增幅有收窄的苗头，纵向看，固定资产投资增幅在2009年、2010年分别为59.5%和42.1%，2011年预计28%。横向看，各县市前三季度固定资产投资增速在黑龙港地区排名普遍下滑。

（三）关注制约服务业发展的问题

一是服务业增加值占GDP的比重持续下滑。前三季度，全市服务业占GDP比重为25.9%，同比下降0.3个百分点，低于全省平均水平 5.3 个百分点，其中 7 个县市区低于全市平均水平，9 个县市低于全省平均水平。对此应予以高度关注，否则到“十二五”末全市服务业占 GDP 比重达到 35%的规划目标将难以实现。二是服务业投资力度不够。前三季度，全市服务业投资完成 131.9 亿元，同比增长 24.5%，分别低于第一、二产业增速 20.4 和 5.4 个百分点。

三、2012 年经济走势展望

2012 年是全市实施“十二五”规划承上启下的重要一年，也是加快发展、奋力追赶的关键一年。

从有利因素看，全市加快发展的基础、条件和机遇已经成熟。一是衡水市三次党代会以来，全市已进入一个新的发展阶段，形成了清晰的发展思路和战略，构建了较好的发展基础和条件。二是全市已经进入工业化中期的初级阶段，以投资拉动为主体，经济增长势头强劲，发展潜力巨大，处于高速发展的惯性期。三是全市多为原材料在外、销售市场在外“两头在外”的加工型经济，与其他资源型城市相比，由于价格的传导机制，受外界影响相对较慢，发展稳定性相对较好。特别是近几年来，全市传统特色产业不断提档升级，规模越来越大，链条越来越长，抗风险能力越来越强。同时，一些新兴产业逐步从无到有，从小到大，成为经济发展的新亮点。四是大广高速开通、衡水湖保护区边界调整、河北省将出台促进衡水等黑龙港流域发展的扶持政策，为加快发展和推进生态湖城建设打开了空间。随着全市交通优势、生态优势、综合成本和市场优势的进一步显现，全市的知名度、竞争力、对生产要素的聚集能力进一步提高。

从不利因素看，2012 年国际经济形势会充满更多的不稳定、不确定因素，国内经济有调整放缓的趋向。全市经济发展中不平衡、不协调、不可持续的矛盾和问题仍很突出，物价上涨压力依然较大，部分行业发展受困，部分企业生产经营困难，节能减排形势更趋严峻，金融等领域也存在一些不容忽视的潜在风险。

综合分析，2012 年全市经济虽面临着严峻挑战，但发展的基本面没有发生实质性变化，依然处在重要的战略机遇期，预计全市经济将继续保持平稳较快发展的态势。

四、2012 年发展思路建议

2012 年全市要全面贯彻省第八次党代会、市第三次党代会和省、市经济工作会议精神，以科学发展为主题，以加快转变经济发展方式为主线，以加快发展、富民强市为中心任务，牢牢抓住项目建设这个重点，坚定不移地协调推进工业化、城镇化、农业现代化，深化改革开放，保障改善民生，保持经济平稳较快发展。

（一）把加速推进工业化作为第一位任务，壮大工业实体经济

衡水市已经进入工业化中期的初级阶段，经济增长势头强劲，发展潜力巨大。为此，必须坚持将“工业强市”作为促进经济加快发展的第一位任务，壮大工业实体经济。一是改造提升传统特色产业。按照“围绕技术转型、围绕市场转型”的发展思路，加大用先进适用技术改造传统产业的力度，推动丝网、玻璃钢、采暖铸造等现有特色产业由低端向高端的转型，优化产业布局，提高技术装备水平，促进传统产业高端化。二是做大做强行业骨干企业，以延伸产业链条为重点，开展链条型招商，借助外力推进产业转型升级。以产品研发为核心，鼓励和支持骨干企业依托高等院校、科研单位，引进开发具有自主知识产权的新技术、新工艺、新产品。促进产业集聚发展。三是加快聚集区的规划和建设力度，加快三区整合步伐，用最快速度做大工业新区规模。进一步加快园区基础设施建设步伐，力争更多的聚集区进入省级盘子。四是推动企业技术服务平台建设。突出企业主体地位，强化政府引导作用，构建科技服务平台，在技术、信息等方面提供服务，推动企业技术创新和产业发展，构建产业发展技术支撑，提升综合竞争实力。五是完善工业经济监测预警体系。对工业运行实施即时监控，发现苗头性和倾向性问题，及时

协调解决，确保健康运行。对重点企业，在资金、电力、运输等方面给予重点保障，研究并落实各项扶持政策，促其做大做强。

（二）切实抓好投资和项目建设，增强经济发展后劲

把投资和项目建设作为第一抓手，突出抓好立市重大项目，扎实推进项目储备、跑办、建设等工作，力争全市项目建设取得新突破。一是加快项目建设进度。明确进度要求，加快推进项目建设进度，全年进行两次全市项目拉练活动，对各县市区项目建设情况进行观摩点评，督促建设进度；抓好在建项目的协调调度，定期与不定期召开项目调度会、现场办公会，及时协调解决问题，使项目尽快形成生产能力。二是全力抓好重点项目引进与建设。坚定不移地把大项目建设放到经济发展的核心位置，按照每年两次招商月、两次项目拉练的“2＋2”推进模式，一手抓外引，一手抓在建。外引方面，进一步强化“大招商、招大商”理念，紧密跟踪、深入研究产业转移的新动向，主攻京津，拓展江浙，力争在龙头企业合作、配套产业招商、集群式承接产业转移上取得新突破，力争在外引投资50亿元、100亿元的大项目上取得新突破，使大项目、好项目的引进和建设形成气候。三是多渠道破解瓶颈制约。用地方面，外争内挖，用足用活上级各项政策，加大跑办力度，积极争取国家和省土地计划指标。优先安排重点工业聚集区项目用地，提高土地利用效率，提高项目容积率和投资强度。资金方面，鼓励开展民间金融业务，大力发展贷款担保机构，加快企业上市步伐，努力形成多元化的投融资格局。

（三）抓好园区建设，推动产业聚集实现大的提升

一要进一步提高园区规划水平。全市要按照“特色化、专业化、品牌化”原则，提高园区规划水平，在厂房式样、标准和色调等方面，精细设计，严格把关，使园区的规划水平和形象有一个明显提升。二要明确园区发展主导产业。产业是园区可持续发展的灵

魂。近两年招商引资的实践已经表明，现在的投资者不仅看园区的基础设施建设情况，更看重园区产业配套能力建设。为此，每个工业园区都要立足实际，把要发展的产业明确出来，宣传出去，打造特色园区、品牌园区，推进园区的集群化发展。三要搭建园区建设融资平台。坚持市场化运作，建立多元化投入机制，把园区作为一个企业、一个项目来经营，通过政府资金撬动，引导民间资金、外来资金、风险投资、上市资金跟进建设。四要加快推进基础设施和配套设施建设。按照“适度超前规划、高标准分步建设”原则，考虑未来几年、十几年的发展需要，对园区路、电、水、气、热、绿化、美化、污水和垃圾处理，以及银行、学校、医疗等公共服务和配套设施要通盘考虑，舍得投入，加快建设，为投资者提供良好的投资环境。

（四）毫不松懈地抓好节能减排工作

严控能耗总量，完善增量控制，将年度目标落实到各县市区，并加强动态管理。进一步突出工作重点，继续抓好重点领域、重点行业的节能减排，深入开展新老“双三十”工程，大力发展循环经济，确保完成节能减排任务。针对2012年的节能减排任务指标，提前进行谋划安排，细化分解，属地负责，落实进度。把节能减排作为结构调整的重要抓手，推进产业优化升级。

（五）着眼于扩规模提档次，加快发展现代服务业

按照“三产抓拓展”的思路，以重大项目为抓手，推进服务业扩大规模、优化结构、提升档次。一是重点外引和建设一批重大物流项目。加快安平国际丝网物流聚集区、故城华北建材物流园、枣强巨石联强物流中心等建设步伐，积极推进衡水综合国际物流园区、衡水金桥现代物流中心、冀州医药物流园等项目。同时，依托衡水的区位交通、特色产业、工业聚集区等优势，包装一批现代物流项目，进一步加大招商引资力度。二是着力谋划和实施一批大型城市

综合体项目。启动东方广场、佳润国际商业广场、新天地城市综合体和衡水国际商贸城项目，通过大项目带动市区服务业的整体提升。同时，统一规划市区餐饮、服装、文化娱乐、数码电子、品牌专卖店等一批专业街区的建设，引进知名企业，培育知名品牌，努力形成特色商业街、商业步行街和重点商贸项目共同支撑的商业发展格局。三是加快发展衡水湖休闲旅游业。启动盐河故道综合整治工程，打造沿河景观带。以衡水湖保护区边界调整为契机，充分挖掘和利用独具特色的旅游资源，积极引进一批吃、住、游、购、娱项目，尽快形成旅游接待能力，加快建设华北地区新兴旅游目的地。

（六）加快农村经济发展，促进农业增效农民增收

按照工业反哺农业、城市支持农村、统筹城乡发展思路，进一步巩固和加强农业基础地位，增强县域经济支撑力，扎实推进新农村建设，推进城乡一体化进程。一是积极发展现代农业。认真落实粮食直补、良种补贴、农资综合补贴等惠农政策，抓好“吨粮市”建设。做大畜牧业，推进优质奶牛扩群提质和斯格猪商品化。做优蔬菜业，推进蔬菜产业向品牌化、基地化、标准化提档升级。加快农业产业化经营步伐，推进现代农业示范区和农业标准化生产示范区建设。二是抓好农业结构调整和产业化经营。围绕做大畜牧业，扎实推进优质高产奶牛核心群建设和斯格猪商品化两大工程。围绕做优蔬菜业，以饶阳省级蔬菜产业示范县建设为重点，加大农超对接力度，加强农产品品牌建设，提高中高端市场占有率。三是加快做大县域经济。抓住全省实施县域经济“腾飞计划”的机遇，在全市开展“总量倍增”和“对标晋位”活动，努力形成各县市竞相发展、加快发展的新高潮。

（七）广借外力，实现招商引资新突破

一是进一步更新招商理念，主动招强引大。以百家央企进河北为契机，紧紧盯住世界 500 强企业、跨国公司、国字号和中字头企

业、国内知名企业，强化沟通，加强协作，争取引进一批旗舰型、基地型的大项目。二是夯实招商基础，搭建引资平台。围绕化工、丝网、食品加工等优势产业，提高产业转型步伐，大力开展产业链招商；围绕民营企业多的优势，强化引导服务，发挥其招商主体作用；围绕冀衡、老白干、春风、养元等骨干企业，积极提升竞争实力，谋划推进引资项目。三是创新招商方式，注重引资实效。完善招商引资协调推进机制，强化招商项目配套衔接，继续大力开展 4 月份和 10 月份的“项目招商月”活动，推进招商项目落地，提高实效性；强化驻地招商、小团队招商、以商招商、委托招商和节会招商，组织好香港、廊坊、厦门等大型洽谈会。

（八）努力保障和改善民生，提高人民生活水平

坚持全面要求、突出重点的思路，从人民群众最关心、最直接、最现实的利益问题入手，集中力量解决关系民生的重点问题，让人民群众更多地享受到改革发展的成果。加大市场价格监控力度，有效保障市场供给，坚决控制物价过快上涨。

（撰稿：衡水市统计局局长　李铁华）

2011 年邢台市经济形势与 2012 年展望

2011 年是“十二五”开局之年，也是经济形势异常复杂的一年。面对复杂多变的经济形势，在市委、市政府的正确领导下，全市上下深入贯彻落实科学发展观和省、市经济会议精神，紧紧围绕年初确定的目标任务，狠抓落实，全市经济保持了平稳较快发展的良好势头，全年计划目标有望顺利完成，为“十二五”开局奠定良好基础。对全年全市形势的总体评价是：经济处于由危机应对向常规增长转型的过程之中，经济运行在正常增长轨道趋稳，各项主要经济指标平稳较快发展，物价涨幅在可控范围内回落，加快经济发展方式转变的效果显现，结构调整步伐进一步加快。

一、2011 年经济运行的主要特点

经济运行总体较为平稳，盘点全年，呈现以下特点和发展态势。

（一）物价涨幅见顶回落，控制物价取得成效

2011 年，宏观调控坚持把控物价作为首要任务，政策效果逐步显现。受多种因素影响，上半年全市 CPI 涨幅不断攀升，下半年涨幅趋于收窄，全年总体呈现“两头低中间高”态势。1—11 月份，居民消费价格指数 105.3%，同比上涨 5.3%，其中翘尾因素影响物价上涨 2.55 个百分点；分城乡看，城市居民消费价格上涨 5.4%，农村上涨 5.2%。从物价走势来看，一是物价走势和全省相同，均呈现“两头低中间高”态势，全市 CPI 在 6 月份达到 6.6%的峰值后，从 9 月份开始，单月呈现逐月回落趋势，并且除 1 月份略高于全省（高于全省 0.1 个百分点）外，一直在全省平均水平下同趋势运行，符合运行规律。二是物价涨面扩大。1—11 月份，构成 CPI 的 8 大类消费价格指数除娱乐教育文化用品及服务类

略有下降（降 0.1%）外，其他 7 类均呈现上涨，物价的涨面扩大。其中食品价格上涨是影响居民消费价格上涨诸多因素的主因，全市食品价格上涨 12.0%，拉动全市 CPI 上涨 3.31 个百分点；衣着类价格从 8 月份开始上涨，受换季影响，9、10 月上涨幅度加大，到 11 月份累计涨幅也呈现增势，同比上涨 0.2 个百分点。

图 1　2011 年 1—11 月居民消费价格涨幅（%）

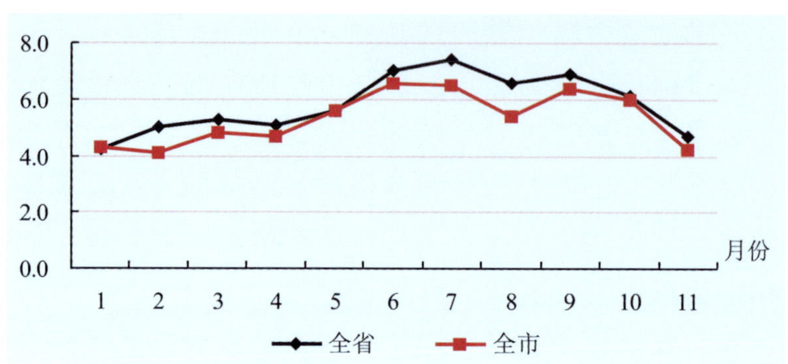

（二）整体经济较快增长，产业需求支撑有力

2011 年，全市经济增速在全省平均线以上运行，呈现逐季增长的趋势。前三季度，全市生产总值完成 1061.0 亿元，同比增长 11.7%，增速分别比一季度和上半年加快 1.7 和 0.2 个百分点，连续两个季度稳步攀升。其中，第一产业增加值 179.4 亿元，增长 6.0%；第二产业增加值 637.3 亿元，增长 13.1%；第三产业增加值 244.3 亿元，增长 12.1%。三次产业对经济增长的贡献率依次为 8.6%、66.2% 和 25.2%，分别拉动经济增长 1.01、7.74 和 2.95 个百分点。

图 2　2005 年以来全市生产总值（亿元）

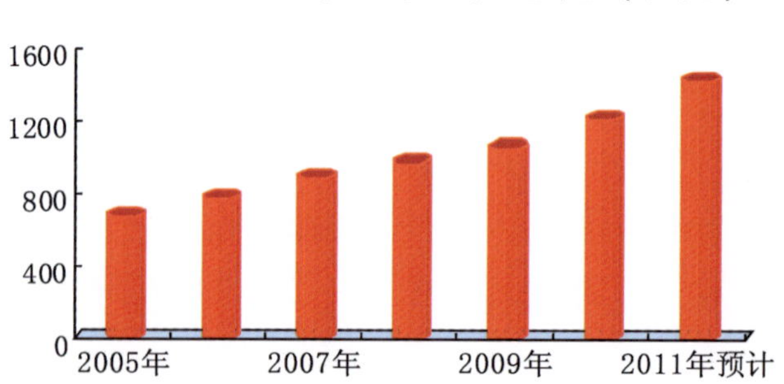

产业支撑有力。一是农业生产形势良好。由于种粮农民直补标准提高、良种补贴和农机具购置补贴等一系列惠农政策实施，农业生产形势乐观。农林牧渔业总产值增长加快。前三季度，农林牧渔业总产值 320.1 亿元，增长 5.7%，同比加快 1.4 个百分点。其中林业、渔业和农业产值均较快增长，分别增长 15.8%、12.5%和 7.6%。粮食生产喜获丰收。全年粮食总产再创历史新高，夏粮总产量 221.2 万吨，同比增加 17.4 万吨，增长 8.5%，亩产 422.2 公斤，增加 35.6 公斤，增长 9.2%，总产量和亩产增速均居全省第三位；秋粮总产量 243.7 万吨，增长 10.6%，比上年加快 0.1 个百分点。畜牧业生产稳步增长。前三季度，全市肉类总产量 19.2 万吨，同比增长 4.3%。其中，生猪存出栏分别为 156.8 万头和 148.9 万头，分别增长 5.7%和 5.5%；羊存出栏分别为 88.7 万只和 75.8 万只，分别增长 3.0%和 4.1%；家禽存出栏分别为 4220 万只和 3495 万只，分别增长 3.8%和 4.1%。蔬菜形势趋好。面积扩大，产量增加，蔬菜面积 3.5 万公顷，同比增长 1.7%，总产量 155.2 万吨，增长 2.0%。农业生产稳定增长为经济平稳较快增长奠定了坚实基础。二是第二产业仍是整体经济较快增长的主动力，1—11 月份规模以上工业企业完成工业增加值 522.6 亿元，增长 15.5%。从前 11 个月走势来看，规模以上工业增加值的增速一直保持两位数增长，特别从 6 月份开始稳定在 15%以上，6、7、8 连续三个月增速高于全省平均水平，从重点监测的 29 种主要产品产量看，23 种呈现不同程度增长，增长的产品占近 8 成。预计能够如期完成全年绝对量和增速计划目标。三是第三产业前三季度实现增加值 244.3 亿元，增长 12.1%，对经济增长的贡献率为 25.2%，拉动经济增长 2.95 个百分点。

需求拉动作用增强。内需增长从政策推动向市场驱动转变。一是投资需求拉动强劲。前 11 个月，全市完成固定资产投资 913.6 亿元，同比增长 27.7%，高于全省平均水平 2.9 个百分点。其中，城乡固定资产项目（不含房地产项目）投资完成 832.6 亿元，增长

26.7%；房地产投资完成81亿元，增长39.2%。二是消费市场需求旺盛。前三季度，全市社会消费品零售总额完成374.8亿元，同比增长17.5%，总量和增速分别居全省第6位和第5位，增速与全省平均水平持平。限上企业增长较快。全市限额以上企业324家，同比增加117家。限额以上企业零售额58.2亿元，同比增长23.5%，增幅高于限下企业7.1个百分点。城乡市场全面发展。城镇和农村消费品零售额分别增长17.8%和16.3%，城镇增速快于农村1.5个百分点。与人们生活息息相关的商品快速增长。金银珠宝类、文化办公用品类和粮油食品饮料烟酒类增速均超过40%，分别增长73.8%、49.3%和40.7%，化妆品类增长37.2%。三是外需增势明显。1—11月份进出口总值完成20.50亿美元，同比增长23.4%。其中出口总值完成10.66亿美元，增长22.0%。

（三）重点工作扎实推进，薄弱环节得到加强

施工载体增加，园区投资进展顺利。2011年，全市多措并举，成功谋划实施了一大批项目，支撑了投资较快增长。1—11月份，全市入统的在建项目2009个（不含房地产项目），同比增加258个，其中亿元以上项目315个，同比增加56个；新开工项目1431个，同比增加258个。工业聚集区投资进展顺利，1—11月份，6个省级工业聚集区投资共有施工项目171个（其中新开工项目100个），完成投资130.9亿元，占全市城乡项目投资的15.7%。其中旭阳（邢台）工业聚集区施工项目5个，完成投资5.1亿元；宁晋县西城工业聚集区施工项目21个，完成投资22.6亿元；隆尧县东方食品城园区施工项目25个，完成投资10.1亿元；清河汽摩工业聚集区施工项目27个，完成投资13.7亿元；南宫市工业聚集区施工项目43个，完成投资21.1亿元；沙河市金百家民营工业园区施工项目50个，完成投资58.3亿元。

实际利用外资较快增长。1—11月份全市外商直接投资32449万美元，增长62.5%，同比提高58个百分点，居全省第3位，已

超额完成省下达目标任务。全市新注册三资企业15个，与上年同期持平，注册资本16384万美元，同比增长126.3%，平均注册资本比上年同期增加609万美元。

民营经济发展较快。积极推进扶优扶强工作，努力营造有利于公平竞争的环境，着力解决融资难等问题，民营经济进一步活跃。前三季度民营经济完成增加值738.9亿元，增长14.8%，同比加快1.5个百分点；占GDP的比重为69.4%，同比提高2.8个百分点；实缴税金83.23亿元，增长24.4%，占全部财政收入的比重为71.1%。

节能降耗成效明显。高度重视节能降耗工作，节能降耗工作扎实有效推进。前三季度万元GDP能耗下降3.91%，降幅大于全省平均水平0.52个百分点。规模以上工业单位增加值能耗下降6.29%，降幅大于全省平均水平1.5个百分点。

民生持续得到改善。2011年，市委、市政府多渠道推动就业工作，城镇单位从业人员继续增加，9月末，全市城镇单位从业人员35.62万人，同比增加0.42万人，分别比上半年和一季度增加0.24万人和0.43万人。分行业看，19个行业中有12个行业从业人员比上半年增加。9月末，全市城镇登记失业率为3.9%，低于年计划（4.0%）0.1个百分点。

（四）三个收入较快增长，运行质量稳步趋好

财政收入增长提质。1—11月份，全部财政收入完成143.6亿元，增长22.7%，同比加快5.8个百分点。其中地方一般预算收入完成64.5亿元，增长32.8%，同比加快5.7个百分点。地方一般预算收入占全部财政收入比重44.9%，同比提高3.4个百分点。

居民收入水平持续提高。一是城镇居民收入稳步增长。前三季度，全市城镇居民人均可支配收入12382元，同比增长10.8%，比上年提高0.2个百分点。其中财产性收入和转移性收入增长较快，分别增长1.5倍和25.4%。二是农民收入增长加快。农民人

均现金收入实现5975元，增长32.8%，增速同比加快20.4个百分点，增速为近几年来较高水平。三是职工工资收入较快增长。全市在岗职工平均工资23494元，同比增加3697元，增长18.7%。其中事业单位增长最快，增长23.5%。

二、需关注的主要问题

当前，全市整体经济运行与预期基本一致。但发展中的深层次矛盾制约明显，同时也出现了一些新的问题，需密切关注。

（一）密切关注物价走势

一年来，物价水平一直高于年初预期，特别是近两个月物价涨面扩大，物价和人民生活息息相关，其起落事关稳定、和谐，物价水平的高低直接影响居民生活水平，因此显得更加重要。一是重点关注翘尾因素对2012年的影响。二是关注由于工资上涨等物价助推因素上涨，带来新一轮物价上涨。三是关注突发因素，比如天气原因导致蔬菜价格的上涨。2011年自10月份开始鲜菜、肉和鲜蛋价格开始下降，一场大雪后蔬菜价格走高且持续不下。

（二）密切关注工业生产增速放缓

从8月开始，工业生产增速出现回落苗头，1—9月增速与前8个月持平，均增长15.6%，同比回落2.8个百分点；1—10月增速比前9个月加快0.2个百分点，同比回落1.7个百分点；1—11月份比前10个月回落0.3个百分点，同比回落2个百分点。与全省平均水平比较，工业生产增速多数月份在全省平均线以下运行，只有6、7、8三个月高于全省平均水平。制约因素：一是超六成行业生产增速比上月放缓，其中纺织业、食品、煤炭、建材和装备制造业五个行业对全市工业生产增速回落影响较大，增速分别比上月回落4.6、1.7、1.6、1.4和0.6个百分点。二是规模以上工业企业完成销售产值2037.2亿元，同比增长32.3%，比前10个月回落

1.5个百分点；产品销售率为98.1%，同比下降0.8个百分点，已是3月份以来第9个月同比呈现下降趋势。因此，工业生产形势不容乐观，加上用工成本上升和同期基数加大等因素仍然存在，工业生产增速上行阻力依然较大。如果没有新的增长点，实现较快增长压力较大。

（三）密切关注黑龙港地区发展

全市黑龙港流域多为农业大县，改革开放以来，黑龙港地区经济取得了长足发展，但由于多种原因，目前全市黑龙港地区经济发展较为落后，经济密度不高，不能有效推动全市经济发展。一是特色产业龙头作用不够强。虽然目前地处黑龙港流域的10个县市多数有自己的特色产业，但除宁晋县外多数地方特色产业以中小型为主，规模较小，产业集聚度不高，辐射带动力偏弱。加上新河、广宗和威县特色产业不明显，规模以上企业较少，家庭作坊式仍占一定比重，基本上形不成气候，抵御市场风险能力有限。二是工业化水平不够高。有5个县（市）的工业化率超过40%，刚刚进入半工业化阶段，其余5个县均在40%以下，仍处在工业化初期阶段。三是农民收入偏低。全市黑龙港地区经济发展中，发展较好的县（市）与发展较差的县相比，存在着很大的差异，无论是农产品，还是工业产品仍以初级和粗加工为主，精深加工较少。在黑龙港地区企业大多数是低水平起步，缺乏技术含量，产品附加值低，产业链条短，基本上依靠数量膨胀型，缺乏市场竞争力；农民大多从事传统产业，农产品大多是初级产品，很少进行深加工，这些都会导致农民收入偏低。

（四）密切关注投资结构变化

技术改造的本质是在提升存量、优化增量的过程中，通过利用高新技术和先进适用技术改造提升传统产业，促进新兴产业的发展，推进产业结构的全面调整。全市1—11月份工业投资完成

591.6 亿元，占全年计划 93%，技改投资完成 317.9 亿元，技改投资总量偏小，占工业固定资产投资比重为 53.7%，低于目标值 3.2 个百分点，完成计划任务艰巨。

（五）密切关注服务业发展

改革开放以来，虽然全市服务业得到较快发展，服务业增加值比重和就业比重稳定上升，但是服务业发展缓慢，其比重近年来一直徘徊在全省末位。发展缓慢原因：一是服务业市场化进程缓慢。市场化改革相对滞后，对外开放程度较低。而且，服务业涵盖范围广、门类多，改革难度大，比农业、工业改革更为复杂。特别带有垄断性质的行业或部门市场机制的调节作用不能有效发挥。因此，其服务质量低，服务价格居高不下。二是服务业内部结构升级缓慢。近年来，全市服务业虽然发展较快，但服务业内部结构不合理，传统服务业比重偏高，生产性服务业比重低，新兴的现代服务业发展滞后，服务业内部结构低级化趋势明显。从 2010 年全市服务业增加值构成看，交通运输仓储业、批发零售贸易业、餐饮住宿业等传统行业的增加值比重占整个服务业比重达 43.7%，而信息传输、计算机服务和软件业、金融保险业、房地产业、租赁和商务服务业等现代服务业增加值占整个服务业比重仅有 30%。此外，教育、卫生、科学研究和技术服务业的比重也不高。传统服务业比重大，现代服务业比重小，意味着服务业生产率较低的部门比重大，生产率较高的部门比重小，从而使整个服务业的生产率低。

三、走势预测及对策建议

（一）走势预测

展望 2011 年全年，尽管受工业增速放缓、物价上涨、节能降耗力度加大和上年基数较高等因素制约，全年经济增速有可能低于上年，但推动经济发展的积极因素较多，整体经济平稳较快发展的格局仍将继续。一是从供给支撑分析，强农、支农和惠农力度加大，粮食喜获丰收，第一产业稳步增长已成定局；工业从 6 月开始步入较高增长平台，后期有可能小幅持续回落，但全年仍将保持平稳较快增长；随着夜经济启动和三年上水平强力推进，现代物流、文化旅游和信息咨询等现代服务业快速发展，将带动第三产业快速增长。二是从需求分析，投资、消费和出口需求“三驾马车”对经济增长呈正向拉动。一批重大项目的开工建设对投资增长支撑较强，预计全年投资将保持平稳较快增长；随着物价上涨助推和居民收入稳步增加，消费品市场仍将保持繁荣活跃格局；出口产品多样化和市场多元化推动外贸出口形势向好。三是从国内外环境分析，全球经济环境复杂多变，复苏势头仍未改变。我国经济增长虽小幅回落，但在积极的财政政策和稳健的货币政策等多项刺激经济增长的政策措施调控下，仍将保持较快发展，可望实现年初预定增长 8%左右的目标。总的看，尽管经济发展仍面临很多困难，制约因素依然存在，但全市经济上升空间较大，平稳较快发展的主基调仍不会改变，全年经济发展将好于预期。据上述因素预测：全年 GDP 预计增长为 11%以上，基本上可以实现年度目标。

展望 2012 年，从国际环境看，随着欧洲主权债务问题的不断加深，加上美国经济疲软，全球经济可能陷入深度衰退，包括中国在内的新兴东亚的经济增长有可能放缓并将持续到 2012 年。若欧元区和美国经济严重衰退，2012 年中国经济增长率将适度调整。从国内环境看国家更加注重经济增长的稳定性。按照中央经济工作会议指出的推动 2012 年经济社会发展，要突出把握好稳中求进的工作总基调以及省第八次党代会的会议精神，通过各级各部门努力，预计 2012 年全市经济将继续保持平稳较快增长，CPI 仍将继续较高位运行，但考虑到翘尾因素相对较小，初步预计涨幅会比 2011 年有所回落；随着工业生产者出厂价格出现回落苗头，预计工业生产者出厂价格将会较平稳运行，城乡居民收入特别是农民人均纯收入将随着惠民政策的进一步落实稳步提升。

（二）对策建议

1. 加强经济软环境建设，搭建一个健康稳定的发展平台。软环境建设是一项复杂的系统工程，更是一项长期的、艰苦的工作，必须用硬措施保障。彻底消除邢台经济基础差、区位优势不明显的潜在意识，这种意识是制约邢台经济加速发展的重要因素。首先要从思想意识上认识到软环境对经济发展的重要性，解放思想，转变意识，持之以恒改进干部作风，提升行政效能，全力打造宜商、宜业的发展软环境。其次千方百计服务企业。企业处在经济最前沿，是保增长的第一线，建议政府制定和实施“重点服务企业计划”，为企业解难题，帮助企业渡过难关。层层筛选出重点帮扶企业，由各级领导和部门进行帮扶，使企业尽快走出困境，实现增速增效。

2. 立足政策层面优势，促进区域协调稳定发展。要实现区域经济协调发展，必须推动优势地区聚集发展，促进贫困地区加快发展。省委书记张庆黎同志在省八次党代会报告指出：“实施倾斜政策，加大支持力度，促进环首都欠发达地区、张承坝上地区、燕山太行山片区、黑龙港流域加快发展。”因此，建议市委、市政府利用此契机，制定振兴黑龙港流域经济大纲，出台具体措施，将加快发展黑龙港流域落到实处；市直各部门应利用部门优势，加强与省对口部门沟通，为黑龙港流域的县市提供部门帮助；地处黑龙港的县市立足实际，抢抓机遇，对标争先，实现跨越式发展。

3. 具体问题具体分析，紧紧依靠三大支撑。按照市委、市政府的安排部署，尽快做大市场主体，以高规划高追求面对追赶目标和任务，依靠三大支撑，即以工业项目为主的项目建设支撑、以园区建设为主的城镇建设支撑，以干部作风建设为主的环境建设支撑。把市场主体做大、做强。使抓项目、抓园区、抓环境，成为今后五年最突出的工作重点。

4. 加快服务业发展步伐，优化产业结构。“十二五”期间，将是加快服务业发展，缩短与其他市差距的佳期，发展服务业，优化产业结构刻不容缓。特别是调整服务业内部结构，促进结构优化升级。在国家加快服务业市场化改革进程中，加大服务业的科技投入力度，促进服务企业的技术进步。大力发展包括金融保险、商务服务、计算机服务、软件业等为生产提供服务的生产性服务业，提高现代服务业的比重，改变服务业结构不合理的局面，促进服务业结构优化升级。

5. 强化对市场价格的关注。物价的波动是各级政府和社会普遍关注的热点，与居民生活息息相关。特别加强对粮、油、肉、蛋等与生活密切相关消费品的价格监管，搞好市场供应，维护市场秩序。确保低收入群体，确保这些家庭生活质量不因价格上涨而降低。同时还要关注工业生产者出厂价格，对产品价格滞后于原材料价格上涨的企业要加大信息提供等服务力度，引导其尽早行动，积极应对，提高应变能力。

（撰稿：邢台市统计局局长　尹雪峰）

2011年邯郸市经济形势与2012年展望

2011年是"十二五"开局之年，邯郸市继续深入贯彻落实科学发展观，认真执行积极的财政政策和稳健的货币政策，紧紧围绕"稳增长、快转变、保民生、重统筹"这一主线，加快转变发展方式，加大结构调整力度，大力实施"四大战略重点"，全力打造邯郸核心竞争力，区域中心城市经济实力得到明显提升。展望2012年，尽管影响经济运行不确定性因素较多，但邯郸市经济稳定增长态势明显。随着各项政策以及"十二五"规划的进一步落实，这一态势有望得到巩固，预计邯郸经济走势将会继续朝着宏观调控的预期方向发展。

一、经济运行的主要特点

通过综合分析，对2011年邯郸市经济形势的总体评价：整体经济平稳增长，结构调整成果初显，重点战略成效明显，居民收入稳定增加，发展成果惠及各方，经济走势继续朝着宏观调控的预期方向发展。

（一）经济平稳较快增长，三次产业支撑有力

在世界经济和国家经济增速趋缓的大背景下，邯郸市经济总体保持平稳较快增长态势，一季度生产总值增长12%，上半年增长11.7%，前三季度生产总值突破2000亿元，达2045.4亿元，增长12.1%，增速比上半年加快0.4个百分点，高于全省平均水平0.8个百分点，保持了11%以上的较快增速。这是在邯郸市落实国家、省、市政策主动调控的情况下取得的，成绩来之不易。

农业生产形势稳定。随着各项惠农政策的逐步落实，农业实现丰产丰收，农业综合实力稳步提高。前三季度全市完成农林牧渔业

总产值 485.1 亿元，按可比价计算比 2010 年同期增长 6.0%；实现增加值 276.8 亿元，增长 6.2%。一是种植业全面增产。2010 年以来，全市加大人、财、物的投入力度，深入推进“吨粮市”建设，全市粮食总产 542.4 万吨，增长 13.9%，其中秋粮播种面积 601.4 万亩，亩产 490 公斤，总产 294.7 万吨，分别增长 1.0%、12.7%和 13.9%。二是畜牧业生产稳定增长。前三季度，全市生猪存栏 305.3 万头，增长 10.8%；肉类产量达 43.3 万吨，增长 5.0%；奶类产量达 18.0 万吨，增长 4.7%；禽蛋产量达 89.9 万吨，增长 6.0%。畜牧、蔬菜、果品三大优势产业产值占农林牧渔业总产值的比重为 57.6%，其中畜牧业产值比重达到 37.7%。

工业生产平稳较快增长。1—11 月份，邯郸市规模以上工业完成产值 4595.2 亿元，比 2010 年同期增长 28.1%；完成增加值 1143.1 亿元，增长 15.4%，增速同比加快 1.1 个百分点，继续保持平稳增长态势。支撑因素：一是轻工业生产增速较快。3 月份以来轻工业增速始终保持在 40%以上，1—11 月份，轻工业实现增加值 161.2 亿元，增长 44.8%，高于重工业增幅 32.2 个百分点，高于规模以上工业增加值增速 29.4 个百分点。二是低耗能行业持续高速增长。1—11 月份，完成增加值 383.1 亿元，增长 25.5%，拉动全市工业增长 4.1 个百分点。其中，装备制造业实现增加值 87.2 亿元，增长 55.7%；纺织业完成增加值 39.5 亿元，增长 38.0%，分别高于全市规模以上工业增加值增速 40.3 和 22.6 个百分点。三是新入统企业拉动作用明显。2011 年以来已有 37 家新入统企业，完成增加值 14.8 亿元，向上拉动全市工业增长 1.5 个百分点。四是工业产销衔接状况良好。1—11 月份，规模以上工业企业产品产销率 98%，与 2010 年同期持平。

服务业稳步发展。传统服务业不断提升、现代服务业得到长足发展，对经济的推动作用越来越明显。前三季度，全市服务业实现增加值 668.3 亿元，比 2010 年同期增长 12.1%。从主要行业看，交通运输业发展较快，同比增长 14.1%，增速分别比一季度和上半年加快0.1和0.5个百分点，占服务业增加值的比重达到28.7%；房地产业增长14.2%，比重达到8.4%，增速比2010年同期提高0.7个百分点；居民生活水平的提高和观念的转变使得人们对医疗保健服务、文化、教育服务等方面的需求不断增加，其他服务业较快增长，增长13.8%，比重达到37.5%，同比提高1.6个百分点。

（二）需求协调性不断改善，驱动强劲

投资增速稳中有快。1—11月份，全市固定资产投资完成1747.8亿元，比2010年同期增长27.7%，增速比前三季度加快0.3个百分点，高于全省平均水平2.9个百分点。2011年全市固定资产投资走势基本平稳，增速保持在22%—28%之间运行，没有出现大起大落的情况。支撑投资快速增长的主要因素：一是第二、三产业投资增长强劲。从投资产业结构看，二、三产业分别完成投资838.5亿元和817.9亿元，分别增长29.4%和35.1%，有力的拉动投资增长。二是工业技改投资大幅增长。1—11月份，工业技改投资完成515.8亿元，增长125.4%，增速高于全省平均水平82个百分点，占全市工业投资比重为62.3%。三是大项目增加。1—11月份，亿元以上新开工项目303个，完成投资382.1亿元，占全市固定资产投资的21.9%；城乡建设项目投资1519.8亿元，增长31%。四是房地产开发投资稳中有升。1—11月全市房地产开发投资228亿元，增长9.4%，增速比上半年加快1.1个百分点。

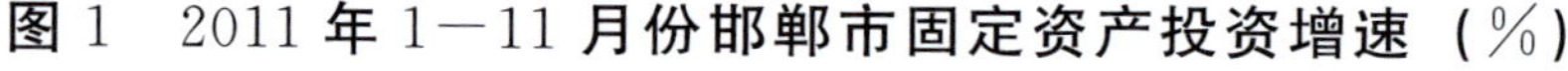
图1 2011年1—11月份邯郸市固定资产投资增速（%）

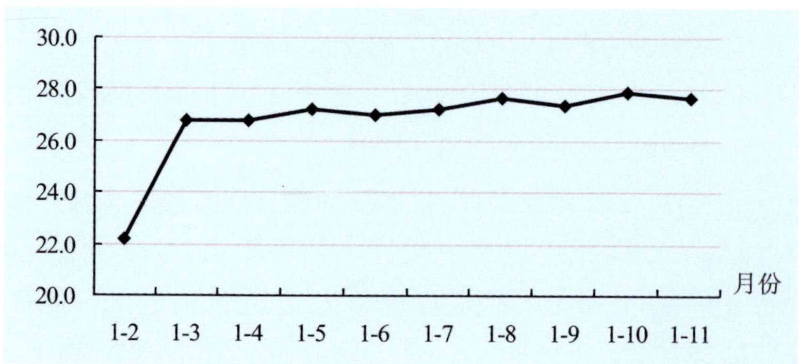

消费品市场繁荣活跃。前三季度，全市社会消费品零售总额571.7亿元，比2010年同期增长17.6%，增速比上半年加快0.6个百分点。1—11月份，全市限额以上消费品市场保持了较快的增长势头，完成零售额237.1亿元，比2010年同期增长36.3%，增速比10月份提高3个百分点。消费品市场运行的主要特点：一是城镇市场占据主导地位，乡村市场平稳增长。1—11月份，城镇市场实现零售额234.5亿元，增长36.4%，占全市限额以上消费品零售额的98.9%；乡村市场实现零售额2.2亿元，增长31.9%，增速比1—10月份提高1个百分点，城镇市场增速快于乡村市场4.5个百分点。二是消费热点引领市场，消费升级类商品保持良好增长态势。从限额以上批发和零售业商品零售额的增速看，增长较快的有金银珠宝类增长125.9%，化工材料及制品类增长73.8%，中西药品类增长53.8%，电子出版物及音响出版类增长48.2%，石油及制品类增长36.5%。

对外经贸增长较快。1—11月份，全市进出口总值36.1亿美元，比2010年同期增长34.1%。其中，出口总值13.1亿美元，增长63.7%；进口总值23亿美元，增长21.5%。实际利用外资稳步攀升。实际利用外资5.8亿美元，比2010年同期增长43.0%。合同外资1000万美元以上项目到位外资3.8亿美元，增长50.5%，占全市实际利用外资的比重为65.3%。

（三）运行质量提升，金融支持力度加大

工业生产效益提升。1—10月份，全市规模以上工业企业实现主营业务收入4735.3亿元，比2010年同期增长43.1%；实现利税总额251.3亿元，增长27.3%，同比提高0.3个百分点；实现利润总额158.6亿元，增长37.4%，同比提高5.4个百分点。从行业来看，食品制造业实现利润4.4亿元，增长90.2%；非金属矿物制品业实现利润5.4亿元，增长180.3%；黑色金属冶炼及压延加工业实现利润67.5亿元，增长41.8%，这三个行业实现利润

增速比2010同期分别提高45.1、142.9和48.7个百分点。从亏损企业情况看，全市规模以上工业亏损企业82家，比2010年同期减少9家，下降9.9％。

财政收入较快增长。1—11月份，全市全部财政收入完成262.5亿元，超过2010年全年收入，比2010年同期增长21.6％。其中地税系统和财政系统入库已完成年初预算，分别占预算的102.8％和120.5％；国税系统入库完成119.4亿元，占预算的83.5％。地方一般预算收入134.5亿元，增长29.2％，占全部财政收入的比重突破50％，达到51.2％，同比提高3个百分点。从税种看，土地增值税、企业所得税增速较快，分别增长65.5％和54.9％。从县（市、区）看，地方一般预算收入已全部过亿，比2010年同期增加8个，有15个县（市、区）增速超过全市平均水平。

金融存贷款平稳增加。11月末，金融机构人民币各项存款余额为2451.3亿元，比2011年年初增加313.3亿元，同比多增36.3亿元。其中，单位存款余额829.3亿元，增加127.8亿元；个人存款余额1523.3亿元，增加150.5亿元。各项贷款余额1516.6亿元，比年初增加196.8亿元，同比多增14.9亿元，增长14.9％。其中，短期贷款余额782.4亿元，增加134.8亿元，多增55.4亿元；中长期贷款余额665.3亿元，增加55.7亿元。

（四）转型升级深入推进，重点战略成果显现

结构调整取得进展。工业结构调整步伐加快。2011年轻工业企业个数达到296家，轻工业比重由2008年的29.4％提高到34.3％。装备制造业较快发展，占规模以上工业增加值的比重达5.7％，比2008年提高0.8个百分点。2010年，高新技术产业企业325家，与2008年相比增加74家，高新技术产业增加值69.8亿元，增长近2倍。2011年六大高耗能产业增加值占规模以上工业的比重为66.5％，比2008年下降16.5个百分点。投资内部结

构优化。2011 年 1—11 月份，一、二、三产业分别完成投资 91.5 亿元、838.5 亿元和 817.9 亿元，其中第二产业比“十一五”时期平均增速降低 1.1 个百分点，第三产业提高 5.7 个百分点。三次产业投资比重转变为 5.2：48.0：46.8，第二产业比 2010 年提高 0.9 个百分点，第三产业提高 1.4 个百分点，投资结构的优化有效促进了国民经济产业结构的升级。消费结构稳步升级。居民消费从以衣、食为主的生存性消费向以住、行、旅游等享受性消费过渡，尤其是汽车类、金银珠宝类等保持较快增长。

“1＋6”中心城市发展提速。从 1—11 月来看，“1＋6”中心城市的主要经济指标总量比重已超过全市的一半以上。其中规模以上工业增加值、固定资产投资、实际利用外资、工业利润分别占全市的 52.3％、56.1％、61.9％和 53.0％。特别是实际利用外资完成 3.6 亿美元，增长 88.9％，增速高于全市平均水平 45.9 个百分点，充分体现邯郸市的区位优势、资源优势、发展潜力，为进一步打造区域中心城市奠定了坚实基础。

东部振兴效果显著。东部十县主要经济指标增幅继续高于全市平均水平。1—11 月份，东部十县规模以上工业增加值突破 200 亿元，达到 236.7 亿元，增长 52.4％，增速高于全市平均水平 37 个百分点；完成投资 563.3 亿元，增长 39.4％，高 11.7 个百分点，区域投资活跃，协调性增强；完成实际利用外资 1.8 亿美元，增长 69.1％，高 26.1 个百分点；完成一般预算收入 15.2 亿元，增长 50.5％，高 21.3 个百分点；1—10 月份实现工业利润 43.2 亿元，增长 77.1％，高 39.7 个百分点。

区域中心城市地位更加稳固。邯郸“十二五”规划明确了邯郸四省交界区域中心城市的发展定位，而建设区域中心城市经济实力是基础。统计数据显示，前三季度，全市主要经济指标在中原十三市中名列前茅，经济基础好、优势强。邯郸市生产总值位居中原十三市第 1，领先位居第 2 位的聊城市 734.2 亿元；固定资产投资完成 1378.9 亿元，是中原十三市中唯一突破千亿元的市；地方一般预算收入完成 115.5 亿元，位居第 1 位；社会消费品零售额完成 571.7 亿元，位居第 2 位，与位居第 1 位的菏泽市相差仅有 7.3 亿元。

（五）发展成果惠及各方，百姓实惠增多

民生支出力度加大。前 11 个月，全市财政支出 286.8 亿元，比 2010 年同期增长 29.3%，民生支出高速增长，均高于全市平均水平。其中住房保障支出增长 194.9%，文化体育与传媒增长 56.5%，医疗卫生支出增长 50.8%，社会保障和就业支出增长 36.6%。

城乡居民收入持续增加。前三季度，城镇居民人均可支配收入 14121 元，比上年同期增加 1581 元，增长 12.6%；农民人均现金收入 5777 元，增加 1038 元，增长 21.9%，城乡居民收入增速同比分别加快 2.6 和 8.7 个百分点，农民收入增速继续快于城镇居民。前三季度，全市城镇在岗职工平均工资 24909 元，增加 2912 元，增长 13.2%。

就业形势基本稳定。前三季度，全市城镇新增就业 8.45 万人，下岗失业人员再就业 2.83 万人，其中就业困难对象再就业 1.07 万人，分别完成省下达年任务的 93.4%、95.4%和 111.5%；城镇登记失业率 4.0%，在省控指标 4.5%之内；农村劳动力向非农产业转移 16.9 万人次，完成市年初任务目标的 99%。

二、制约经济发展的主要问题

（一）物价较快上涨势头虽得到控制，但物价周期性大幅波动的深层次矛盾并未有效解决

2011 年以来，邯郸市物价指数连续攀升，从 1—2 月同比上涨 4.9%，到 10 月份达到最高涨幅 5.8%，超出调控目标 1.8 个百分点。为控制物价过快上涨，采取了多项保供稳价措施，全面加强价

格调控监管工作，价格调控总体有效，物价涨势有所遏制。1—11月份，居民消费价格累计上涨5.6%，比前10个月回落0.2个百分点。其中食品类价格上涨10.8%，成为价格上涨的主要推手并且波动周期越来越频繁，粮食、蔬菜、蛋制品、肉制品轮番上涨。主要原因：一是现行的家庭经营方式劳动生产率提高较慢，难以用技术进步来消化不断上升的成本，只有靠涨价来消化；二是当农资价格品上涨或农产品价格下跌农民无法承担时，只能以缩小生产规模来减少风险，而缩小生产规模又成为下一轮农产品价格上涨的起点，这些充分暴露了家庭式经营的小生产与城市化水平提高后的大市场之间的矛盾；三是现代的经营和管理模式有效参与农业产业化低，使得与百姓生活息息相关的物价指数不断攀升。

（二）结构调整虽初见成效，但受多重因素制约发展任重道远

一是“一钢独大”，大而不强。邯郸市工业占GDP比重始终在50%左右，重工业占工业比重达80%以上，而钢铁工业增加值占规模以上工业增加值半壁江山。2011年1—11月份，全市主营业务收入超过百亿元的工业企业有11家，其中有9家都是钢铁企业；收入超过50亿元的企业有15家，12家是钢铁企业。12家钢铁企业的主营业务收入就占全市862家规模以上企业主营业务收入的39.1%，而这些钢铁企业又以粗放为主，深加工较少，高附加值、精细加工产品比重较低，形成了“船大难调头，调头需费力”的两难局面。二是“两高一资”，投多效低。近两年邯郸市投资一直在高位运行，总量和增速均保持较快增长，但投资增长主要集中在钢铁、煤炭、水泥、电力和纺织等传统的“两高一资”行业上，高精端产业投资明显不足，长期发展会形成经济增长过度依赖投资拉动，势必会出现投资回报递减的现象，即投资效益下降。今天的投资结构决定明天的经济结构，经济结构的调整还需在投资结构上做文章。三是三产调整，难度较大。从近几年情况来看，邯郸市第三产业虽然得到较快发展，但占GDP比重不升反降。2001年第三产

业比重达到最高点，为 36.0%，2010 年为 32.8%，呈下降态势。第三产业内部结构层次低，表现为生活性服务业长期占主导，生产性服务业处于非主导地位，金融保险、房地产、物流产业、科技开发、信息资源等现代服务业发展迟缓。现代服务业发展滞后，也增加了调结构、转方式的难度。

（三）成本压力持续上升，企业经营困难加剧

一是劳动力成本上升。随着货币政策的微调，物价上涨的趋势减弱，但劳动力成本的上升并未得到缓解，还有加剧趋势。据有关专家测算，2011 年企业用工成本普遍增加 20%—30%左右，部分行业企业员工流动率高达 15%。一些劳动密集性企业如纺织业、服装加工等轻工业陷入招工难的困境，甚至出现一部分企业因劳动生产率提高的速度低于工资成本上升的速度而停产倒闭。二是产品价格倒挂，挤压企业盈利空间。1—10 月份，工业生产者原材料、燃料、动力购进价格指数为 110.3，比工业生产者出厂价格指数高 1.9 个百分点。三是企业融资成本加大。银行存款准备金较高，商业银行的贷款额度出现紧张，加大了项目动态建设成本，使得部分有资金需求的企业、项目得不到银行贷款，开始寻求其他融资渠道，融资成本不断攀升，经营困境不断加剧。

（四）节能减排压力较大，产能得不到充分释放

前三季度，全市单位 GDP 能耗下降 3.95%，降幅高于年初计划目标，节能降耗虽然取得了一些成绩，但四季度能耗也出现了反弹现象。一是高耗能行业增加值增速加快。1—11 月份，造纸及制品业比 2010 年同期增长 56.8%，增速同比加快 71.9 个百分点；石油加工炼焦业增长 30.5%，加快 38.7 个百分点；非金属矿物制品业增长 59.8%，加快 46.8 个百分点。二是高耗能产品产量增速较高。1—11 月份，焦炭增长 20.3%，加快 21.5 个百分点；水泥增长 32.6%，加快 43.5 个百分点；生铁增长 5.3%，加快 2.9 个

百分点；粗钢增长 17.1%，加快 7.1 个百分点。三是“双三十县”由于节能减排考核的压力，导致产能不能有效释放，再加上前三季度一些企业减排已用完全年计划，后两个月高耗能企业迫于指标压力，从而采取限产、检修等措施压缩生产量，制约了邯郸市工业经济的发展。

三、2012 年经济走势展望

从国际看：2012 年世界经济极具不确定性和不稳定性，全球经济将低速增长，经济活力会继续减弱，并且内外部失衡进一步加剧，市场信心大幅下降，下行风险逐渐增大。发达国家正在步入滞胀的泥潭，很多国家普遍面临主权债务压力和金融稳定风险，私人需求尚未接过拉动经济增长的接力棒，经济增长动力仍然不足，通胀压力相对较大，经济增速将继续呈放缓态势。根据 IMF《世界经济展望》秋季报告预测，2012 年世界经济将增长 4%，与 2011 年基本持平。其中，发达经济体将增长 1.9%，新兴和发展中经济体将增长 6.1%。

从国内看：2011 年前三个季度经济增长分别为 9.7%、9.4%、9.1%。10 月份 CPI 自 6 月份以来首次降到 6%以下，达到 5.5%；11 月份 CPI 达到 4.2%，为年初以来新低。据专家分析，“十二五”期间，我国经济增长很可能会出现“两个转换”：即由高增长向中速增长转换；由低成本要素驱动向创新驱动转换。宏观政策取向：“四稳一微调”，即财政、产业、节能减排、土地政策总体稳定，货币政策适时适度微调预调。12 月 5 日，央行近三年首次下调存款准备金率。中央经济工作会议确定了 2012 年稳中求进的工作总基调。经济工作的总体要求是：稳增长、控物价、调结构、惠民生、抓改革、促和谐。

从邯郸看：有利因素：一方面，河北省“十二五”规划和第八次党代会均把冀中南经济区作为重点发展区域，进一步明确了邯郸四省交界区域中心城市的发展定位，为邯郸市提供了前所未有的机遇；冀南新区继曹妃甸新区、渤海新区之后，成为全省重点打造的第三大经济增长极，有利于邯郸市在更大范围聚集要素、聚集产业、聚集财富，增强邯郸市的综合竞争力，对邯郸市及河北省经济将起到有力支撑。另一方面，邯郸市经济增长的内生动力依然强劲。“吨粮市”建设进一步推进，技术、资金投入加大，农业生产形势良好；积极调结构转方式，装备制造业、纺织业等低能耗行业发展势头强劲，有力拉动工业经济增长；工业技改投资力度加大，通过技术改造、关、停、兼并重组的措施，加大高耗能高污染工业企业的治理力度；邯郸市近年实施的一批重大项目，已经到了集中发力的关键时期，发展后劲大为增强，高速公路、高铁、空港、通海铁路等立体化交通优势凸显，为邯郸长远发展提供了有力支撑。不利因素：一是农业生产统筹规划不够，2011 年的蔬菜、棉花等农作物种植与市场脱节，农民投入成本大利益小，使农民收入受到一定影响。二是主导行业偏重，结构调整难度较大。钢铁、煤炭、电力、建材等四大传统优势产业占全市 GDP 的 29.8%，占全市规模以上工业增加值的 75.6%。这是邯郸雄厚的“家底”，但“一钢独大”、“两高一资”等问题是传统产业面临的严峻挑战。就目前国内国际市场复杂多变的特点，应亟需转变理念，构建现代产业新格局，而由结构调整加大带来的震痛有可能逐步加大。三是发展后劲不足，现有的企业和项目主要生产原材料、能源和初级产品，产业链条短，产品附加值低，未来经济发展缺少大项目、好项目支撑。四是技术含量不高。高新技术产业增加值在 GDP 中的比重不足 10%，要用科技作为生产力解放劳动力，在经济发展的同时优化产业结构，是一个长期的课题。

综合分析，尽管经济环境仍然复杂，还存在一些不确定、不稳定因素，但邯郸市保增长、促和谐的决心没有变，大力调整经济结构、加快转变经济发展方式的决心没有变，淘汰落后产能、提质增效的决心没有变，经济发展的内在动力仍然较强，全年经济可望继续保持平稳较快增长。

四、2012 年举措建议

面对国际形势动荡多变、国内物价水平较高、节能减排压力较大、要素供应持续偏紧等因素相互交织的复杂形势，邯郸结合实际情况，按照“体现发展需要、考虑现实支撑、衔接‘十二五’规划、兼顾上情外情”的原则，应以“保增长、调结构、惠民生、促和谐”为总基调，把抓即期、保增长作为 2012 年经济工作首要任务，集中精力重点做好抓调控、抓调整、抓工业、抓农业、抓内需、抓民生。

（一）抓调控，保持经济平稳较快发展

一要处理好保持经济平稳较快发展速度、调整经济结构、控制价格水平三者之间的关系，巩固和增强经济回升向好势头。二要做好财政收支工作。加大对邯郸市纳税企业动态监控，做到抓大户密切跟踪、管小户及时足额入库、补漏户查处偷税漏税，确保应收尽收；加大对“三农”、科技、教育、卫生、文化、社会保障、保障性住房、节能环保等方面和中小企业、居民消费等支出力度。三要有扶有控，加大对重点领域信贷支持。加强银企对接工作，加大信贷政策对经济结构调整、战略性新兴产业、产业转移等方面的支持，有效缓解小企业融资难问题，保证重点建设项目贷款需要，着力提高信贷质量和效益，进一步扩大直接融资，引导和规范资本市场健康发展。

（二）抓调整，把“调结构”放在更加突出的位置

按照“一产抓特色、二产抓提升、三产抓拓展”的总体要求，一要促进传统产业内、中、外协调发展。内部把传统产业的发展重点由生产转移到研发、设计、品牌、营销上来，提升钢铁、装备、建材等行业骨干企业价值链；中部重点引导钢铁产业由以装备制造、机械加工为重点的“吃”钢的产业向终端产业延伸，纺织行业

向服装行业延伸；外部积极培育一批铁矿石、焦炭、原煤、棉花等大宗原料的输入，以及钢材、水泥等产成品对外输送的供应商、配送商的优化供应链。二要培育新兴产业增长点。按照“3＋3＋3”产业倍增计划的总体部署，围绕培育装备制造、高新技术、现代物流、文化旅游、食品加工等“五大低碳产业”为重点，每年培育2—3个大的增长点。三要拓展服务业选准突破点。文化旅游业集中精力抓好广府、推进“一县一点”示范工程，打造文化旅游精品点。物流业重点推进内陆港、新兴物流等一批龙头项目建设。房地产业重点优化发展环境，促进房地产业健康有序发展。金融业重在“1＋6”中心城市、开发区、马头工业城引进一家金融机构入驻。四要推进节能减排，抑制过剩产能。合理制定节能减排的目标和任务，要强化节能减排目标责任制，加强节能减排重点工程建设，处理好经济发展和节能减排任务完成的关系。

（三）抓农业，巩固农业生产基础地位

农业抓特色重在吨粮市、产业化。通过稳定粮食种植面积、提高单产、增加总产，确保邯郸市在全国率先建成粮食生产“吨粮市”。在此基础上，抓实“两个一批”，培育一批农业产业化龙头企业，下大力扶持五得利面粉、金凤禽蛋、晨光色素等39家农业产业化龙头企业；推进一批农业产业化示范项目。强力推进永年蔬菜物流及高科技示范基地、曲周北京农大节能蛋鸡基地、魏县爱美森木材加工等一批超10亿元农业产业化龙头项目，确保全年农业产业化经营率稳定提高。

（四）抓工业，夯实经济发展基础

一要加快由钢铁大市向钢铁强市转变步伐。按照“控制总产能、延伸产业链、提升附加值、培育大集团”的思路，以减量、提档、整合为重点，着力培育邯钢、天铁、新武安三大千万吨级企业集团，建成全国重要的精品钢材基地。二要打造新型建材基地。重

点加快力尔型材、颐通管业优势扩张，加快工业铝型材开发，拓展新产品应用领域，培育峰峰、永年新型建筑陶瓷产业，壮大规模，创新品牌。三要再造邯郸纺织新优势。加快整合现有资源，推进纺织行业改造提升，壮大产业集群，重点推进纺织服装工业园、磁州童装产业园等园区建设。四要重点扶持食品加工业。强化与农业产业化、农产品基地的对接，积极培育粮食加工、油脂加工、肉类加工、果蔬加工、乳品加工等龙头企业和特色产业园区。加快“重点培育10个食品深加工产业集群，打造10个名牌产品，做大做强100个重点龙头企业”进度。

（五）抓内需，增强经济发展后劲

在投资方面，一要持续大力度引进战略投资者。按照“世界500强—央企—知名民企—上市公司”的次序，大力宣传和落实邯郸市招商引资激励政策，做到“以最优惠的政策，吸引最优秀的企业，打造最优质的产业”。二要切实加快新增投资项目落实转化，尽快将投资转化为生产能力。加快推进投资体制改革，健全政府投资管理体制，放大国有投资的带动作用和乘数效应，真正使国有投资达到“四两拨千斤”的作用。三要积极启动引导民间资本参与投资。通过政策引导和发挥市场机制的作用，鼓励支持民间资本广泛参与基础设施、民生工程和生态环境建设。四要千方百计把扩大居民消费需求放在更加突出位置，增强消费倾向。加快完善社保体系建设，加大财政补贴，增加就业机会，努力增加城乡居民特别是中低收入者的收入，完善和用好消费政策，更好地满足城乡居民多层次、多样化的消费需求。扩大消费市场，增强消费能力。在合理规划城市商业网点，改造提升大型综合商场，积极发展连锁、超市、大卖场等新型流通业态的基础上，活跃城乡流通，培育和开拓农村消费市场。提高消费层次，培育消费热点。鼓励中高收入阶层扩大消费，合理引导住房、汽车、通信等消费，全面拓展信息、教育、文化、旅游、健身休闲等消费领域。

（六）抓民生，全力维护社会和谐稳定

一要把改善民生、发展社会事业作为扩大内需、调整经济结构的重点，坚定不移加以推进。二要坚持更加积极的就业政策，支持劳动密集性和小型企业的发展。通过转移农村劳动力、就业培训、创造新就业岗位。三要完善社会保障体系，提高社会保障水平。进一步巩固基层医疗卫生机构改革成果，做好大学生村医选派，启动县级公立医院改革。深入开展食品药品专项治理行动，建设食品检测中心和大型熟食加工基地，创建食品药品安全市。四要优先发展教育，改善教育办学条件。提高教育质量和教育均衡化水平，健全教育投入保障机制，解决好困难家庭子女上学问题。五要大力发展文化事业和文化产业，利用全国加强文化体制改革，推进文化大繁荣的有利时机，丰富人民日益增长的文化需求。

（撰稿：邯郸市统计局局长　程常青）

图书在版编目(CIP)数据

2011～2012河北经济形势分析与展望/郭洪波主编.
—石家庄:河北人民出版社,2012.3
ISBN 978-7-202-06178-7

Ⅰ.①2… Ⅱ.①郭… Ⅲ.①经济形势—分析与展望
—河北省—2011～2012 Ⅳ.①F127.22

中国版本图书馆CIP数据核字(2012)第015944号

书　　名 2011～2012**河北经济形势分析与展望**
主　　编 郭洪波

责任编辑 唐 丽 高 菲
美术编辑 于艳红
封面设计 甄 洁
责任校对 付敬华

出版发行 河北人民出版社(**石家庄市友谊北大街330号**)
印　　刷 河北省统计局文印中心
开　　本 787×1092毫米 1/16
印　　张 20
字　　数 265 000
版　　次 2012年3月第1版 2012年3月第1次印刷
印　　数 1—1 000
书　　号 ISBN 978-7-202-06178-7/F·626
定　　价 90.00元